Social Work in Japan

日本の社会福祉

礎を築いた人びと

蟻塚昌克
Masakatsu Arizuka

全国社会福祉協議会

はじめに

　これまで多くの人びとが、日本の社会福祉にかかわってきました。その仕事や生き方をみると、世の中はこうありたいという強い願いや情熱が凝縮されていることがわかります。人権思想が未熟で社会的な施策が不十分な時代にあっても、時代の制限のなかで人間らしく生きるために、わずかずつではありますが、その制限を繰り返し繰り返し突破しようとする人びとの営みがあり、それらがさらに幾重にも繰り広げられて今日の社会福祉の制度が形成されているのです。

　本書は、広く社会福祉に関心をもつ人びとや社会福祉事業に従事し、理論を学ぼうとする人、社会福祉法人経営者を念頭において執筆したものです。本書に登場するのは、必ずしも傑出した人物だけではありません。自ら貧しい境遇におかれた人びとであり、人の喜びや悲しみに同感して社会福祉の一歩を踏み出した人びとであり、素朴で楽天的な人びとです。

　私たちはいま、これらの人びとがつくってきた社会福祉の歴史の重層の最上部に立っています。今日の社会福祉の出発点に立った人びとと、転換点に立った人びとが、その人生のなかで、なにがきっかけで、どのように社会福祉に接近して自己形成を遂げていったのか。本書は、その過程を、関係者の証言を得て再現しています。読んでいただくことで、読者は社会福祉の礎を築いた人びとからバトンを受け取り、そのなかに込められたメッセージを、いまの状況に重ね合わせて読み解いていくことができるでしょう。先人の活動や時代の転換点に立った意義を把握し、そのエッセンスを仕事や生き方に重ねて反映してみる。そして、今度は私たちが、新しい社会福祉に参画して、さらにそれを未来に投影するために、次の担い手にバトンにして渡していくことで、これからの日本の社会福祉がつくられていくのです。

　今日の社会福祉は、国家予算のなかで膨大な比率を占める社会保障関係費をみても、国民生活に不可欠な制度として構築されています。そして、この社会福祉をさらにより良いものにしていくためには、制度に安住することなく、制度の狭間にあってサービスが届いていない人びとへの支援や福祉課題に果敢に取り組んでいくことが重要となります。ともすればこう

した福祉課題については、前例がない、法律がない、資金がないと及び腰になりがちですが、先人の活動をみれば、困難をどのように突破して克服すればよいのか、道筋と構え方がみえてきます。

本書はこのような問題意識のもとで編集されています。歴史や人物に関する記述は、全国社会福祉協議会が発行する『月刊福祉』に連載した「『月刊福祉』が伝えてきたもの」(平成21年6月号〜平成22年4月号)及び「礎を築いた人」(平成22年5月〜平成26年4月号)を再構成したものです。

第1章、第2章では、日本の社会福祉の歴史を整理しています。社会福祉の制度は、社会経済の発展段階のなかで固有の枠組みがつくられ、その制度で福祉需要に対応することが不可能となれば、やがて見直され、修正されて新しい理念による制度にとって代わられます。これらの契機には国民生活の変容、経済変動や戦争、大規模災害などがあり、社会福祉の制度が見直されて修正される要因をみれば、その時々の制度にはどういった限界があり、それを乗り越えるためにどんな政策が生まれ、次の制度がつくられて整備されてきたのかがわかります。私たちは、このような視点から関心や学びを深めることで、人間らしく生きることのできる社会や、より適切な福祉援助を考えることができるのです。

今日の社会福祉の最先端については、インターネットで「動画 蟻塚 すべての人の社会」をご覧ください。

第3章は、48人の人物伝です。社会福祉の教科書などでは留岡幸助、石井十次、糸賀一雄といった時代を画期する有名人が紹介されますが、それ以外の同時代の人びとが登場することはまれです。本書ではこれまで取り上げられずに、しかし今日の制度を考えるうえで時代の転換点に立ち会った多くの人びとにも焦点を当てています。本書を読みすすめるなかで、日本の社会福祉の先達がいかに多く、分厚い地層を形成しているかがわかると思います。

最後に、学生時代より一貫してご指導いただいてきた社会福祉法人浴風会理事長の京極高宣先生に、感謝の気持ちをこめて本書を捧げるものです。

2019年4月
蟻塚　昌克

目次

はじめに … 1

序章　出発点を整理するために

《福祉の語源を訪ねてみると》………… 8
《福祉を実現する家族、共同体、市場そして国家と社会福祉》………… 9
《福祉活動と社会福祉の制度》………… 11
《社会福祉事業の本質と社会福祉法人》………… 13
《期待される社会福祉法人の役割は何か》………… 15
《先人の活動と歴史に学ぶもの》………… 16

第1章　社会福祉の発展の道筋―第二次世界大戦までの社会福祉

第1節　救済制度と慈善事業のあゆみ ……………………… 18
　（1）救済制度の始まり ……… 18
　（2）仏教による慈善事業の広がり ……… 18
　（3）江戸における松平定信の民生安定策 ……… 20
　（4）明治期における救済制度の再編成と恤救規則 ……… 21
　（5）松平定信を引き継ぐ渋沢栄一と井上友一 ……… 23
　（6）各地に広がる慈善事業―石井十次と石井亮一 ……… 26
　（7）野口幽香・森島峰と二葉幼稚園、岩田民次郎と大阪養老院 ……… 30
　（8）担い手の養成からみえるもの ……… 32
　（9）留岡幸助と感化救済事業 ……… 34
　（10）ハンセン病患者の救済・支援活動に立ち上がる人びと ……… 35

第2節　慈善事業の組織化と中央慈善協会の設立 …………………… 36
　（1）疾風怒涛の時代と慈善事業 ……… 36
　（2）慈善事業家たちの時代 ……… 37
　（3）中央慈善協会の設立 ……… 39
　（4）渋沢栄一と後藤新平の慈善事業観 ……… 41

第3節　方面委員制度の誕生と貧困把握の試み ……………………… 43
　（1）済世顧問制度の誕生 ……… 43

(2) 方面委員と貧困把握—20世紀初頭の東京における世帯調査 ……… 44
　　　(3) 方面委員の制度外の福祉活動 ……… 46
　　　(4) 方面委員活動から救護法へ ……… 48

　第4節　社会事業の成立と救護法の制定 ……………………………………… 48
　　　(1) 大震災・昭和恐慌と窮乏化する農村 ……… 49
　　　(2) 内務省社会局の設置と救護法の制定 ……… 50
　　　(3) 救護法施行促進に起ち上がる方面委員 ……… 50
　　　(4) 天皇への上奏に参加した宮下知一の証言 ……… 52
　　　(5) 日本最初のソーシャルアクションから学ぶもの ……… 53
　　　(6) 社会事業教育の始まりとその内容 ……… 54

　第5節　総力戦遂行体制の構築と社会事業法制定 …………………………… 55
　　　(1) 運営資金不足で呻吟する私設社会事業 ……… 55
　　　(2) 社会事業法は何を目的に、どのように制定されたのか ……… 56
　　　(3) 灘尾弘吉「社会事業法の運用に就いて」を読む ……… 57
　　　(4) 社会事業法と今日の社会福祉をつなぐもの ……… 58

第2章　第二次世界大戦後から今日までの社会福祉

　第1節　戦後日本の社会福祉の出発と占領期社会福祉の構図 ……………… 62
　　　(1) 空白の時代に生まれる制度外の福祉活動 ……… 62
　　　(2) 救済福祉策の模索とSCAPIN775「社会救済」の意義 ……… 63
　　　(3) SCAPIN775の内容と救済福祉策 ……… 63
　　　(4) 社会事業の再出発と生活保護法制定 ……… 64
　　　(5) 生存権実現とナショナルミニマム ……… 66

　第2節　戦後社会福祉の第一段階　福祉3法体制の整備 …………………… 66
　　　(1) GHQ公衆衛生福祉局と厚生省社会局 ……… 67
　　　(2) 児童福祉法制定と「歴史の希望」としての児童 ……… 67
　　　(3) 総合的な更生法としての身体障害者福祉法制定 ……… 69

　第3節　社会福祉事業法制定による社会福祉基礎構造の完成 ……………… 72
　　　(1) 社会福祉の実施体制をめぐる「6項目原則」……… 72
　　　(2) 「6項目原則」と黒木利克『Welfare from U.S.A.』……… 72
　　　(3) 社会福祉事業法制定への道 ……… 74
　　　(4) 新生活保護法制定と社会福祉基礎構造の形成 ……… 75
　　　(5) 全国社会福祉協議会の結成 ……… 76

　第4節　高度経済成長と福祉6法体制の整備 ………………………………… 76
　　　(1) 戦後社会福祉の第二段階への移行 ……… 78

(2) 社会福祉関係者の主体形成 ……… 79
　　　(3) 糸賀一雄「この子らを世の光に」……… 80
　　　(4) 高度経済成長期の社会福祉・社会保障の特質 ……… 81
　　　(5) 豊かさのなかの貧困への接近 ……… 82
　　　(6) 社会福祉協議会の組織化と「社協基本要綱」の制定 ……… 84
　　　(7) 高度経済成長を終えて ……… 84

　第5節 第三段階社会福祉 「福祉見直し」と新しい社会福祉の模索 ……… 85
　　　(1) 第三段階社会福祉の背景となる「小さな政府」論 ……… 85
　　　(2) 「福祉見直し」をめぐるふたつの視点 ……… 86
　　　(3) 福祉見直しの総括と転換期を迎える社会福祉 ……… 87
　　　(4) 社会福祉士及び介護福祉士法制定と専門職養成 ……… 89

　第6節 第四段階平成福祉改革の展開 ……… 90
　　　(1) 福祉関係8法改正の経緯と論点 ……… 90
　　　(2) 平成福祉改革の論点はなにか ……… 92
　　　(3) 社会福祉基礎構造改革と社会福祉事業法改正 ……… 94

　第7節 これからの社会福祉の展開と社会福祉法人 ……… 96

第3章　社会福祉事業の精神—48人の実践より

瓜生イワ ……… 100	灘尾弘吉 ……… 132	高山照英 ……… 166
赤澤鍾美 ……… 102	ドロシー・デッソー … 136	太宰博邦 ……… 168
佐々木五三郎 ……… 104	澤田美喜 ……… 138	田内千鶴子 ……… 170
岩田民次郎 ……… 106	鈴木修学 ……… 140	黒木利克 ……… 172
中村三徳 ……… 108	長谷川　保 ……… 142	潮谷総一郎 ……… 174
大西良慶 ……… 110	中城イマ ……… 144	小山進次郎 ……… 176
川田貞治郎 ……… 112	松島正儀 ……… 146	本間一夫 ……… 178
稲永久一郎 ……… 114	小林亀松 ……… 148	川崎満治 ……… 180
髙橋直作 ……… 116	植山つる ……… 150	寺尾フミヱ ……… 182
徳永　恕 ……… 118	木村忠二郎 ……… 152	山村三郎 ……… 184
長谷川良信 ……… 120	大須賀忠夫 ……… 154	吉村靫生 ……… 186
秋元梅吉 ……… 122	上田政治 ……… 156	渡辺義男 ……… 188
井深八重 ……… 124	深津文雄 ……… 158	調　一興 ……… 190
大坂鷹司 ……… 126	登丸福寿 ……… 160	髙江常男 ……… 192
吉見静江 ……… 128	鈴木とく ……… 162	長沢　巖 ……… 194
岩橋武夫 ……… 130	若月俊一 ……… 164	坂江靖弘 ……… 196

序章
出発点を整理するために

　いま私たちの暮らしのなかで、社会福祉という言葉が出てこない日はありません。社会福祉と並んで福祉、社会保障制度、社会福祉事業といった言葉も広く使われています。関連して福祉サービス、高齢者介護、ボランティアや助け合い活動のような具体的なことがらをさすものや、さらには社会事業や慈善事業、救済事業といった歴史的な用語もあります。社会福祉とは、一見すると漠然とした言葉であり、その解釈も多岐にわたります。そこで、最初にこれらの用語の成り立ちを簡単に整理しておきます。

《福祉の語源を訪ねてみると》

「福」と「祉」を重ねた福祉という漢字二文字の言葉は、本来どのような意味をもっているのでしょうか。漢和辞典をひも解くと、福祉の「福」には至福や幸福、大福のように、幸せやおめでたいことに通ずるという意味があります。これに対して福祉の「祉」は、あまり知られていない漢字です。単体ではほとんど使われませんし、かろうじて福にくっつくことで、その存在が知られるにすぎません。もともとこの「祉」には、神様へお願いをする時のお供え物の器、神様が足を止めるところという意味があり、転じて神様から与えられる思し召し、幸せといった意味をもっています。ですから、福祉は、福＝幸せ、祉＝幸せという意味をもつ漢字を入念に重ねた用語で、もうこれ以上ない、最高の幸せということになります。

社会福祉学の大家である嶋田啓一郎[1]は、中国の古典のなかに登場する「福祉」の語源を調べた研究者として知られています。嶋田は、「『福祉』という言葉が、漢の時代にあった『易林』という書物に登場している」と指摘しています。そして、そのなかで「『福祉とは極みなき齢を全うして喜びに与かること』という意味で、初めて用いられた」[2]としています。

「極みなき齢を全うして喜びに与かること」とは、長生きをして楽しい人生を送ることです。はるか二千年以上もさかのぼる漢の時代、当時の人びとは、人間が生涯を悠然と生きていくことを「福祉」としていたのでしょう。いうまでもなく、人は誰もが幸せに生きたいと願う存在であり、成長して、社会の分業を担い、自らの生き方を自己決定して、自己実現を図っていく存在です。幸せは人間にとって生きていくうえでの目標となります。人間にとって大切なものは、価値といいます。だから、福祉は人間にとって不可欠なものであり、『易林』にある福祉とは、価値といってもよい概念だと考えられるのです。

英語で福祉はwelfareという場合があります。wellは「良い」、fareは「暮らしむき」といった意味ですから、well＋fareは、転じて「暮らしむきの良い状態」となり、安寧や繁栄、健康にも通じる概念です。洋の東西を問わず、福祉あるいはwelfareは、人びとの幸せにつながる言葉であり、誰もがそうありたいという希望や願いが凝縮した最高の価値であるといってさしつかえないのです。

---

[1] 嶋田啓一郎

1909～2003年。社会福祉研究者。同志社大学神学部卒、賀川豊彦（かがわとよひこ）に師事。同志社大学教授。社会福祉の制度論に人間の存在、価値を位置づける社会福祉力動的統合理論を唱えた。日本社会福祉学会会長、灘生活協同組合理事を歴任。著書に『社会福祉体系論―力動的統合理論への途』（ミネルヴァ書房、1980年）、『新しいコミュニティの創造―灘神戸生協の在宅福祉』（共著、全国社会福祉協議会、1986年）など。

[2] 前掲『新しいコミュニティの創造』116頁

《福祉を実現する家族、共同体、市場そして国家と社会福祉》

　では、この人間にとって大切な価値である福祉は、誰がどのように実現するのでしょうか。ともすれば福祉とは「行政の仕事」で、「困っている人に手をさし伸べたり」「障害がある人びとを助けること」だと狭く考えられがちです。しかしながら、福祉は人が幸せに生きることを意味し、人間にとって欠かすことのできない価値であると考えれば、あたりまえのことですが、まずは福祉とは一人ひとりが実現すべきことがらだといえるのです。誰もが、幸せになりたい、自分らしく生きたいという願いの実現が福祉そのものだからです。同時に人は、他人の幸せを自分の幸せと感じることでつながりを形成し、さまざまな人と交流しながら自らの社会での定在を確認することができます。

　とはいえ、生まれたばかりの赤ちゃんや、身体の機能が低下して介護が必要な高齢者に「自分のことは自分で」ということは無理ですから、家族は子どもを育て、高齢者を扶養してきました。親が子どもを「がんばれ、がんばれ」と勇気づけ、励まして自立させていくように、強い絆で結ばれた家族は福祉を実現する機能をもった第一次集団なのです。この家族がもつ福祉を実現する機能をどのように強めていくのかは、国の政策では大切なポイントとなります。所得保障策である児童手当は、子育て中の家族を経済的に支える役割をもっています。他面で、今日の児童虐待の出現は、この家族のもつ援助機能の低下、家族形態の変化、地域におけるつながりの弱化などが背景にあると指摘されています。

　ですから、よほど恵まれた状況にないかぎり、家族だけで福祉を実現するのは無理です。わが国では地理的特性ゆえに大規模災害が多発しています。1995（平成7）年の阪神・淡路大震災、2011（平成23）年の東日本大震災は未曽有の犠牲者と被害をもたらしました。熊本地震もそうです。家族が災害や危険などに見舞われた場合には、最初に支援に駆けつけるのは隣近所の人びとや仲間、親戚かもしれません。人びとが互いに援助し合うように、地縁や血縁、つながりで結ばれたこれらの共同体も、福祉を実現する集団として重要な役割を果たしてきました。とくに、わが国の農耕を軸にして形成され、等質化された集団で構成されたかつての共同体は、地震や風水害などの危機に瀕した家族を支える強い機能をもってきたのです。

　しかし、近年は、このような隣近所をはじめとする地域における交流は希薄となり、共同体の構成も大きく変化しています。大都市では単身世帯や小人数世帯が増え、多様な働き方や生活形態などを背景にして人びとの地域でのつながりは弱まっています。インターネットやSNSで人びとはつながっているようにみえますが、必ずしもそれは援助の関係ではありません。

　地域福祉は、まさにこの共同体がもつ住民が福祉を実現する機能に着目した活動です。同時に生活協同組合や農業協同

組合なども協同組合原則に基づく共同体であり、福祉を実現する機能をもった集団です。高齢者介護をはじめ福祉サービス供給に果たす協同組合の活動が期待されています。会社などのさまざまな事業所も共同体と考えれば、福祉サービスを供給することが可能となります。2003（平成15）年制定の次世代育成支援対策推進法は、一定の規模以上の事業所に行動計画の策定を求めており、視点を変えれば、さまざまな事業所も福祉を実現する機能をもっているのです。会社による従業員への住宅や医療の提供などの福利厚生もその例です。

同時に地域には社会福祉協議会、民生委員・児童委員、さらにNPOやボランティアグループなどの非営利組織による活動も広く展開されています。これらが福祉の推進力を発揮することが望まれています。

他方で、個人でも、家族や共同体でも福祉が実現できない場合は、誰がこれに替わることができるのでしょうか。

可能性のひとつとしては市場があります。商品として福祉を販売して利潤を得ようとする売り手と、これを購買して福祉を実現したいという買い手が登場して、商談がまとまれば、福祉は市場を通じて実現できることになるのです。市場では商品の売り手は1円でも高く売り、買い手は1円でも安く買おうとしますし、同じ商品の場合には売り手同士も、買い手同士でも競争することになります。このような競争により商品の価格を決定して社会に資源を配分するのが市場の機能ですが、福祉という商品を必要とする人が低所得で支払能力がない場合には、市場を通じた福祉の実現は困難になります。

同時に、売り手の目標はより多くの利潤の実現ですから、利潤の捻出のために経費を圧縮したいという意識が常に働きます。介護サービスのような労働集約的な業態では経費に占める人件費の比率が高く、利潤の極大化のために賃金を抑え込むことになれば、結局のところ従事者の低賃金での労働や離職を常態化させ、サービスの質の低下につながることになっていきます。2006（平成18）年に発覚した訪問介護大手コムスンをめぐる事件では、徹底的な利潤の極大化をめざし、経費の圧縮のうえに介護報酬の不正請求、虚偽の現況報告提出などの禁じ手を使ったことにより退場を命じられ、廃業となりました。市場は、必ずしも福祉の実現に十分な機能をもっているわけではありません。

そして、個人、家族・共同体、市場でも福祉を実現できない場合には、誰が登場するのでしょうか。最終的には国がその役割を担うことになります。生活保護や保育所の整備などの行政活動による福祉の実現で、この場合の国は中央政府と都道府県、市町村の地方政府によります。国は、さまざまな福祉をめざす活動の役割と限界を見極めたうえで、低所得の人びとへの援助をはじめ、市場にはなじまない稀少で専門的なサービスを供給することになります。

このように考えると、社会福祉とは、一言でいえば、やや抽象的ですが、人びとが人生の諸段階を通じて幸せな生活を

送ることをめざす、個人から国までのありとあらゆる福祉を実現する活動、すなわち福祉活動の総体であると定義できます。福祉活動を総体で把握すると、福祉という漢字二文字に、さらに社会という冠（かんむり）が付いて、ここに社会福祉という概念が成立するのです。福祉活動はまた、次節で述べるように法律からみれば、社会福祉関係法の基本法となる社会福祉法第1条にある「社会福祉を目的とする事業」と同じ内容のものです。

今日では福祉サービスや、これに関連した用語も使用されています。福祉サービスには広義・狭義の概念がありますが、ここでは、福祉サービスとは、やや専門的ですが、とりあえず社会福祉法第2条に規定される「第1種社会福祉事業」及び「第2種社会福祉事業」を通じて提供されるサービスと限定的にとらえておきます。「第1種社会福祉事業」は、救護施設、児童養護施設、特別養護老人ホームなどの入所・生活施設、生活福祉資金貸付事業を始めとする経済保護事業などで構成され、「第2種社会福祉事業」は保育所や学童保育、デイサービスのような通所・利用施設、在宅福祉サービスなどを経営する事業です。

日本で社会福祉という用語が、広く人びとのまえに登場するきっかけとなる公的文書は、第二次世界大戦後につくられた日本国憲法です。第25条では、国民の生存権とその実現に果たす社会福祉、社会保障及び公衆衛生に関する国の役割を規定しています。それ以前は社会福祉ではなく、もっぱら社会事業という言葉が使われていました。私財をなげうって困窮者の救済活動にあたる人は社会事業家とよばれ、社会事業の主体は民間でした。困ったときに隣同士で助け合う隣保扶養こそが日本人の美徳とされ、国は社会事業に積極的に公金を注入することはなかったのです。

さらに、さかのぼると社会事業に先行して慈善事業、感化救済事業とよばれる事業が展開された長い時代がありました。これらは、必ずしも、「何年から何年までが慈善事業の段階」「何年から何年までが社会事業の段階」と厳密に時代を線引きして区切られるものではなく、慈善事業より国が関与する社会事業が支配的な段階に入った場合には「慈善事業から社会事業の時代へ」という言い方をします。今日の社会福祉の時代にも、チャリティコンサートやバザーのような慈善事業も一般的で、これらの事業は併存しているのです。

《福祉活動と社会福祉の制度》

福祉を実現しようとする福祉活動が取り組む内容を福祉課題といいます。福祉活動がさまざまな福祉課題に立ち向かい、やがてその成果が社会的に有用なものと認識されると、国は福祉活動に関する法律を整備して社会福祉の制度をつくります。

例えば、かつて日本では結核が亡国病と恐れられ、有効な治療法がない段階で肺結核患者には病巣切除の外科手術が行われていました。このため、患者の結核は治癒したものの、今度は肺機能が低下して呼吸機能障害が生じるなど、深刻な

事態が広がりました。第二次世界大戦後、患者たちは療養や就労の場を求めて福祉活動に取り組み、東京では民生委員が資金を出し合って患者の回復のためのアフタケア施設をつくり、患者支援にあたりました。神奈川県では**川崎満治**(かわさきみつはる)[3]が湘南アフタケア協会を、東京では**調一興**(しらべかずおき)[4]らが東京コロニーを設立して、当事者による運動も広がりました。これらを受けて1967（昭和42）年には身体障害者福祉法が改正され、呼吸機能障害が障害認定の範囲に加えられていきます。法制定当初は想定されなかった内部障害の実態と支援策の重要性が明らかになり、やがて循環器系の障害も認定の対象となっていくのです。

　もうひとつ。障害者の就労の場を求めて親の会は、共同作業所を運営する福祉活動をすすめ、1980年代に入って脳血管障害やアルコール・薬物中毒、交通事故や労働災害の中途障害など障害の範囲が拡大すると、補助金を交付する地方自治体も増えていきます。これらの動きを取りまとめ、2000（平成12）年には社会福祉事業法（現在の社会福祉法）等改正により、社会福祉事業の範囲のなかに小規模通所授産施設制度が規定され、共同作業所設立の要件が緩和されました。

　このふたつの事例から何がみえてくるでしょうか。制度外で先駆的に、柔軟に福祉課題に取り組んできた福祉活動は、国の政策にも影響を与え、関係法の整備を促して社会福祉の制度を発展させる役割をもっているということがわかります。制度外の粘り強い福祉活動が、制度を改革し、新しい制度をつくっていく重要な契機となっていくのです。これは社会福祉発展の道筋を考えていくうえで、大事な視点です。

　しかし、もう一方では、制度のなかに福祉活動が位置づけられると、福祉活動は法律で社会福祉事業とされ、規制の対象となっていきます。規制と引き換えに、公金が注入されて運営は安定しますが、事業は制度のルールにしたがって経営することが求められ、創造的であった福祉活動の自由度は低下します。もっぱら制度の枠内で定められた事業に専念すればするほど、福祉活動の主体は限られたサービスの供給者としての性格が強まります。制度外の福祉活動にあった、地域の福祉課題を発見して行動するという動機は弱くなり、必要即応、自立、参加、連帯、そして挑戦といった制度外の福祉活動が培ってきた、いわば草の根の精神が制度のなかに取り込まれて、忘れ去られることにもなりかねません。個性的でユニークな福祉活動が、制度のなかで等質化されてしまうのです。

　場合によっては、公金に依存する体質が強まり、福祉活動は制度のなかに固着してしまいます。このため新しい福祉課題を発見しても、法律がない、前例がない、補助金がないと活動は及び腰になってしまいます。サービス基盤整備を追い風に、福祉活動の経験をもたずに、いきなり制度のなかに入ってきた事業者のなかには、地域の福祉課題を発見して住民

---

3) 川崎満治
第3章180頁参照

4) 調　一興
第3章190頁参照

とともに解決していくという意識が欠けている例も散見されます。次節でみるイコールフッティング（equal footing）論につけこまれる隙は、この辺にあります。

　貧困、格差、社会的排除など社会福祉を取り巻く情勢が流動化するなかで、既存のセーフティネットである制度が十分に機能していないことが指摘されます。国は、常に国民生活の実情や福祉課題を把握し、制度を修正して、更新しているわけではありません。

　たちまちのうちにひろがった子ども食堂の創設者のひとりは、東京都大田区の自営業の女性です。子どもの学習支援に奔走する人びとは元教員や学生らのボランティアです。これらの自由かつ大胆に地域のなかで必要なものを発見して行動し、地域や子どもの貧困に関心を寄せる人びとの多くは、むしろ社会福祉の制度と縁遠い人たちです。制度のなかにいると、他の制度との関連や連携という視点が見失われがちで、制度から排除された人びとや制度の狭間に放置されて支援が届いていない人びとの存在、つまり制度外の福祉課題がみえにくくなります。

　制度のなかの福祉活動が福祉課題に鈍感になってしまえば、やがて制度は、さらに効率が悪く、画一的で硬直したものとなってしまいます。それゆえ、こういったときこそ、制度のなかの福祉活動が自己革新を図り、制度外の福祉活動も射程に入れて、地域の人びとと共同して社会福祉を発展させていくことが求められるのです。地域における公益的な事業の開発は、その例となります。

　社会福祉を前にすすめるためには、制度外の福祉活動の役割を評価して、制度が抱える問題を明らかにする。福祉活動の大部分を占める制度のなかの福祉活動が、制度外の福祉課題を発見して解決に取り組み、その結果を制度に反映し、さらにより良い制度に改革していく循環をつくることが大切なのです。

　とくに、これからの社会福祉の発展に向けては、「制度・分野ごとの『縦割り』や『支え手』『受け手』という関係を超えて、地域住民や地域の多様な主体が『我が事』として参画し、人と人、人と資源が世代や分野を超えて『丸ごと』つながることで、住民一人ひとりの暮らしと生きがい、地域をともに創っていく社会」[5]が望まれます。地域共生社会です。そのためにはこれまでの制度の中心であった公的支援の縦割りの性格を脱し、「個人や家庭の抱える複合的な課題への包括的な支援」に方向を転換することが求められるのです。制度のなかに滞留していては、こうした視点の確立も福祉課題の発見も困難になります。

　第3章に登場する人びとの生き方にふれれば、困難を突破するイメージや道がみえてくるのではないでしょうか。

《社会福祉事業の本質と社会福祉法人》

　制度のなかの福祉活動については、社

---

5)
厚生労働省「我が事・丸ごと」地域共生社会実現本部「『地域共生社会』の実現に向けて（当面の改革工程）」2017年

会福祉法と児童や高齢者領域などの分野別の関係法で詳細に規定されており、これらに共通するものを調べていくと、社会福祉事業とはいったい何か、という本質が現れてきます。

　まずは、社会福祉事業で提供される福祉サービスは、いうまでもなく人間の尊厳、人権の尊重を基調に、利用者にふさわしい良質なものでなければならないことです。そのうえで大切なのは、サービス提供の継続性の確保です。入所施設経営のような社会福祉事業では、サービス提供にあたっては安定的に継続性が確保されなければならないのです。加えてサービス提供には普遍性があり、サービスが必要な人が容易にアクセスできることが大事です。常に一定のサービス量と質が維持されていることもそうです。

　そのうえで、社会福祉事業は、歴史的にみれば、救貧活動のように支払い能力のない人への一方的なサービス投入から始まっていますので、社会福祉事業の本質は、代償を求めない無料あるいは低額な事業であるということになります。低額とは実費程度といった意味で、肝心なところです。

　日本ではこれらの社会福祉事業を経営する福祉活動の中心になる民間の経営組織が、社会福祉法人です。社会福祉法人と社会福祉事業の在り方について、ここ十年ほどの規制改革推進の議論で、イコールフッティング論の観点から、繰り返し批判的な意見が出てきました。イコールフッティングとは、「競争条件の同一化」といった意味で、制度のなかにある社会福祉法人の施設整備には公金が注入され、税制上の優遇措置が図られているのに対して、株式会社などのサービス事業者にはこれらが適用されず、社会福祉法人への優遇措置は参入障壁であるという主張が代表的なものです。

　一見すれば妥当な指摘のようですが、社会福祉事業の本質からイコールフッティング論を考えていけば、その誤りに加えて社会福祉事業とは何か、その固有の性格が浮かび上がってきます。

　最初に論点になるのは、先ほど指摘した社会福祉事業の継続性の確保です。仮に株式会社が特別養護老人ホームの経営に参入したとしても、在所率が60％を割り込み、赤字が生じたからといって事業から撤退して閉鎖すれば、利用者の生活に重大な影響を与えます。株式会社にとって市場における参入・撤退の自由は不可欠な条件ですから、株式会社では社会福祉事業の継続性の確保には難があるということです。このため社会福祉法では特別養護老人ホームなどの第1種社会福祉事業の経営主体については、行政及び行政の監督に従属する社会福祉法人に限定し、さらに社会福祉法人には撤退障壁も設けて、容易に解散できないようにしているのです。

　おさらいになりますが、利潤拡大のために、原価の大部分を占める人件費をさらに削り込めば、従事者の労働条件の悪化につながり、サービスの質の低下が懸念されます。同様にもうひとつの社会福祉事業の本質である普遍性の確保からみても、株式会社は適合的ではありません。逆に参入・撤退の自由がネックになっているのです。株式会社が無料低額事業を

営めば、役員は、より多くの配当を求める株主から訴訟を起こされ、解任されるかもしれません。これらを総合すれば、行政の強い規制のもとにある社会福祉法人こそが社会福祉事業を営むのにふさわしい最も適合的な民間の経営組織となるのです。

　社会福祉法人設立時には、経営者の出捐による基本財産の形成が一般的となります。しかし、いったん施設整備のために公金が注入され、措置委託費や介護報酬が支払われていくと、社会福祉法人の基本財産の性格は変化していきます。社会福祉法人の基本財産に占める経営者のいわば初期投資の比率は、経営の再生産を繰り返す過程で徐々に低下し、最終的には限りなくゼロに近くなり、社会福祉法人の基本財産は社会的費用が対象化されたものになっていきます。このため社会福祉法人には、株式会社と異なり財務規律の強化、事業運営の透明性の確保が求められ、関係者への配当、利益供与が禁止されているのです。

　しかしながら、イコールフッティング論をさらにすすめて、社会福祉事業でも平均利潤率が確保できるようにとなれば、国民負担を増やして株式会社に利潤を差し出すことになりますから、とうてい世論の納得は得られません。

　社会福祉法人は、社会福祉法で社会福祉事業を経営することを目的に設立され、学校法人と同様に公の支配のもとで公金注入ができるようにした、きわめて公共性、純粋性の高い法人です。社会福祉法人の純粋性とは、ただひたすら社会福祉事業を行うという意味です。それゆえ、社会福祉法人は、他の公益法人と比較すれば、より強い公への従属と引き換えに、税制上の優遇措置だけではなく、国や自治体の財産の譲渡、有利な貸付けを受けることができるなど破格の条件で経営が可能となっているのです。

《期待される社会福祉法人の役割は何か》

　いま日本の社会福祉の基調は、人口減少、高齢化のなかで、福祉サービスの提供は地域で高齢者や児童といった世代ごとの垣根を取り払い、必要なサービスを効率的に提供するという、全世代全対象型の地域包括支援体制に転換しています。前述の「我が事・丸ごと」という考え方は、厚生労働省の提唱する地域共生社会プラン「我が事・丸ごと」として取りまとめられ、2015（平成27）年に「誰もが支え合う地域の構築に向けた福祉サービスの実現―新たな時代に対応した福祉の提供ビジョン」（新福祉ビジョン）をさらにすすめ、地域で幅広いニーズに対応するとともに、住民の交流、地域共生社会、まちづくりといった福祉課題に取り組むことが期待されています。この新たな段階において、制度のなかで福祉活動を担う社会福祉法人には、今後どのような役割が期待されるのでしょうか。社会福祉発展の道筋から考えてみます。

　社会福祉法人は、制度のなかで半世紀以上にわたって福祉活動の中心にあり、福祉サービスの重要な担い手としての役割を果たしてきました。しかし、復習になりますが、制度のなかの福祉活動は、制度のルールで運営することが求めら

れ、もっぱら制度の枠内で定められた事業に専念すればするほど、公金に依存する体質が強まります。社会福祉施設は、介護報酬や措置費を受け取る過程で独自の事業体とみなされて、社会福祉法人の意思で社会福祉事業が経営されているという本来の構図は忘却されかねません。社会福祉法人は社会福祉施設に関する所轄庁への対応窓口と観念されることで、主客転倒のような構図ができあがります。これを避けるためには、社会福祉法人のガバナンスの強化、とりわけ地域の福祉課題に敏感で知見のある法人役員体制を確立することが大切になります。

社会福祉法人は今日では２万を超え、社会福祉施設の数は７万を超えています。いわば全国津々浦々に存在する社会福祉事業の拠点は、利用者への対応だけではなく、全世代全対象型の支援を念頭においた相談窓口や連絡調整の役割を果たすことができます。営利事業者とは異なる、社会福祉法人の先駆性の発揮であり、こうすることで地域共生社会、地域包括ケア体制づくり、地域福祉に果たす社会福祉法人の本来の役割が明確になっていくのです。

社会福祉法人は、公益事業を営むことが可能です。その原資としては、経営の効率化などで蓄積された剰余金や収益事業の収入、寄付金などが充当できます。繰り返しになりますが、社会福祉事業の本質の一つは無料低額にあります。社会福祉協議会や民生委員・児童委員と連携した生計困難者への相談支援事業などは、社会福祉法人だからこそできる地域における公益事業です。

《先人の活動と歴史に学ぶもの》

日本の社会には第二次世界大戦後まで生存権という考え方はありませんでした。明治に入って最初につくられた恤救規則（じゅっきゅうきそく）という法律では、もっぱら生活に困ったら自分たちで助け合うという自助の原理が強調されてきました。しかし、そのなかにあって、少しずつ岩盤を崩しながら、世のため、人のために奔走した人びとが今日の社会福祉の制度の源流にいるのです。礎を築いた人です。

各地で多くの人びとが、日本の社会福祉にかかわってきました。その仕事や生き方をみると、世の中はこうありたいという強い願いや情熱が凝縮されていることがわかります。人権思想が未熟で社会的な施策が不毛な時代にあっても、時代の制限のなかで人間らしく生きるために、わずかずつですが、その制限を繰り返し繰り返し突破しようとする人びとの営みがあり、それらがさらに幾重にも繰り広げられて今日の社会福祉が形成されているのです。新たな福祉課題を前に、先人の活動と歴史に学ぶことで現状を突破していく道がみえてくるのです。

第1章

社会福祉の発展の道筋
― 第二次世界大戦までの社会福祉

　今日では多くの福祉サービスが、社会福祉関係法により提供され、国と地方は役割分担をしながら社会福祉行政の実施体制をつくっています。社会福祉の制度がどういった経緯のなかでつくられ、制度はどのような特質をもっているのかということを考えていくうえで重要な視点のひとつは、歴史に学ぶことです。その場合には「何年に何が生まれた」という暗記ではなく、制度がどのような社会経済の動きを背景にして登場するのか、その理由を考えて今日までの展開過程をつかむことが大切なのです。

　求められる着眼点は、序章で整理したように、制度外で先駆的に、柔軟に福祉課題を発見してきた自発的な福祉活動が、制度のあり方にどのように影響を与え、改革を促して制度を発展させてきたかということです。制度が見直され、修正される動因を分析すれば、その時々の制度はどのような限界があり、それを乗り越えるためにどんな福祉活動や考え方が現れ、次の制度がつくられてきたかがわかります。このような観点から学びを深めることで、未来に向かって人間らしく生きることができる社会や、より適切な援助を考えることができるのです。最初に古代から第二次世界大戦までの制度をみていきます。

第1節
救済制度と慈善事業のあゆみ

（1）救済制度の始まり

　日本では最初にどのように法律による社会福祉の制度がつくられたのでしょうか。歴史をさかのぼれば、その起源は701（大宝元）年の大宝律令という古代国家の法律にたどりつきます。大宝律令は、日本で最初の刑罰と教令を定めたものとされ、国家組織の機構、賦役や税などの人民の義務について規定しているものです。大宝律令は、当時の中国・唐の憲法ともいうべき唐律を参考にしてつくられ、制定後に遣唐使を派遣するなど、唐、そして朝鮮半島の新羅に対して、日本の統治システムの独自性、優位性を明示するために制定されたと考えられます。

　生活困窮者に対する救済策は、大宝律令のなかの戸令とよばれる規則にあり、戸令における救済制度の規定は、今日の生活保護制度を中心にした公的扶助制度の始まり、すなわちその端緒形態とみることができます。

　戸令では、救済制度はどういった内容になっていたのでしょうか。戸令は、60歳以上で妻のない者、50歳以上で夫のない者、15歳以下で父のない者などについては親族が扶養すべきで、近親者がいない場合にはその在住する村里の人びとが保護するものとしています。村里とは地域といった意味です。親族が扶養すべきとしているところは、今日の民法の扶養義務の考え方に近いものです。戸令における救済の主体は、血縁と地縁におかれていたとみることができるのです。

　戸令ではまた、行旅者が病気になって動けなくなった場合には、その地方の責任者である郡司が村里に命じて治療すべきとしています。郡司は、政府より地方行政の管理を任命された役人で、徴税を行うなど絶大な権力をもっています。郡司の部下は里長で、村里には、さらに自然災害による凶作に備えて、食糧を備蓄する義倉といわれる備荒儲蓄制度を設けるとしています。これらの救済対象の考えや方法は、当時の中国の法律であった唐令の影響が強いのが特徴であるといわれています。

　とはいえ、はたしてこれらの戸令がどの程度各地に普及して、実効があったかは、必ずしも定かではありません。律令体制につづく武家社会や幕藩体制のなかで、律令は機能停止に陥っていきます。しかしながら、1300年も前に日本で法律による社会福祉の制度の萌芽が生まれていることは、注目されなければなりません。戸令は、今日の生活保護法及び行旅病人及行旅死亡人取扱法に、備荒儲蓄制度は災害救助法にあたると考えれば、戸令は日本の公的扶助の土台となる法律の淵源とみることもできます。

（2）仏教による慈善事業の広がり

　戸令は、初めて制度のなかに親族による扶養、地域による福祉活動を位置づけることなります。他方では、日本では古代より今日まで多くの慈善事業の記録があります。1400年もさかのぼる奈良期

第1章 社会福祉の発展の道筋―第二次世界大戦までの社会福祉

に聖徳太子（574～622年）が開いた「四箇院」、光明皇后[6]の悲田院・施薬院、鎌倉仏教の慈善事業などもよく知られ、奈良の東大寺近辺では慈善事業が記録されています。なかでも、皇室によるこれらの施設は、収容して医療や薬を施す、日本の歴史のなかで最初の収容保護施設の出現であり、実質的には皇室の慈善事業が国家の直接的な制度としての福祉活動であったといえるのです。

「和を以て貴しとなす」で知られる17条の憲法をつくった聖徳太子は、593（推古天皇元）年に大阪に四天王寺を建立します。四天王寺に、敬田院、施薬院、療病院及び悲田院からなる四箇院を設置して、窮民、病人の救済にあたったとされ、聖徳太子は日本の仏教社会福祉の出発点に立って、その後の福祉活動を広げて仏教関係者に大きな影響を与えます。悲田院は特定の施設名ではなく、仏教による救済施設一般を悲田院としたものとみられます。

この聖徳太子と並んで「日本社会事業の始祖的位置にある」（吉田久一）とさ れるのが僧の行基（668～749年）です。行基は、政府である朝廷とは距離をおき、近畿地方を周遊して、布教とともに行旅病人を収容する布施屋を設置するなど福祉活動をすすめていきます。それにとどまらず、ため池などの灌漑工事や新田開発、橋梁建設にも取り組み、人びとの富の増大を図ろうと試みています。この当時、行基をはじめ、百済（古代の朝鮮半島南西部にあった国家）から渡来した僧は土木技術などを伝えたことでも知られています。行基の活動が仏教史のなかで注目されるのは、信仰に生活・生産活動を結びつけたところに特徴があり、後に朝廷より大僧正の位を与えられて、後進に大きな影響を及ぼしたからです。

鎌倉時代に入ると、仏教は朝廷や貴族から民衆信仰へと広がりをみせ、従来の伝統仏教に加えて新興仏教が興隆していきます。法然[7]、親鸞[8]、道元[9]、日蓮[10]などにより、仏教思想は民衆救済、社会正義の視点を加えていきます。鎌倉幕府により武家社会が成立すると、皇室による救済活動は低下していくことにな

6）光明皇后

701～760年。奈良時代に聖武天皇の皇后となる。正式には天平応真仁正皇太后。仏教の信仰に厚く、聖武天皇に東大寺、国分寺の設立をはかった。正倉院、興福寺、法華寺などの設立にも関与。また、困窮者に施しをするための施設「悲田院」、医療施設「施薬院」を設置して慈善事業を行った。病人のために設置した浴室で、自ら病人の垢を流し、1000人めとなるハンセン病患者の膿を吸ったところ、その患者は阿閦（あしゅく）如来に姿を変えたという伝説が知られている。

7）法然

1133～1212年。鎌倉時代から浄土宗を開く。阿弥陀仏の影響を受け、ただひたすら「南無阿弥陀仏」の念仏を唱えることで平等に往生できるとし、専修念仏の教義を説いた。源頼朝の家臣である武将熊谷直実が法然のもとに出家するなど、武士や農民に大きな影響を与える。著書に『選択本願念仏集』。弟子に親鸞、蓮生。

8）親鸞

1173～1263年。保元・平治の乱など武家政治への転換期の時代に法然に師事して、浄土往生の教義を継承。寺院をもたずに、法然の教えを簡素な念仏道場を各地に開いて普及し、信者を広げる。既存の浄土宗と異なる解釈は、死去後に浄土真宗の誕生につながる。親鸞の90年にわたる教化体系は『顕浄土真実教行証文類』に集約され、浄土真宗の根本聖典とされる。

りますが、仏教関係者のなかには寺院内に施設を設置する動きも現れてきます。例えば、文殊菩薩信仰の**叡尊**(えいそん)[11]は、奈良・般若寺、真福寺で収容・施粥に取り組み、その弟子である**忍性**(にんしょう)[12]は、鎌倉・極楽寺でハンセン病患者に医療を施し、飢饉の際には食糧支援を行って四箇院の再興を図っていきます。救済活動に取り組んだ叡尊や忍性は、幕府の要請を受けるとともに、その思想形成には聖徳太子、行基への強い憧憬があったとされます。制度が十分でなかった段階で、これらの仏教の福祉活動は、制度の不備を補う役割を果たしていくのです。

(3) 江戸における松平定信の民生安定策

室町、南北朝、戦乱の戦国時代をへて徳川時代に入ると、武家政治により比較的長く安定した社会となり、生産力も徐々に発展して経済的剰余が生まれ、江戸や大阪への人口の集中がすすんでいきます。

商品を売買する問屋や地主に蓄積された貨幣は、酒造や織物業に投下され、問屋制家内工業のもとで新しい雇用が生まれて、経済はさらに発展していきます。江戸や大阪は経済発展の拠点となりますが、同時に雑業層や就労が不安定で収入が少ない細民といわれる生活困窮者も現れるようになってきます。しかし、すでに律令国家の戸令は効力をなくし、公的扶助の骨格となる制度は整備されませんでした。これらの不備に対して江戸では、幕府の命で次のような御救小屋(おすくいごや)や住民組織などの隣保相扶の機能が補完したとみることができます。

江戸中期には、幕府の老中**松平定信**(まつだいらさだのぶ)(1759〜1829年)が、天明の飢饉などを契機に発生した打ちこわし、民衆暴動を鎮静化し、財政危機を回避するために断行した「寛政の改革」のなかで、江戸に七分積金(しちぶつみきん)の制度を創設します。あわせて、困窮者の救済策としては、御救小屋、御救金、御救米、溜預(ためあずけ)の制、そして町会所(まちかいしょ)という住民組織、五人組制度などを整

---

9) 道元

1200〜1253年。当時の中国の宋で中国禅を修行して帰国。座禅による只管打坐を説き、信仰は下級武士や民衆にひろがりをみせ、のちに弟子が曹洞宗を開く。道元禅師ともされ、その教義は『正法眼蔵』などにまとめられている。

---

10) 日蓮

1222〜1282年。鎌倉仏教の一角を開き、「南無妙法蓮華経」を題目とする日蓮宗・法華宗の宗祖となる。鎌倉をはじめ各地で辻説法にあたり、『立正安国論』をまとめて鎌倉幕府・北条時頼に提出。当時発生した災厄の原因は浄土宗などの邪宗にあり、混乱が続けば外国の侵略の危険もあると指摘。法華経を正法(立正)として国家の安泰(安国)を図るべきとした。

11) 叡尊

1201〜1290年。奈良大和郡山に生まれ、高野山で真言密教にふれる。荒廃した西大寺の再建にあたり、興隆仏法及び利益衆生からなる「興法利生」を教義にすえて、真言密教の普及にあたる。とくに利益衆生は、民衆救済の具体的な救貧活動として展開され、貧窮者、ハンセン病患者などへの施しをみて多くの人びとが帰依し、その数は10万人にもなったと言われている。

12) 忍性

1217〜1303年。叡尊に師事し、真言律宗を開く。聖徳太子と叡尊の信仰と救済活動を強く憧憬し、鎌倉・極楽寺に施療院、悲田院、福田院の施設を設けて貧窮者、ハンセン病患者の救済にあたる。布教の過程で、橋や井戸の整備などの公益活動にも取り組む。極楽寺では伽藍図の写真が掲示されており、当時の施設が描かれていて興味深い。

備します。松平は、白河藩主時に天明飢饉に対応して迅速な食糧確保につとめた経験をもち、江戸では質素倹約をすすめ、災害対策、窮民救済の具体策を打ち出していきます。松平は、近代社会の前夜に予防的な救済制度を打ち出した為政者となるのです。

松平の施策のなかでとりわけ注目されるもののひとつは、七分積金です。これは、橋の建て替えや水路の整備などに町民が基金を拠出して財源を積み立てる江戸特有の仕組みで、災害に備えた大宝律令の義倉制度を発展させたものと考えられます。七分積金はまた、御救小屋建設などの資金として活用されていきます。御救小屋は、大火などで窮民が出現した際に収容する施設です。御救金は、低利で生活資金を融通する事業で、今日の生業扶助に近いものです。御救米は食糧援助です。

溜預は、獄中で重病になった者や住所の定まらない行旅病人の救療、軽犯罪者、出獄者などの一時保護のためにつくられた入所施設で、明治以降の免囚者保護事業、今日の司法福祉の源流ともなるものと考えられます。人足寄場といわれる犯罪者や無宿人の保護施設もつくられ、労役を課して職業指導をする施設も開設されていきます。溜預は、江戸では浅草、品川に設置され、その後は入所者を貧窮者一般に広げていきます。七分積金の元本は、明治新政府のもとでも引き継がれて、東京養育院設立の資金として活用されることになります。これらの松平の施策をみると、戸令と同様に法律で制度をつくり、そのなかに住民の相互扶助組織という福祉活動を位置づけていることがわかります。

住民の福祉活動の中心になるのが町会所です。これは浅草などの人口が集中した地区に災害に備えて食糧となる籾を備蓄する建物として整備されるとともに、御救金を取り扱う施設になっています。町会所はまた、町役人や住民の自治組織による生活困窮者の救済機関の役割を果たしたとも推測されます。町会所は、江戸の他に大阪などの都市部で設立されていきます。

一方、農村では、農民相互の監視装置としてつくられた五人組制度が、隣保相扶の強調による相互扶助組織として奨励されていきます。

江戸時代の慈善事業の背景には儒教の思想の広がりがあり、さまざまな社会観が形成されていくのもこの時期です。孔子の『論語』では「仁愛」が説かれ、家族や身内による自助が強調されて、身分制、秩序を重視し、人は仁・義・礼・智・信の徳性により親子、君臣、夫婦、長幼、朋友の五倫の関係維持が大切とします。江戸時代には「勧善懲悪」などの言葉とともに、儒教は影響力を強めていくのです。

儒教思想の普及とともに、生活困窮者の救済にあたるこれらの福祉活動は、上意下達の制度や慈善事業とは異なる地縁、血縁的な福祉活動として、相互扶助の仕組みをとっていきます。

(4) 明治期における救済制度の再編成と恤救規則

1868（明治元）年の明治維新の前後

の時期は、戊辰戦争の勃発などで世情は騒然となり、幕藩体制の崩壊という大変動のなかで人びとの生活は不安定化していきます。新旧の政府が交差する過度期のなかでは没落して窮乏化する士族が現れ、新政府は、直ちにこれらへの対応策に着手することができず、救済制度は江戸では引き続き町会所、五人組があたっていきます。

新政府は、中央集権体制の強化をはじめ、身分制の見直し、地租改正などをすすめ、社会が安定すると、かつての律令の戸令による制度は、王政復古を掲げる国づくりの新たな仕組みで再編成されることになります。救済制度の基本原則は、1871（明治4）年に行旅病人取扱方規則を手始めに、1874（明治7）年制定の恤救規則（太政官達第162号）で、備荒儲蓄の制度は1880（明治13）年に備荒儲蓄法として制定されます。恤救規則は、帝国議会開設前に太政官布告の形式をとった行政立法で、その後の公的扶助制度の要に位置する法律となり、備荒儲蓄法は今日の災害救助法の源流となるものです。恤は、生身の人間という意味で、転じて生活する人間、さらに生活に困窮する者を救うといった意味です。

行旅病人への対応については、1899（明治32）年に行旅病人及行旅死亡人取扱法が整備され、同法もまた今日に至っています。行旅病人とは、行旅中に病気で歩けなくなって医療費を払えない者、死亡した者のことで、所在地の市町村長が救護するとしています。

繰り返しになりますが、序章でみたように、新政府による恤救規則を土台にしたこれらの法律は、総じて日本の社会福祉制度の出発点になるものです。

生活に困窮する者への救済は、どのような考え方で実施されたのでしょうか。例えば、要となる恤救規則では、救済の基本的考え方は「済貧恤救ハ人民相互ノ情誼ニ因テ其方法ヲ設クヘキ筈ニ候」、すなわち生活に困窮する人びとの救済は「人民相互ノ情誼」が重要だとし、隣人、血縁で隣保相扶すべきとしています。情誼とは、愛情や義理という意味で、「生活に困ったら、まずは自分たちで何とかしろ」と自助の原理を強調し、そのうえで恤救規則は、地方行政組織に「極貧ノ者独身ニテ廃疾ニ罹リ産業ヲ営ム能ハサル者ニハ一ケ年米一石八斗ノ積ヲ以テ給

---

13)

『社会局五十年』厚生省社会局、1970年、213-214頁

14) 窪田静太郎

1865〜1946年。内務官僚として後藤新平のもとで保健衛生政策にかかわり、伝染病予防法やらい予防法制定にあたる。農商務官僚も併任し、工場法制定の資料となる工場調査の責任者となり、桑田熊蔵、横山源之助らを起用して産業革命下の工場の実態、労働時間などの労働条件、住宅や疾病の状況調査を実施。中央慈善協会、社会政策学会にも参画。

15) 金井延

1865〜1933年。東京帝国大学を卒業してドイツに留学。帰国後母校で経済原論、社会政策を講義して初代経済学部長に就任。社会政策学会に参画して、ドイツ社会政策の視点で国家による積極的な労働者保護策の重要性を訴える。社会主義に反対する立場から、日露戦争前には開戦を強硬に主張して世論に影響を与える。

与スベシ」としています。米一石の一石は150Kg程度とみられます[13]。

　恤救規則は、このように具体的に支給する米の量を定めて金銭給付を規定した法律としては画期的ですが、隣保相扶・自助の原理を強調しており、戸令、町会所及び五人組制度を柱にしたこれまでの制度に共通する相互扶助の考え方を継承しています。法律としての性格は、実施主体を市町村とし、地方行政組織に米の供与などの窮民の取扱い要領を示したにすぎず、国の役割を示していません。恤救規則による保護に要する費用は、当該の市町村が負担するものとされていました。明治政府による制度は、まだ国が国民生活を支えるという公的扶助の概念には到達していなかったのです。とはいえ、恤救規則は、1929（昭和4）年に救護法が制定されるまで、半世紀以上にわたって、救済責任を血縁と地域におく日本的救貧施策の柱となり、制度の中心に自助の原理による福祉活動を位置づけたモデルとなったのです。

　同時代の海外に目を転じれば、イギリスでは産業革命のなかで増大する貧困に対処するために救貧法が見直され、民間慈善活動の組織化などが図られていきますが、恤救規則にはこれらの欧米の影響は一切認められないのも特徴です。イギリス救貧法を最初に紹介したのは、内務官僚の**窪田靜太郎**[14]です。窪田は1899（明治32）年にブリュッセル万国衛生人口会議に出席して見聞をひろめ、帰国後にその知見に基づいて『貧民救貧制度意見』を発表してイギリス救貧法など海外の動向を紹介していきます。さらに、窪田は内務省関係者による貧民研究会をつくり、**金井延**[15]らと社会政策学会の設立に参画して、海外の動向も念頭にわが国の防貧・救貧政策のあり方を探り、慈善事業の組織化を図っていく役割を果たすことになります。啓明的な官僚が制度づくりに徐々に関与していくのです。

　次に恤救規則が登場する時代背景を整理します。封建制社会から明治に移行する過度期では、武士などの家臣団は解体され、生活に窮して路頭に迷う者が出現します。旧制度の恩恵で特権を受けていた人びとは打撃を受けて、社会不安が醸成されていきます。このまま放置すれば維新政府への抵抗勢力が形成され、やがて爆発するかもしれません。歴史が次の新しい段階に移行する時期には、これまでの古いものと新しいものが競合したり鋭く対立したりする過度期が生まれ、社会は不安定化することがあります。社会福祉の制度は、こうした社会の過度期の局面で新しく登場することがあり、恤救規則は新政府による社会防衛的な性格をもって制定されたとみることができます。また、恤救規則は、その対象を「無告ノ窮民」ときわめて限定的にとらえ、「無告」「窮民」という、今日では差別的な貧困観に立っていることがわかります。

(5) 松平定信を引き継ぐ渋沢栄一と井上友一

　論点は江戸時代の松平定信に戻ります。松平は、今日の社会福祉の源流に先行して民生安定策を講じたキーパーソン

ととらえることができます。歴史のなかで、松平はさまざまな角度から逸出した為政者としてクローズアップされ、江戸の藩政改革の主導者としての理論や思想だけではなく、こういった社会福祉の視点も加えて松平に深く傾倒した人物がいます。それは、明治から昭和にかけて慈善事業の組織化、社会事業の施策を手掛けた**渋沢栄一**[16)]と内務官僚の**井上友一**[17)]です。

遷都方針により1868（明治元）年に江戸は東京府と改称されて、首都になります。**大久保一翁**[18)] 東京府知事は、1872（明治5）年に生活困窮者の実態を把握して、路上生活者などを本郷の旧加賀藩屋敷に収容し、保護・救済を目的にした本格的な施設が必要と考えて、入所保護施設として養育院の設置に着手します。

この取り組みには、第一国立銀行などの企業群や金融システムの設立・運営にあたって「日本資本主義の父」とよばれた渋沢栄一が参画し、江戸時代の七分積金を財源にして1873(明治6)年に上野・護国院に東京養育院が設立されます。医療は小石川養生所を発展させた東京医学校（現在の東京大学医学部）と連携し、養育院の入所者への処遇は、わが国で最初の本格的な医療福祉事業のモデルとなるのです。

350年も前に松平の寛政改革でつくられた江戸の七分積金が、大久保東京府知事ら多くの関係者により今日まで長く引き継がれて東京の医療福祉を支えてきたことをみると、歴史の重みを感じます。松平は55歳で現役を退いて隠居の身となり、楽翁を名乗ります。

渋沢は、東京養育院の経営をはじめ、今日の全国社会福祉協議会の淵源となる中央慈善協会の初代会長、全日本方面委員連盟会長など広く民間事業に参画し、第二次世界大戦前の福祉活動のリーダーとなった人物です。渋沢は、楽翁公遺徳顕彰会を設立、1937（昭和12）年には**『楽翁公伝』**[19)]を編集して岩波書店より刊行、松平を顕彰し、その偉業の紹介と思想の普及にあたっています。

渋沢が、これほどまでに松平に傾倒する契機は何でしょうか。渋沢は、七分積金を原資に東京養育院を開設して市中の貧窮者の収容を開始しますが、「私は抑、この共有金なるものは如何なる性質の金

16）渋沢栄一

1840～1931年。幕末から明治維新にかけて徳川幕府に仕え、パリに留学して欧州の社会システムを学ぶ。帰国後に新政府の大蔵省官吏をへて第一銀行（現在のみずほ銀行）の頭取となり、多くの銀行設立を指導する。ガス、保険、製紙なども手がける大実業家となる。

17）井上友一

1871～1919年。加賀藩士の長男として生まれ、東京帝国大学法科を経て内務省入省。万国公私救済慈恵事業会議などに出席する。東京府知事在任中に東京府慈善協会を設立。著作『救済制度要義』は、救貧制度の歴史、欧州及び日本の動向などを克明に紹介。

18）大久保一翁

1817～1888年。幕末から明治維新にかけて徳川幕府に仕え、長州征伐に反対して第14代将軍徳川家茂に大政奉還を提案。第15代将軍徳川慶喜にも大政奉還・公武合体をすすめる。新政府軍の江戸侵攻の際には無血開城を主張して、江戸開城を実現。新政府のもとで第5代東京府知事となり、議会制度設立に尽力する。

であらうかと考へて、その後養育院幹事の安達憲忠[20]氏をしてその由来を調査せしめたところ、これこそ天明・寛政・年間に於ける幕府の老中松平越中守定信、即ち楽翁公の善政の餘澤であることを明かにして七分積金制度の起源が松平にあることを知り、松平をもって幕府の財政を改革し、奢侈の風俗を匡正し、文武を奨勵し、窮民を救助し、浮浪の徒をして職を得しめる等、その政治上の功績は誠に驚嘆すべきものである」[21]と最大限の賛辞を贈っています。七分積金設置の経緯を知れば知るほど、渋沢は松平による財政改革と窮民救済という骨太の施策にふれて感銘を受けるようになるのです。後に「道徳経済合一説」は渋沢の世界観となり、経済活動で得られた富は社会に還元すべきという強い信念に基づいて、渋沢は理化学研究所や日本女子大学校、東京慈恵会創設といった社会公益事業に力を入れていきます。

もう一人の、井上友一は、内務官僚として神社局長をへて1908（明治41）年に『楽翁と須多因』を刊行します。「須多因」とは、19世紀初頭にプロイセン王国首相として農奴制廃止などの近代化を断行したフィリップ・フォン・シュタイン（1757～1831年）のことです。井上は、この二人に何をみたのでしょうか。

井上は、同書の自序で楽翁「候と須多因とが東西其地を異にして、生死の時代を同うし、また其性向人格を同うするもの多きに想到し」「此二人は國家柱石の重心として、共に時代の標的たりき。されど此二人はいづれも風雲を叱咤して起こりたる、一時の英雄にはあらず。共に修養に依れる、實學實行のひとなりき」[22]とし、同時代に改革を主導したふたりに共通する時代精神に学ぼうとします。他方で井上は、松平の町会所、七分積金、人足寄場に注目して、きわめて合理的な民生施策とみているのです。

渋沢が松平のなかに優れた為政者の姿を投影していたとすれば、井上は内務官僚の視点から松平の政策手法や施策に着目します。井上は、後述するように東京府知事をへて内務省社会局の社会事業行政に影響を与えていく人物となります。日露戦争後には、悪化した地方財政の立て直しを図る地方改良運動を担当して質素倹約をモットーにすえ、その考え方は

---

19)

『楽翁公伝』は、渋沢が楽翁研究家であった東京帝国大学の三上参次、平泉澄、中村孝也らに編纂を委託して刊行した。松平定信については高澤憲治『松平定信』吉川弘文館、2012年を参照。

20) 安達憲忠

1857～1930年。岡山に生まれ、天台寺の寺院で教義を深める。地方の新聞記者をへて1888年に東京府に勤務。東京市養育院院長の渋沢栄一に仕えて養育院幹事となり、養育院の分院づくりなどにあたる。中央慈善協会の創設に参画するとともに、無料職業紹介や無料宿泊所などの新規事業を開拓。保健医療にも関心をもち、結核予防などに尽力する。

21)

『楽翁公伝』の渋沢の自序、3～6頁。「餘澤」とは「先人の残した恩恵」という意味

22)

井上友一『楽翁と須多因』良書刊行会、1908年、79～87頁

松平の「寛政の改革」に通じるものがあります。救済事業では、事後的な救貧よりも積極的な防貧事業の視点を打ち出していきます。とりわけ、井上がかかわった経済保護事業には、公設市場、簡易食堂、公益質屋、共同宿泊所、公益職業紹介事業などがあり、これらの施策には松平が江戸の市中で展開した御救米、御救金などの影響が大きいとみることができるのです。渋沢と井上は、ともに中央慈善協会・東京府慈善協会[23]設立に参画するなど、この時代の活動の指導者となります。

(6) 各地に広がる慈善事業
―石井十次と石井亮一

明治は、江戸時代にかわって近代化と中央集権体制づくりをすすめ、資本主義的生産を準備する時代です。資本主義的生産を開始するためには貨幣の形態での資本の集積、他方で賃労働力が必要であり、これらの創出と陶冶をすすめる過程は、本源的蓄積とよばれ、そのなかでは貧困などさまざまな社会問題が生まれることになります。

初期資本主義のもとでは、労働時間を定める工場法などの労働者保護施策が未整備で、劣悪な労働環境のなかで労働力の消耗が激しく、児童・女子労働を規制する法律はありませんでした。労働災害や疾病も多発し、低賃金・長時間労働、失業は労働者の窮乏化を招いていきます。また、社会の変動や大規模災害の被害は、自分の身を守ることができない児童に集中的にしわ寄せされます。このため、児童や生活困窮者、高齢者を救済するために1871（明治4）年に大阪では大貧院が、東京では1873（明治6）年に、東京養育院が開かれています。

1891（明治24）年には濃尾大震災が発生し、東北地方では冷害による飢饉が多発します。とくに、濃尾大震災は岐阜県を震源地に発生したもので、わが国の内陸型地震としては最大の震度7を記録し、震源地に近い岐阜市などでは山崩れ、建物倒壊、火災が発生。明治時代で最大の地震となりました。被害は愛知県、滋賀県、福井県にも及んで、死者7千人、負傷者1万7千人、家屋全壊14万戸とされています。1896（明治29）年には三陸津波などの大規模災害も発生しています。政府は、すでに恤救規則を制定していましたが、未曾有の事態には対応できません。地域の相互扶助も停止してし

---

[23]
東京府慈善協会設立の経緯と事業については、社会福祉法人東京都福祉事業協会『東京都福祉事業協会七十五年史―明日の社会福祉のために―』1996年を参照。東京府慈善協会は、1920年に東京府社会事業協会となり、戦後は東京都社会福祉協議会に発展解消。社会福祉事業経営は現法人が担う。

[24]　岩永マキ
1849〜1920年。長崎の隠れキリシタンの農家に育ち、明治に入って布教のためにフランスから来日したド・ロ神父による赤痢患者、貧窮者への救療活動に参加する。同士とともに親を亡くした子どもたちを収容して、浦上養育院の設立にあたる。浦上修道会を組織し、県内に修道会と孤児院を普及させる。

[25]　今川貞山
1826〜1905年。愛知に生まれる。臨済宗の僧侶で臨済宗妙心寺派管長。東京では明治新政府への移行期の混乱のなかで放置される子どもが出現し、仏教慈悲の立場から臨済宗、日蓮宗、天台宗、真言宗などの僧職が参加して福田会育児院を創設する。施設の準備段階から運営まで、主導的役割を果たす。

まいます。実際に、このような大規模災害で、最初に救済活動に立ち上がるのは民間篤志家、仏教・キリスト教関係者などで、この時代にはさまざまな慈善事業が広がっていきます。法律による制度が空白の時代に、地震などの被害を受けて、地域や血縁による相互扶助に頼ることのできない人びとの支援に慈善事業家が登場するのです。明治から大正は慈善事業家が大活躍した時代といっても差し支えありません。

なかでも児童の領域では多くの先駆者による活動がみられます。例えば、1872（明治5）年に横浜にキリスト教関係者により孤児を収容する和仏学校が、1874（明治7）年には長崎に岩永マキ[24]が婦人同士育児所（現在の浦上養育院）を設置。1879（明治12）年には東京で今川貞山[25]ら仏教関係者により児童養護施設・里親委託事業を行う福田会がつくられ、その事業は今日の社会福祉法人福田会の児童福祉施設経営に引

〈写真1〉 岡山孤児院の子どもと石井十次

写真提供：社会福祉法人石井記念友愛社

き継がれています。福田とは、仏教の経典において、善を行えば幸せになるという意味で、そのひとつが養育や保護を受けることができない児童の救済です。この時代の代表的な慈善事業家として、石井十次と石井亮一をみてみましょう。

キリスト教徒の石井十次[26]は、1887（明治20）年に岡山孤児院を開設。濃尾大震災や東北大飢饉で親と離別した多くの子どもを引き受け、最盛期には岡山孤児院の児童数は2千人を超えたとされています〈写真1〉。

石井十次の先駆的な活動は、後に東京育成園を開設する北川波津[27]、弘前愛

---

26) 石井十次

1865〜1914年。宮崎に生まれ岡山医学校に進む。キリスト教徒となり孤児の保護をはじめ、濃尾大震災の被災孤児、日露戦争の戦災孤児などを受け入れる。孤児教育会を設立し、同会は岡山孤児院へ発展。

27) 北川波津

1858〜1938年。水戸藩士の娘として生まれる。1896年の甚大な被害をもたらした東北・三陸大津波で、両親を失った子ども26人を引き取って養護を開始する。1899年に私財を投じて東京孤児院を開設。1907年に孤児という用語を見直して、東京孤児院を東京育成園に改称。生涯にわたって児童養護にあたる。

28) 佐々木五三郎

第3章104頁参照

成園の佐々木五三郎[28]などに大きな影響を与えることになります。

　石井十次は、岡山医学校（現在の岡山大学医学部）に学び、信仰のなかで岡山孤児院の前身である孤児教育会をひらきます。とくに石井十次の施設経営では、地域の人びとや教会からの寄付金や食料の寄贈などに依拠し、なかでも実業家からの援助は見逃せません。洗剤・石けんメーカーとして知られるライオンの前身となる東京の小林富次郎商店の主である**小林富次郎**[29]は、石井十次の事業を支援します。さらに**大原孫三郎**[30]は、倉敷紡績、倉敷絹織、中国水力電気会社、中国合同銀行を経営する大原財閥の育ての親となり、石井十次の最も有力な後援者となっていきます。倉敷紡績は今日のクラボウ、倉敷絹織はクラレ、中国水力電気会社は中国電力、そして中国合同銀行は中国銀行です。大原は労働者教育・衛生管理にも関心を寄せ、幅広い社会公益事業は、大原記念労働科学研究所、法政大学大原社会問題研究所、倉敷中央病院、大原美術館、岡山大学資源植物科学研究所として知られています。大原の評伝には、兼田麗子『大原孫三郎―善意と戦略の経営者』（中公新書、2012年）などがあります。

　石井十次の福祉活動は人びとの目にとまり、やがて「徳は孤ならず、必ず隣有り」、すなわち徳があって、よいことをすれば、必ず応援する人が現れるという、論語の一節どおりのものとなるのです。今日とは異なり、慈善事業の時代には多様な寄付文化が花開いたのです。岡山市の社会福祉法人新天地育児院の児童養護施設の構内には、岡山孤児院の建物を移設した石井十次記念館があり、石井関連資料を閲覧することができます。宮崎県・木城町の社会福祉法人石井記念友愛社は、石井十次資料館を設置して、詳細な史料を整理しているので、より深く学習する人にお勧めです。

　濃尾大震災ではまた、**石井亮一**[31]が親と離別した児童の保護収容にあたり、1891（明治24）年に東京に滝乃川学園を開設して、妻**石井筆子**[32]とともに、わが国の知的障害児の療育、教育の端緒を拓きます。その実践と思想は、さらに藤倉学園の**川田貞治郎**[33]らに広がっていきます。

　石井亮一はキリスト教にふれ、立教女

29）小林富次郎

1852～1910年。埼玉に生まれた後父の郷里・新潟に移り、酒造業と漁業に従事するも経営不振に陥り、同郷の仲間と上京。石けん・マッチの材料を扱う小林富次郎商店を開いて歯磨き粉「獅子印ライオン歯磨」を販売する。熱心なキリスト教徒で、寄付金収入となる「慈善券付ライオン歯磨き」を考案するなど社会貢献活動にかかわる。

30）大原孫三郎

1880～1943年。岡山の大地主の家に生まれる。東京専門学校（現在の早稲田大学）を中退して親が経営する倉敷紡績にはいり、事業を多方面に拡大する。石井十次との交流で社会公益事業を手がける。

31）石井亮一

1867～1937年。佐賀藩士の家に生まれる。立教大学に学び、卒業後に立教女学校教諭となる。濃尾大震災の被災児保護を手始めに石井十次らと救済活動にあたる。差別され放置されていた知的障害児教育をすすめるために渡米。関係者の組織化にもあたり、知的障害児の愛護協会を設立して初代会長となる。

第1章　社会福祉の発展の道筋――第二次世界大戦までの社会福祉

学院で女子教育にあたります。濃尾大震災の被害の惨状、とくに親を失った子どもが悲惨な状況に放置され、混乱のなかで少女の人身売買が横行していることを聞き、被災地に駆けつけます。現地で岡山孤児院の石井十次らと一緒に児童保護に取り組み、子どもを引き取って東京に聖三一孤女学院を開きます。同時に保護をしている子どものなかに知的障害のある子どもがいることを知り、アメリカにわたって知的障害について学び、活動の重点を知的障害児教育に移すために、聖三一孤女学院を改組して滝乃川学園を立ち上げていきます。石井亮一の事業は、知的障害児の療育、教育、研究、さらに職員養成へとむかっていくのです。

ちなみに、聖三一孤女学院は日本の女医の第一号である荻野吟子[34]の自宅に開設されたもので、荻野はのちにキリスト教婦人矯風会で廃娼運動に取り組むことになります。石井亮一は、アメリカで**ヘレン・ケラー**[35]に面会しており、ヘレン・ケラーは1937（昭和12）年に来日します。石井亮一は、1934（昭和9）年には日本精神薄弱者愛護協会（現在の日本知的障害者福祉協会）を創設するなど、関係者の組織化を図るために行動していきます。

昭和恐慌や第二次世界大戦をはさんで滝乃川学園の歩みは決して順風満帆ではなく、たびたびの経営難に見舞われています。滝乃川学園には皇室をはじめとする各界各層の支援者が現れ、歴代の理事長には渋沢栄一や**澤田廉三**[36]らが就任しています。まさに石井十次と同様に「徳は孤ならず、必ず隣有り」で、澤田は外務事務次官をへて、日本の国際連合加盟にあたって全権大使を務めた外交官です。妻の**澤田美喜**[37]は、第二次世界大戦後に米兵と日本人女性の間に産まれ、養育放棄された子どものために、神奈川県大磯町に児童養護施設エリザベス・サンダースホームを開設します。

1873（明治6）年には金沢市で**小野太三郎**[38]が視覚障害者や困窮する人びとの収容をはじめ、今日の社会福祉法人陽風園の開祖となります。新潟の港町では**赤澤鐘美**[39]が1890（明治23）年に今日の保育所の原型となる常設託児事業の静修学校を、福島では**瓜生イワ**[40]が

32）石井筆子

1861～1944年。佐賀の備前藩士の娘として生まれる。東京女学校に学びヨーロッパに留学。華族女学校の教師をへて大日本婦人教育会を創設する。石井亮一との結婚後に滝乃川学園の運営に尽力する。

33）川田貞治郎

第3章112頁参照

34）荻野吟子

1851~1913年。埼玉県に生まれる。東京女子師範学校卒業後私立医学校に学び、東京府に医術開業試験願を出すものの、女性の前例なしと却下される。1884年に医術開業試験を受験、3人の女性のなかで荻野が合格。日本の女医第1号となる。キリスト教の洗礼を受けてキリスト教婦人矯風会に参加して廃娼運動にかかわる。

35）ヘレン・ケラー

Helen A. Keller　1880～1968年。視覚及び聴覚障害をもったアメリカの社会事業家として知られている。日本には3回来日しており、2回めの1948（昭和23）年の訪問の際には身体障害者福祉法制定のキャンペーンを展開して、各地を回った。大阪ライトハウスの岩橋武夫との結びつきが強く、これらの訪日は岩橋に負うところが多い。

1891（明治24）年に会津育児会をつくります。瓜生は戊辰戦争の激戦地となった福島・会津で負傷者の救護にあたり、のちに渋沢栄一により東京養育院の児童担当として招聘され、帰郷後に本格的に児童養護に取り組んでいきます。静修学校は今日の社会福祉法人守孤扶独幼稚児保護会に、会津育児会は社会福祉法人福島愛育園に引き継がれています。

(7) 野口幽香・森島峰と二葉幼稚園、岩田民次郎と大阪養老院

東京では1900（明治33）年に**野口幽香**⁴¹⁾と**森島峰**⁴²⁾が二葉幼稚園を開設します〈写真2〉。野口と森島は、東京・四谷の華族女学校付属幼稚園（現在の学習院）に勤務していましたが、他方では貧困のなかで放置されている子どもを看過することなく、借家で慈善幼稚園を開設。ついで、拠点を当時の東京の三大貧民窟と言われた四谷鮫橋に移して200人を超える子どもを入園させ、地域活動を展開していきます。困窮し、貧困ゆえ

〈写真2〉 野口幽香（右）と森島峰（左）

出典：『二葉保育園八十五年史』（社会福祉法人二葉保育園）

に保育に欠ける子どもに着目した取り組みは、当時としては異例のことです。

野口らの施設運営の特徴は、親との連携、衛生指導及び病児の治療、小学校入学促進、家庭支援などに取り組むところにあります。単なる保育に欠ける子どもを預かるだけではなく、地域に拠点をおいて住民に働きかけて生活相談、支援の活動をするところは、セツルメント活動の草分けとなるものです。同時にドイツのフレーベルの幼児教育の理論に従って、子どもの自立性を尊重し、生活体験を豊かにする

---

36) 澤田廉三

1888～1970年。鳥取出身の外務官僚。第二次世界大戦後に初代国連大使として日本の国連加盟を果たす。外務事務官、世界経済調査会議長。妻は澤田美喜。美喜の社会福祉事業・児童養護施設エリザベス・サンダースホームを支援するとともに、自らも滝乃川学園理事長として障害者施設の経営にあたる。

---

37) 澤田美喜

第3章138頁参照

---

38) 小野太三郎

1840～1912年。石川県金沢市の慈善事業家。加賀藩士。明治維新の混乱期に私財を投じて生活に困窮する視覚障害者の施設小野救養所を開設し、小野慈善院に発展させる。1952年に社会福祉法人小野陽風園に改組、1969年に社会福祉法人陽風園と改称。救護施設、養護老人ホーム、特別養護老人ホーム、障害者支援施設、保育所など地域福祉の拠点となっている。

---

39) 赤澤鐘美

第3章102頁参照

---

40) 瓜生イワ

第3章100頁参照

などの工夫が凝らされており、野口らの実践は日本にフレーベル教育が浸透する契機にもなっていきます。

野口らの後継者となる徳永恕[43]は、第二次世界大戦をはさんで、困難な時期に二葉保育園（1916〈大正5〉年に幼稚園から保育園に名称変更）の経営に尽力するとともに、東京の保育関係者の組織化、研究会づくりなどにあたり、方面委員として地域の福祉活動をけん引していきます。

大阪では、1902（明治35）年に岩田民次郎[44]が大阪養老院を設立。岩田もまた、養老事業関係者間の連絡に力を入れ、1903（明治36）年に大阪で第1回全国慈善大会を開催するとともに、中央慈善協会（全国社会福祉協議会の前身）設立の先駆けとして動きます。岩田の組織化という視点がなければ、この時代の全国的な民間組織の結成は遅れたのではないかと推測されます。岩田がこの道に入ったきっかけのひとつに、後述する留岡幸助が内務省嘱託として大阪の講演会で発した檄に同感したことをあげており、とても興味深い事実です。大阪養老院は、今日の社会福祉法人聖徳会に継承されています。

1894（明治27）年には慈善事業を中心にしたキリスト教伝道・社会事業団体である救世軍がウィリアム・ブース（1829～1912年）により創設され、後に山室軍平[45]が日本軍国司令官に就任。山室もまた東京府慈善協会創設に参画し、廃娼運動など多岐にわたって活動します。山室から福祉活動の手ほどきを受けた髙橋直作[46]は、災害救助、終戦直後の引揚者支援に奔走します。

静岡では、実業家である金原明善[47]らにより刑務所を出所した免囚者の保護事業を目的に静岡県出獄人保護会社が設立され、それまで江戸の溜預など慈善事業と一体化していた保護事業を、刑事政策のなかに取り入れる更生保護事業の確立に寄与していきます。刑務所の教誨師

41）野口幽香

1866～1950年。本名は、ゆか。兵庫県出身。東京師範学校女子部（現在のお茶の水女子大学）を卒業して付属幼稚園に勤務する。幼児教育家で慈善事業家。キリスト教徒。1906年女子学習院の前身となる華族女学校教授。1900年に森島峰と二葉幼稚園を開設し、1919年に小学部、1922年に母子寮となる母の家をつくる。

42）森島 峰

1868～1936年。津田梅子の紹介でアメリカのカリフォルニア幼稚園練習学校に留学し、貧困家庭の子どもを対象にした無償幼稚園運動を学び帰国。野口とともに、わが国において無償幼稚園が必要なことを痛感して、二葉幼稚園創設にあたる。運営資金は、キリスト教会などから広く寄付金を募って確保する。

43）徳永 恕

第3章118頁参照

44）岩田民次郎

第3章106頁参照

45）山室軍平

1872～1940年。岡山県に生まれる。同志社大学神学部を中退し、岡山孤児院の石井十次の勧めで1895年にキリスト教伝道団体である救世軍に入る。日本人で初めての伝道者である士官となり、のちに日本軍国司令官となる。『平民の福音』など平易な入門書・啓蒙書を多数執筆する。社会事業と廃娼運動に力を入れる。

や更生保護事業には宗教関係者も多く、東京では1912（大正元）年に日蓮宗常円寺の山田一英（1874～1966年）らが明治天皇の崩御により釈放された受刑者の保護育成のために日蓮宗慈済会を設立。社会復帰支援の取り組みをすすめ、その事業は、今日の更生保護法人慈済会が引き継いでいます。これらは総じて今日の司法福祉の源流となるものです。

この時代に、各地ではこうした多くの篤志家や宗教団体の福祉活動が活発になり、児童保護事業や養老事業は恤救規則を補完するとともに、慈善事業は今日の更生保護にまで広がりをみせて独自の発展を遂げていきます。一人ひとりの関係者の生き方をみれば、豊かな人間性や封建社会を脱した新しい時代の息吹を感じます。共通するのは、困窮して苦しんでいる人を見て見ぬふりをせず、視点を社会の底辺においていることです。

法律による制度に不備があり、社会資源もない時代に、なぜこれらの人びとは福祉活動に踏み込んだのか。何が転機になったのか。その背景はどのようなものだったのか。事業の多くは、今日でも引き継がれて営まれており、先人の生き方や思いを訪ねてみることは、社会福祉関係者にとってよい学びになるでしょう。

（8）担い手の養成からみえるもの

社会福祉の歴史のなかで、それぞれの時代にあって福祉活動の担い手はどんな人びとが中心になり、どのような教育で養成されてきたのかという視点に立てば、その時代の施策の理念や制度の特徴を通じて今日の社会福祉が形成される過程がみえてきます。教育内容からは、その時代の利用者へのサービス、処遇や援助の考え方を知ることができます。

わが国の社会福祉の発展過程を便宜的に区分すれば、先行する慈善事業に加えて明治から大正期にかけて感化救済事業が成立し、昭和期に入って社会事業が、さらに戦後には社会福祉が登場します。

このうち感化救済事業は、1905（明治38）年に終わる日露戦争の戦傷者、遺族の生活問題、戦後の経済発展の対極に生み出される都市貧困層の増大や児童虐待などに対応する施策で、感化とは、人に良い影響を与えて人の性格を変えるという意味です。

感化救済事業では、貧困や不良少年の非行の原因は、その個人の怠惰や反社会的な性格にあるとし、正しい勤労で報酬を得させ、正しい生活による正義の愉悦を体験させます。こうすることによって悪の世界を嫌悪する性格陶冶が行われる、という独特の考え方に立っています。一方的な施しである慈善事業は、惰民助長の恐れがあり、このため窮民を善導し、教育し、

46）髙橋直作

第3章116頁参照

47）金原明善

1832～1923年。静岡県の実業家で、天竜川の治水事業にあたる。治水と連動した水源涵養林事業や疎水事業も手がけ、天竜杉の産地形成に貢献する。出獄者保護事業にも尽くして出獄人保護会社を設立し、今日の更生保護施設・静岡県勧善会に至っている。金原の生涯や資料は、浜松市の明善記念館で公開されている。

第1章 社会福祉の発展の道筋―第二次世界大戦までの社会福祉

生業を与えて勤労させ、自営自活の民にすることが救済制度の目標になっていきます。感化救済、規律を守らせ、勤労意欲をもたせ、問題ある人間を訓育・善導して健全な労働者にすることは、本格的な資本主義への道をめざす時代の要請でもあったのです。それゆえ、感化救済事業は、それまでの個別的な私的な慈善事業とは異なり、はじめて国の政策対象となり、内務省が所管して奨励していくことになります。全国的な福祉活動の担い手の教育は、感化救済事業から始まったのです。

全国社会福祉協議会『慈善から福祉へ―全国社会福祉協議会九十年通史』(2003年)によれば、1908(明治41)年に内務省地方局は、東京で感化救済事業の関係者を対象に第1回講習会を開き、ついで各地で講習会を巡回開催しています。1919(大正8)年には、国立感化院武蔵野学院に感化救済事業職員養成所を設置、本格的な養成教育を開始します。

これらの記録を伝える文献のひとつである北海道慈善協会『内務省主催感化救済事業地方講習会講演録』(1917年)では、7回までの全国の講習会受講者の総数は1450人で、感化事業に直接従事している経営者が最も多く、地方官吏、僧侶などをふくめて受講者のなかで修了証書を授与されたものは1118人としています。

教授内容は、北海道講習会では、留岡幸助が感化事業を、生江孝之[48]が救済要義、育児事業、保育事業、児童衛生などを担当しており、当時は児童保護が主要な課題のひとつであったことがうかがえます。ふたりはともに内務省嘱託であり、留岡は、次項でみるように児童保護施設・家庭学校を設立し、中央慈善協会設立など関係者の組織化に尽力することで知られ、生江は日本女子大学校教授としてこの分野を理論的に主導する人物となります。

感化救済事業は、児童保護事業の出発点となり、関係者の講習会は最初の担い手の教育機関になったのです。修了者は、講習で学んだ要領にしたがって全国の感化施設の事業に従事していきます。

では、最初の教育機関において、福祉活動の対象者はどのようにとらえられていたのでしょうか。当時の札幌区長であった阿部宇之八[49]は、講演録によれば、北海道講習会の修了式の祝辞のなかで「此事業は國の病氣を癒す一つの仕事である。國の體に附着して居る黴菌が繁殖しないやうにこれを取除いて、国其物を健全なる體にする一つの仕事である」と述べています。

---

48) 生江孝之

1867～1957年。内務省嘱託として海外社会事業の調査や関係者の教育にあたるなど、社会事業の増進に尽くす。神戸市出征軍人遺家救護会の設置を手始めに、愛隣会理事長、恩賜財団済生会理事長、白十字会理事長など施設経営でも活躍。日本女子大学校教授として社会事業の理論化を図り、「日本社会事業の父」として後世の研究者に大きな影響を与える。

49) 阿部宇之八

1861～1924年。徳島県に生まれ、慶応義塾に学ぶ。『大阪新報』に勤めてジャーナリストの道を歩む。北海道庁をへて『北海新聞』の経営にあたり、ついで札幌区長となる。

感化救済事業の対象を「黴菌」とする例えからは、関係者のなかに差別的かつ社会防衛的な意識が強いことがわかります。この時代には、わが国はまだ基本的人権の社会的承認には至っていなかったのです。繰り返しになりますが、なぜ貧困は発生するのか。そこには貧困の背景にある社会問題の原因を解明して、積極的に予防するという視点はなく、感化救済事業は事後的な保護施策の枠内に留まる政策だったのです。

(9) 留岡幸助と感化救済事業

明治維新をへて近代化に向かう社会の変動のなかでは、貧困ゆえに養育が困難となって遺棄される児童、すなわち棄児の保護や犯罪に走る少年などの児童保護が課題となってきます。とくに、少年犯罪者や不良少年の対応では、刑罰ではなく、さきにみたような感化救済の立場に立って保護すべき、という考え方が登場してきます。これらを背景に1900（明治33）年には感化法が制定され、道府県への感化院の設置がはかられます。感化救済事業は明治の末から大正にかけて、慈善事業と併存していくこととなります。このなかにあって、**留岡幸助**[50]は、キリスト教の立場から感化事業に取り組み、家庭学校を設立して児童の収容に着手します。

留岡は、同志社で新島襄（1843～1890年）の薫陶を受け、1891（明治24）年に北海道・空知集治監の教誨師に就任。その後渡米してコンコルド感化院に学び、アメリカの社会事情、福祉活動についての知見を広めていきます。帰国後、東京に家庭学校を開き、ついで北海道に分校と農場をつくり、小舎家族制、酪農・農業労働を取り入れて感化事業を本格化していきます。この留岡の活動を眺めると、ふたつのことがらがみえてきます。

留岡は家庭学校運営にあたる一方で、内務省嘱託として感化事業・児童保護のあり方を具申し、各地を回って事業の普及にかかわり、中央慈善協会、東京府慈善協会の発会に主導的役割を果たすなど、この時代の関係者の組織化に尽力します。アメリカでCOS（慈善組織化協会）といった最先端の福祉活動に触れた留岡は、遅れている日本の将来像を考えていたはずです。福祉活動に携わる人びとを

---

50) 留岡幸助

1864～1934年。留岡を取り上げた評伝としては、高瀬義夫『一路白頭ニ至ル』（岩波新書、1982年）、映画には山田火砂子監督『大地の詩－留岡幸助物語』などがある。

51) テストウィード

Germain L. Testvuide　1849～1891年。パリ外国宣教会の司祭で1873年に来日。宣教活動中にハンセン病患者と出会ったことを契機に、静岡県御殿場に施設を設置。後に同地神山に療養施設として神山復生病院を開設して患者の療養を開始し、多くの患者が生活する。ハンセン病と患者の生活の歴史を伝えるために復生記念館がある。

52) 井深八重

第3章124頁参照

53) 阿部志郎

日本ソーシャルワーカー協会会長、日本社会福祉学会会長、神奈川県立保健福祉大学学長、社会福祉士国家試験委員長などを歴任。

第 1 章　社会福祉の発展の道筋——第二次世界大戦までの社会福祉

輩出する時代にあって、不可欠なのは関係者の組織化であるという判断は、留岡の慧眼といってよいでしょう。留岡らによる中央慈善協会の設立の経緯と意義については次項でみていきます。

家庭学校は東京と北海道に設置され、北海道では社会福祉法人北海道家庭学校により児童自立支援施設として事業が継承されています。

(10) ハンセン病患者の救済・支援活動に立ち上がる人びと

かつて日本の社会はハンセン病患者に対して徹底的な偏見のもとで、差別を加え、患者は家族、地域、社会から排除されて収容施設に強権的に隔離・収容されました。ハンセン病の患者を隔離・排除しなければ、残りの社会構成員に感染するとされ、明治時代からは国が徹底的な患者の排除、社会防衛策をとってきたのです。

1897（明治30）年にハンセン病対策の法律として「癩予防ニ関スル件」が制定されます。これにより、ハンセン病患者は収容施設に強制的に隔離されて、人権が蹂躙され、患者への差別・偏見が助長されていきます。同法は、第二次世界大戦後にらい予防法に改正されて引き継がれます。そして、ようやく1996（平成8）年に廃止されて、国がハンセン病対策の誤りを認めるまで、ほぼ100年という時間がかかっています。

隔離収容施設は国によって各地につくられ、その処遇は治安取締的、懲罰的な内容を徹底してきました。しかし、こうした社会の無策のなかで療養所を設置・運営し、患者を支援する人びとが現れてきます。

フランスより来日したキリスト教の宣教師である**テストウィード**[51]は、1889（明治22）年に静岡県御殿場市にハンセン病患者のために神山復生病院を設置しています。**井深八重**（いぶかやえ）[52]は、誤診が契機となって入所生活を送り、テストウィードら海外からの献身的な支援に身近でふれて、やがてその生涯を看護婦としてハンセン病患者に寄り添う道を選びます。井深の生涯は、戦後第2世代として社会福祉を牽引する社会福祉法人横須賀基督教社会館の**阿部志郎**（あべしろう）[53]らに大きな影響を与えていきます。井深八重の資料は、神山復生病院の復生記念館に保存されています。ハンセン病対策の歴史や療養所の実態については、東京都東村山市の国立ハンセン病資料館が詳しく紹介しています。

熊本では、アメリカ・ルーテル教会の宣教師である**モード・パウラス**[54]が児童保護施設・慈愛園をつくり、**潮谷総一郎**（しおたにそういちろう）[55]は運営にかかわりながらハンセン病患者支援に乗り出します。潮谷はまた、1963（昭和38）年、老人福祉法

---

54) モード・パウラス

Maud. Powlas　1889〜1980年。アメリカ合衆国ノースカロライナ出身。キリスト教・ルーテル派の布教のために来日、熊本市内で孤児収容、貧困世帯の訪問活動、ハンセン病患者の支援をすすめる。育児養老事業のために慈愛園を開設し、児童の処遇に小舎制を取り込んで、わが国の児童養護施設のなかで注目された。

55) 潮谷総一郎

第3章174頁参照

制定前夜に九州社会福祉協議会関係者による、いわゆる九州社協・老人福祉法試案を取りまとめています。制度の外の福祉活動から、法律による老人福祉制度の提案として、ユニークなものです。

仏教関係者では、日蓮宗の**綱脇龍妙**[56]をはじめ、仏教感化救済会の**杉山辰子**（1868～1932年）や**鈴木修学**[57]らが療養施設の運営にあたっています。綱脇は、山梨県身延でハンセン病療養所・深敬病院を開設、第二次世界大戦後には山梨県社会福祉協議会初代会長に就任して、事業は今日のかじかグループ・社会福祉法人深敬園が引き継いでいます。

鈴木は福岡の施設で患者支援にあたり、第二次世界大戦直後に名古屋で戦災孤児を収容して児童福祉施設を運営します。鈴木はそのなかで福祉専門職の養成・確保の必要性を痛感し、今日の日本福祉大学の淵源となる中部社会事業短期大学を立ち上げます。

ハンセン病患者への福祉活動を担った人びとは、日本の社会が、無知ゆえにことさら忌避し、遠ざけてきた問題を直視して救済・支援に取り組んでおり、その思慮の深さに驚かされます。

第2節
慈善事業の組織化と中央慈善協会の設立

（1）疾風怒涛の時代と慈善事業

明治に入って殖産興業、富国強兵策で近代化をめざしたわが国は、綿糸紡績、製糸、織物業を基礎に工場制工業を発展させ、日清戦争（1894～1895年）・日露戦争（1904～1905年）の勝利を契機に鉱業、重化学工業を整備して、20世紀の初頭にはアジアで最初の産業革命を達成しました。同時に、この一連の展開過程は、次々と多くの労働力を必要とし、農村は低賃金労働力の給源となりました。他方では過酷で長時間の労働、原生的な労働関係のなかで結核が蔓延するなど労働力の摩耗は激しく、争議が多発するなど労働問題も顕在化していきます。ジャーナリスト**細井和喜蔵**[58]は、製糸工場における労働力確保策や過酷な労働実態をルポルタージュ『女工哀史』（改造社、1925年）にまとめています。

日本経済は、やがて繊維産業の大量生産と低賃金労働力を武器に、本格的に世界市場に乗り出します。さらに、1914（大正3）年に勃発した第一次世界大戦

---

56) 綱脇龍妙
1876~1970年。福岡県に生まれて日蓮宗に得度。山梨県の身延山久遠寺参拝時にハンセン病患者と出会い支援にのりだす。全国を行脚して浄財を集め、1906年にハンセン病患者の療養施設・身延深敬園を身延山に設立する。同施設は、その後社会福祉法人深敬園に発展して障害者施設などを経営。

57) 鈴木修学
第3章140頁参照

58) 細井和喜蔵
1897～1925年。京都府出身。13歳から機屋、紡績工場などで働く。雑誌『改造』に紡績工場の実態を記録したルポルタージュ「女工哀史」を発表。当時の日本経済の先端にあった紡績工場の女工の過酷な労働と生活をさまざまな角度から伝えた。執筆には細井の労働体験と、妻としゐの女工経験が反映されている。

の結果、日本は戦勝国として一層の膨張と植民地経営という新たな段階を迎えます。しかし、疾風怒涛の経済の発展の対極には、過剰生産の揺り戻しをはじめ、投機・取り付け騒ぎ、物価騰貴などのゆがみが生じるようになります。都市における失業、貧困にくわえ、米・繭の暴落で農民の生活は窮迫し、人口の集中する東京などの都市底辺には、就労が不安定で低所得を余儀なくされた細民層が広く形成されていきます。

1917（大正6）年には社会主義国ソ連が誕生し、日本は新政権への干渉、シベリア出兵に踏み切ります。慈善事業の組織化はこうした20世紀の初頭の社会経済の変動を背景に開始されたのです。

(2) 慈善事業家たちの時代

明治年代は封建制社会の制限を破砕しましたが、新体制への移行という過度期の混乱のなかで、また急速な経済発展にともなって人びとの生活は不安定となり、窮乏層が形成されていきます。ジャーナリスト**横山源之助**[59]による『日本之下層社会』[60]（1899年）は、この一端を丹念に描写した貴重な記録として、つとに知られています。

同書には、各地の貧民、工場や工員の労働、生活の様子とともに北陸及び大阪の慈善事業家が記録されています。ちなみに、北陸の慈善事業家とは前述の小野太三郎で、横山は金沢に小野を訪ね、初対面の印象を次のように述べています。

「余は路すがらその風采を想像し、我が畏敬する人の容貌はいかなるべきか、いかなる容子にて応対やせんなど、種々空想を頭脳に浮かべ、とある小室の前に至れる時、跣足にて汚れたる短き股引に、同じく汚れたる襯衣一枚の一野夫、出でて余が前に恭しく挨拶を述べたり。是れ北陸の名物、独力にて六百余名の窮民を養い居れる一大慈善家小野太三郎氏にてありしなり」[60]。

横山は、面会前に仄聞していた小野とは異なる質素な姿に驚きつつも、最後に次のようにむすんでいます。

「けだし氏の慈善事業は、これを一の社会事業として見れば、今日あるいは種々の欠くるものあらん。然れども紙より薄き当今の人情社会において、個人として小野氏その人の如きはまことに異数ならずや。対話四、五時間、氏と共に昼飯を喫し、小屋を出づれば余が下駄に水の滴れ居れるを氏周章てて手ずから拭い、往還に出づるまで見送れり。都会の人よ、記憶せよ、北陸の慈善家、小野太三郎氏は実にかくの如き人なり。齢五八」

---

59) 横山源之助

1871〜1915年。富山県に生まれ中央大学に学ぶ。小説家でロシア文学者である二葉亭四迷の影響を受け、貧民救済策、貧民地区の実態、労働問題などに関心をもつようになり、新聞記者としてこれらに関するルポルタージュを執筆。1899年に『日本之下層社会』を刊行。農商務省「職工事情」調査にも参画。

60) 横山源之助『日本の下層社会』岩波文庫、1985年、59〜66頁

ついで横山は、行き先を大阪に転じて「大阪市にも随分慈善的事実を認むること多し。新聞紙に『慈善新報』あり、『道徳彙報』あり、孤児院としては大阪孤児院あり、大阪育児院あり、博愛社あり、小林授産場あり。ただに数の上を以てせば、あるいは東京の上に出づるやも知るべからず」と慈善事業が活発で多いことに驚いています。なかでも人びとに最も知られた施設として、侠客である小林佐平衛⁶¹⁾が開設した小林授産場を訪ねています。小林授産場は、孤児、路上生活者を保護して市中の橋梁清掃、マッチ製造などを受注し、その事業は今日の高齢者施設、病院を運営する大阪市立弘済院へと引き継がれています。これら大阪の四天王寺悲田院をはじめとする歴史については、大阪ソーシャルワーカー協会『大阪の誇り 福祉の先駆者たち―挑戦の軌跡』（晃洋書房、2013年）が貴重で好個の文献です。

　慈善事業は各地で営まれ、児童保護事業、養老事業、感化救済事業が取り組まれていきます。京都では清水寺主管の大西良慶[62]らが京都仏教護国団を結成して京都養老院を開設、今日の社会福祉法人京都同和園の源となっています。

　さまざまな事業のなかでは、新興資本家による慈善事業、皇室の下賜金による施設が開設されるのも特徴です。

　陶磁器の輸出などで財を成し、今日のノリタケ・グループの創設者となる森村市左衛門[63]は、1901（明治34）年に教育・慈善事業を経営する財団法人森村豊明会を設立し、その後財団法人原田積善会、財団法人安田修徳会など新興資本家による慈善事業組織づくりが続いていきます。1911（明治44）年には明治天皇の下賜施薬救療で恩賜財団済生会が、1924（大正13）年には恩賜財団慶福会が設置されています。恩賜財団済生会は、今日では社会福祉法人恩賜財団済生会となり、日本で最大の社会福祉法人として、医療を中心に無料低額診療事業など創設

61）小林佐平衛

1829～1917年。大阪の著名な侠客（きょうかく）。司馬遼太郎『侠客万助珍談』などのモデルになる。御救小屋の運営に参画し、火災の罹災者の保護などにあたる。とくに、1885年に米相場で得た私財を投じて小林授産場を開設。貧窮者の保護や職業訓練を実施する。小林授産場は、1912年に財団法人弘済会（現在の大阪市立弘済院）に移管している。

62）大西良慶

第3章110頁参照

63）森村市左衛門

1839～1919年。アメリカで商業を学び日本の陶磁器の対米輸出にあたる。当初の卸売りから陶磁器の製造を手掛け、日本陶器合名会社（現・ノリタケカンパニーリミテド）を立ち上げる。財団法人森村豊明会を設立し、早稲田大学などへの寄付のほか、伝染病研究所（現・東京大学医科学研究所）、北里研究所への寄付など教育・医療に貢献した。

64）服部金太郎

1860～1934年。服部セイコーで知られる服部時計店の創業者。精工舎が時計、とくに腕時計を製造し、服部時計店が販売を担当して同社を世界企業に発展させる。国、社会の恩に報ずるとの趣旨から、私財を差し出して服部報公会（現・公益財団法人服部報公会）を設立し、学術研究の支援も手掛ける。

時のミッションを掲げて活動を展開しています。

関東大震災では下賜金で東京に財団法人同潤会、財団法人浴風会がつくられて、震災被災者支援が行われ、米国からの義捐金は、財団法人同愛記念病院開設の基金となります。

昭和年代に入って服部時計店の創設者**服部金太郎**(はっとりきんたろう)[64]は財団法人服部報公会を、三井財閥は財団法人三井報恩会を設立して東京・神田で無料診療を実施します。

これらをみれば、恤救規則が、結果として制度のなかで隣保相扶という自助の原理を強調することで救済活動をもっぱら民間にゆだね、多くの篤志家により慈善事業が興隆したという側面も見逃せません。公金注入が皆無で事業の財政は零細でも、その大部分がさまざまな人びと、地域からの浄財で調達されており、慈善事業は寄付文化によって支えられていたともいえるのです。

(3) 中央慈善協会の設立

明治年代の後半になると慈善事業家の交流も活発となります。前項でふれたように1903（明治36）年には、大阪では岩田民次郎らの呼びかけにより第1回全国慈善大会が開催され、関係者の連携の重要性が確認されて、全国組織結成の機運が高まっていきます。

慈善事業、感化救済事業の広がりを受けて、明治40（1907）年には**久米金弥**(くめきんや)[65]、窪田静太郎、井上友一、**清野長太郎**(せいのちょうたろう)[66]、**桑田熊蔵**(くわたくまぞう)[67]、安達憲忠、留岡幸助、**原胤昭**(はらたねあき)[68]、**中川望**(なかがわのぞみ)[69]らが協議を重ねて中央慈善協会創立の準備をすすめ、元内務大臣の**清浦奎吾**(きようらけいご)[70]、渋沢栄一に諮って発起人会を開催します。

他方で、前述のように1908（明治41）年に内務省は各地の慈善事業家を集

---

65) 久米金弥

1865〜1932年。内務省社寺局長、逓信省通信局長、農商務省特許局長などをへて農商務次官に就任。農商務省は第二次世界大戦前に設置されていた中央官庁で、農林、水産、商工業などを所管していた。久米は工場法制定の前提となる工場調査に参画し、『職工事情』は商工局工務課工場調査掛が担当した。

66) 清野長太郎

1869〜1926年。香川県出身の内務官僚。ベルギーで開かれた人口学万国会議に参加。秋田県知事、南満州鉄道会社理事、兵庫県知事、神奈川県知事などを歴任。兵庫県知事の時に、今日の公共職業安定所の源流となる職業紹介所を設置する。関東大震災では復興事業にあたり、復興局長官として首都復興計画を推進する。

67) 桑田熊蔵

1868〜1932年。法学者。貴族院議員。東京帝国大学卒業後に欧州に留学して労働問題を研究する。社会政策学会設立にかかわり、多数の欧州の社会問題、労働保険などに関する著作を発表。工場法制定の必要性を強調し、『職工事情』に取りまとめられる工場調査に参画した。中央大学教授。

68) 原胤昭

1853〜1942年。キリスト教徒で囚人の保護の必要性を痛感し、囚人の収容施設である釧路集治監にて教誨師を務める。1898年には出獄人保護所として東京にのちの東京出獄人保護所となる原寄宿舎を開設。原による保護人員の数は1万3000人にもなると言われ、免囚者保護事業に影響を与えた。中央慈善協会設立のキーパーソンの一人。

69) 中川望

1875〜1964年。宮城県出身。東京帝国大学法科を卒業して内務官僚に。貴族院議員。内務省衛生局長をへて山口県知事、鹿児島県知事、大阪府知事など地方行政にあたる。第二次大戦後は日本社会事業協会会長、中央共同募金会会長として民間社会福祉の基盤づくりにあたる。

めて感化救済事業講習会を開催し、これを契機に同年10月に中央慈善協会が創立されて初代会長に渋沢栄一が就任します。今日の全国社会福祉協議会の起源となる組織の誕生です。久米、窪田、井上、清野、桑田、中川は伝染病予防法や工場法などを担当した内務官僚で、桑田は工場法制定のために窪田とともに明治30年代に生糸・紡績工場の労働者である職工の労働実態調査にあたります。横山源之助も起用した調査結果は、『職工事情』として取りまとめられ、当時繊維工場の職工は全職工の3分の2で、休息時間は「朝夕線香半分、昼線香1本（の燃焼時間）」といった低劣な労働実態が報告されています。工場法は1911（明治44）年に制定され、『職工事情』は第二次世界大戦後に岩波書店より犬丸義一71)校訂で刊行されています。

　たびたび登場する井上は、1900（明治33）年パリの万国公私救恵事業会議に出席して見聞を広め、日露戦争後に悪化した地方財政の立て直しを図る地方改良運動を担当。救済事業では、救貧よりも積極的な防貧事業、感化救済事業が重要とし、『救済制度要義』を執筆して社会事業という用語を使っています。

井上は、東京府知事に就任して、東京府慈善協会の設立にかかわり、東京で独自に民生委員の前身となる救済委員制度創設や経済保護事業にあたるなど、後の内務省社会局の社会事業行政に影響を与えていく人物となります。

　安達は渋沢栄一のもとで東京養育院幹事をつとめ、原はキリスト教慈善事業家として今日の更生保護事業の源流となる免囚者保護事業を手掛けます。渋沢や留岡、啓明的な内務官僚には欧米の社会政策、社会事情についての知見があり、なかでも留岡は中央慈善協会設立に積極的な役割を果たして、国家による慈善事業への関与、整備を主張していたことがうかがえます。

　渋沢らとともに中央慈善協会創立に参画した小河滋次郎72)は、大阪府知事の林市蔵73)の依頼を受けて岡山の済世顧問制度などを参考にして方面委員制度発案にかかわっていきます。このようにみれば、中央慈善協会設立は当時の第一線の関係者が、急転する情勢をまえに慈善事業の組織化、理論化こそが当面する課題と認識して行動し、それまで意識されなかった慈善事業をめぐる公私関係を形成していく起点としての意義をもつもの

70）清浦奎吾

1850～1942年。熊本県出身。埼玉県官吏の司法官僚で、山県有朋内務卿のもとで内務省警保局長を務める。貴族院議員から司法大臣、農商務大臣、枢密院議長をへて、1924年に政友本党を背景にしての第23代内閣総理大臣に就任する。

71）犬丸義一

1928～2015年。本名は小山義一。東京大学文学部国史学科卒業。マルクス主義の立場から労働運動史、社会運動史などの歴史研究にあたった。著書に『近代日本の歴史』『歴史科学の課題とマルクス主義』など。犬丸は、農商務省調査報告を編集して岩波書店より刊行している。

72）小河滋次郎

1864～1925年。長野県生まれ。東京帝国大学法学部で穂積陳重の指導で監獄制度に興味をもち、内務省在職時にドイツに留学して監獄法制定にあたる。清国の獄制改革の指導後に帰国、大阪府救済事業指導を委嘱され、ドイツ・エルバーフェルト市の救済制度を参考に方面委員制度を考案する。

です。

　同会の設立趣意書では、中央慈善協会の目的を慈善救済事業の方法の調査報告、関係者の連絡、事業の指導奨励や関連行政の翼賛としています。翌1909(明治42)年には機関誌『慈善』の第1編第1号が刊行され、紙面では「発会式特集」が組まれます。今日の全国社会福祉協議会の月刊誌『月刊福祉』の創刊です。「発会式特集」では、渋沢らの挨拶が掲載されており、当時の慈善事業の先駆者、啓明的な官僚が慈善事業や組織化の意義をどのようにみていたのかが、よくわかります。

(4) 渋沢栄一と後藤新平の慈善事業観

　渋沢栄一は、中央慈善協会発会式の開会の辞で次のように述べています。

> 「文明が進み富が増すほど貧富の懸隔が甚しくなるといふことは洋の東西を問はず、時の古今を論ぜず、事実がそこへ証拠立て、居るやうに思はれ(中略)文明が進み富が増せば貧困者が殖へるといふことは私の言葉が誣言でないことが分らうと思ふ(中略)慈善の事に付て近頃追々に世の中に此美学を唱ふる人が多くなりましたのは我々多少其ことに関係いたして居る者の最も喜ばしく感ずる所でありますけれど(中略)唯惻隠の心とか或は喜捨施与といふ其一に依つて発動された丈の慈善の方法は、決して此組織的経済的に働かれて居らぬ(中略)中央慈善協会の発意は、蓋し此慈善をして、如何にも道理正しく組織的に経済的に進歩拡張して行きたいといふ考でございます」

　渋沢は、近代化のなかで富の集中と貧困の増大、格差が分かち難く結びついていることを指摘して、慈善事業は単発的な思いつきであってはならない、組織化こそが当面の課題としています。「日本資本主義の父」として、本質を見抜く渋沢の洞察力です。

　発会式に駆けつけた後藤新平(ごとうしんぺい)[74]は、以下のような所感を表明しています。

> 「強壮の間は医者もいらぬといふ勢いで居る、社会の慈善事業に対する観念も亦是と同じやうなことがありはせんかといふ疑があります。そこで斯様に或る急迫した場合に於て俄かに其急を呼ぶばかりが人間の芸当であるかといふと、急迫せざる前に其急を呼ぶの用意をすること、又急迫にならないやうにすることが第一の人間の急務であらうと考へられるのであります。(中略)而して国家が如何なる慈善的

---

73) 林市蔵

1867～1952年。熊本県生まれ。内務官僚。警察監獄学校教授、新潟県内務部長、三重県知事、山口県知事などをへて1917年に大阪府知事に就任。大阪府嘱託であった小河滋次郎と今日の民生委員の前身となる方面委員制度を創設して、大阪府に救済課を設置。全日本方面委員連盟の副会長も務める。

74) 後藤新平

1857～1929年。岩手県生まれ。医師、内務官僚、台湾総督府民政長官、南満州鉄道総裁、通信大臣、内務大臣、外務大臣、東京市長などを歴任。関東大震災後には内務大臣に就任し、帝都復興院総裁として震災復興計画を策定した。今日の東京の幹線道路や都市公園の整備は後藤の計画に負っているところが多い。

の事を有つて居るかといふと甚だ今日では乏しいのであります。無いとは申しませぬ。余り二階から眼薬やお呪ひのやうな慈善であつて、人々の慈善の徳義を進めるに足るかどうか。是は工風しなければならぬと思ひます」

後藤新平は、逓信大臣、内務大臣、外務大臣、東京市長などを歴任した革新的な官僚です。医師として衛生行政に通じ、いち早く職工疾病保険法案など労働者保護の重要性を強調しましたが、時代はまだそれらの立法を許容できる状態ではありませんでした。所感では、予防的な施策の大切さを力説しつつ、遠巻きながら国の慈善事業への対応の遅れを痛烈に批判しています。

しかし、日露戦争後の好景気は長続きしませんでした。戦時下にうまれた割増賃金の廃止、物価騰貴、技術革新による労働組織の編成替えで軍需工場、鉱山をはじめ多くの生産現場では労働争議が多発し、産業部門間の不均等発展は所得の格差をいっそう拡大していきます。

中央慈善協会設立前年の1907（明治40）年には、栃木県の足尾銅山が鉱毒事件の賠償をかかえて経営がいきづまります。労働条件が劣悪となり、低賃金・労働強化に不満を抱いた労働者による暴動が発生。一部が暴徒となって施設を破壊。参加者は増えて大暴動となり、陸軍が鎮圧したものの、暴動は愛媛県・別子銅山などに飛び火します。各地で高率小作料をめぐり小作争議が発生するなど、世情は騒然となっていきます。経済発展を指導してきた渋沢は、窮乏化する国民生活を事実として率直に認めなければならない。放置すれば深刻な危機に見舞われるとみたのです。

もっとも、海外に目を転じれば、このころイギリスでは、1869年にロンドンでさまざまな民間団体が集まって慈善組織協会（Charity Organization Society, COS）が結成されています。主たる取り組みは、貧困の実態把握、慈善事業の濫給（らんきゅう）や漏給（ろうきゅう）を防止するための連絡調整活動、友愛訪問で、これらは後にアメリカにおける慈善組織協会結成につながり、**リッチモンド**[75]のケースワーク理論の形成を促していくことになります。これに対して日本の中央慈善協会は、まずは関係者の連絡組織の結成としての色彩が強いのが特徴です。

続いて渋沢、井上、留岡をはじめ東京の慈善事業関係者は、1917（大正6）年に東京府慈善協会を設立し、井上友一が初代会長に就任します[76]。同会は慈善事業団体間の連絡、交流に留まらず、

75）リッチモンド

Mary E. Richmond 1861〜1928年。ロンドン慈善組織化協会友愛訪問活動に起源をもつケースワークを、アメリカのバッファロー慈善組織化協会書記であったリッチモンドが、専門的で体系的な援助技術に発展させた。「ケースワークの母」とされる。リッチモンドの研究としては『社会診断』『ソーシャル・ケースワークとは何か』などがある。

76）

東京の民生委員の歴史については『東京の民生委員児童委員100年のあゆみ』（東京都民生児童委員連合会、2019年）が詳しい。

隣保館・保育所などの運営を開始し、翌1918（大正7）年には細民地区で住民の支援にあたる救済委員を任命して救済委員協議会を設置します。とくに設立の中心になった有志のなかには、救済委員として生活困窮者の多い細民地区で調査・相談にあたる人びとがいます。東京府慈善協会の設立は、欧米にわたってCOSやドイツのエルバーフェルト制度についての知識をもつ留岡などが関与したもので、単なる組織間の連絡・調整にとどまらず、地域で困窮者の実態を把握して支援の実践に踏み込んだものとして画期的です。東京府慈善協会は、日本版COSとも考えられるのです。

東京府慈善協会の救済委員は、やがて方面委員、そして次節でみるように今日の民生委員の淵源に位置しており、制度外の慈善活動関係者の福祉活動が法律による方面委員の制度に発展したモデルとすることができます。東京では制度外の福祉活動が、救済委員、そして方面委員という制度をつくっていくのです。

第3節
方面委員制度の誕生と貧困把握の試み

明治政府は恤救規則を制定しましたが、その内容は自助の原理を強調し、他に寄る辺のない者の救済は国の事業とはせず、市町村長に保護の実施を課して、給付水準はなお低位で最低限の食料を給付するという、事後的で消極的な救貧策に留まっていました。このため大都市では、これまでみたように個人や宗教団体などの制度外の慈善事業が、恤救規則の補完的な役割を果たしていたのです。

もう一方では、篤志家が地域で生活困窮者を発見し、防貧的な施策を個別に展開するという仕組みが登場します。その発端は1917（大正6）年に岡山県で創設された済世顧問制度で、翌1918（大正7）年には東京で救済委員が、さらに大阪で方面委員が設置され、1936（昭和11）年に方面委員令が制定されて方面委員制度として全国に普及することになります。今日の民生委員制度の始まりです。

方面委員は各地の方面委員設置規程による制度内の福祉活動の担い手となりながらも、地方によっては制度外の福祉活動に取り組むことで、長くわが国の公的施策の先端を担う役割を果たしてきました。方面委員制度創設の過程と方面委員による福祉課題の把握と活動についてみておきます。

（1）済世顧問制度の誕生

第一次世界大戦後の経済発展のなかで米の消費が増え、米価は上昇して米は投機商品となっていきます。米の売り惜しみ、買占めがすすんで、さらに米価は暴騰。1918（大正7）年には富山県で米騒動が勃発し、全国に波及します。怒った民衆が各地で米屋、問屋などを襲撃するとともに、警察や役所なども対象となって、かつてない無政府状態のなかで民衆暴動が引き起こされます。本格化する資本主義経済のもとで広がる貧困、生活困窮層の出現に対応して各府県には社会課が設置され、公設市場や公衆浴場な

どの経済保護事業も着手されるようになります。この新しい対応策の端緒を切り開いたのが岡山県の済世顧問制度です。

第一次世界大戦後の好景気が広がるものの、地方では経済の発展から取り残される生活困窮者の増大にともない、岡山県知事笠井信一（かさいしんいち）（1864〜1929年）は対応策として済世顧問制度を考案し、1917（大正6）年に岡山県で済世顧問設置規定が公布されます[77]。済世顧問制度創設の発端は、1916（大正5）年に開催された地方長官会議で、笠井が大正天皇より岡山県の「貧民は如何に暮らせるか」とのご下問を受けたことです。笠井は、直ちに県内の低所得層を調査。その結果、県民の一割が極貧であることが判明します。笠井は、防貧事業の必要性を痛感して、市町村を単位に有力者を起用して生活困窮者の相談相手とし、自立助長を図る仕組みを発案して、この担当者を済世顧問と命名し、自立可能な生活困窮者を対象にした援助を本格化します。済世とは、社会や人びとを救うといった意味です。

済世顧問の活動は、老衰や疾病などで生活能力を喪失した者は恤救規則などの他の救貧施策にゆだね、もっぱら生活困窮者の防貧に重点をおき、都市部に偏在していた慈善事業に対して、広く町村、農山漁村にまで行政機構による防貧施策を展開しようとしたところに特徴があります。事後的な救貧ではなく、予防的な事前の防貧が重要であり、そのなかには、徐々に、貧困は社会的に、広く蓄積されるという認識があります。

ついで、翌1918（大正7）年に東京府慈善協会が慈善事業家や篤志家、警察署長などからなる救済委員を設置、救済委員の種類及び役割を三種類に分けます。そのうち、①専任委員は受け持ち地区の調査・相談及び救済に、②方面委員は当該方面の連絡統一を、そして③名誉委員は方面委員と選任委員の援助にあたります。方面とは地域という意味で、方面委員という呼称は同年に大阪の制度にも導入され、1936（昭和11）年の方面委員令で全国に普及していきます。

活動の目的は「要援護者の状態を調査し、防貧救恤の方法を考究し、救済団体と要援護者の中間に立って、一面彼らの懇篤な相談相手となり、身の上相談、生業扶助、救療等の照会の労を取るとともに、彼らの向上の為にこれを援助、誘導する」こととします。東京の救済委員は1920（大正9）年には東京市方面委員制度に改称されていきます。

(2) 方面委員と貧困把握—20世紀初頭の東京における世帯調査

岡山の済世顧問制度では、済世顧問が担当する生活困窮者の状況を「防貧調査紙」に取りまとめ、県庁が済世台帳に記録して管理し、済世顧問は、生活困窮者が生業を得るための資金の融通、相談援助などにあたっています。

東京や大阪の方面委員の活動では、生

---

[77] 笠井によると、生活困窮者は防貧事業会社の社長であり、その顧問として済世顧問があると説明している。笠井『済世顧問制度の精神』岡山県社会事業協会、1928年、38頁

活困窮者の多い細民地区における世帯調査を実施し、東京では生計状況に応じてカードとよばれる調査票を作成します。「方面カード生活標準」を設定して、第1種—公私の救助を受くるに非らざれば生活し能わざるもの、第2種—辛うじて生活しつつあるもの、第3種—生活に余裕なきもの、第4種—生活にやや余裕あるもの、第5種—生活に余裕あるものとし、より客観的な地区ごとの住民の生活実態調査、貧困把握が実施されることになっていきます。細民とは、就労が不安定で所得が低く、劣悪な住環境におかれている人びとといった意味です。

1889（明治22）年に東京府は市制を施行し、日露戦争後の1906（明治39）年には東京の人口は200万人を超えたといわれ、周辺の人口も増大していきます。京浜地区には工場の集積も始まり、製鉄や造船などの重工業が立地していきます。1918（大正7）年に第一次世界大戦が終結してわが国は世界の列強の一角となりますが、その後の経済危機により米価が高騰するなど国民生活はこれまでにない深刻な状況に直面していきます。

このため1919（大正8）年には東京市が社会局を設置して生活困窮者対策を本格化し、同時に救済委員を方面委員に改称して、翌1920（大正9）年に東京市方面委員規程を整備します。従来の救済委員制度にあった、受け持ち地区の調査・相談及び救済にあたる専任委員を方面委員とあらため、住民の生活と密着した制度に見直したもので、規程では「本市居住者の生活状態を調査し其の改善を図る為方面委員を置く」としています。

1921（大正10）年1月に第1期の調査が始まります。日本の大都市における初めての組織的な社会調査の開始です。社会福祉の歴史では、19世紀末にイギリスのロンドンとヨークで大規模な住民の生活実態調査が記録されていますが、20世紀初頭の東京における実態調査は、それらを上回る規模で実施されたものと推測されます。

かつての慈善事業とは異なり、方面カードを使用することで、生活困窮者の実態が、何が不足してどんな状況にあるのかという視点で具体的に把握されるようになります。こうして救済が必要な人に金品が提供されないという漏給、救済の必要のない人にまで金品が提供されるという濫給が防止され、より効果的な援助が実施されるようになるのです。方面カードで地区ごとの住民の生活実態が集約され、東京府の救済事業の方針に反映され、方面カード作成は方面委員の主要な仕事になります。

カードによる世帯の把握の結果により、第1種の人に対しては区長と方面委員から証明書が発行され、東京市立の病院や三井慈善病院・同愛記念病院において無料で医療を受けることができるなど、その効果は高まっていきます。

この時期、大阪では中村三徳(なかむらみつのり)[78]が、日雇い労働者の住む釜ヶ崎、現在のあいりん地区で支援施設として自彊館を設立

---

78) 中村三徳
第3章108頁参照

79) 植山つる
第3章150頁参照

し、隣保館活動を開始します。

東京市の方面委員では専任の地区担当者が調査にあたり、細民が多い月島では植山(うえやま)つる[79]が欠食児童や世帯調査に従事して方面委員活動を支援します。行政による貧困把握の取り組みの開始です。笠井信一や井上友一、そして林市蔵らの先見性は、これらの客観的で膨大な調査を通じて必要な対応策を発案するという、貧困対策の政策的な手法を模索したことにあり、同時により生活実態を把握するために地域に居住する篤志家などを担い手に任命したことです。こうして方面委員は、行政組織の一角に位置づけられ、調査員を兼ねて救済活動に参加するという、日本に固有な制度、すなわち今日の民生委員制度に発展していくのです。

(3) 方面委員の制度外の福祉活動

方面委員には、どのような人びとが任命されたのでしょうか。岡山県の済世顧問設置規程第5条では、「済世顧問ニ推薦セラルベキ者ハ左ノ資格ヲ具備スルモノトナルコトヲ要ス」として、「一、人格正シキモノ　二、身体健全ナルモノ　三、常識ニ富メルモノ　四、慈善同情心ニ富メルモノ」としており、「慈善同情心ニ富メルモノ」という規程は、方面委員は温和な徳性をもった人格としてとらえ、「済世顧問ハ名誉ノ職トナシ之ヲ優遇ス」[80]としています。

また、大阪府方面委員規程では、方面委員は「一、関係区域内ノ一般的生活状態ヲ調査シ之カ改善向上ノ方法ヲ考究スルコト　二、要救護者各個ノ状況ヲ調査シテ之ニ対スル救済方法ノ適否ヲ考究シ其徹底ニ努ムルコト」[81]としています。「考究」という言葉からは、方面委員が地域で自立して活動することを重要視していたことがわかります。

岡山では方面委員が基金を設立して授産事業を推進するなど、地域で創意工夫ある活動が登場していきます。東京の方面委員の活動も見逃せません。東京の方面委員は、地域で人びとの暮らし向きの調査に取り組みながら、さまざまな問題があることを発見していきます。

そのひとつは、精神障害者に対する有効な支援策がないことです。当時の精神障害者への施策の考え方は、ハンセン病患者と同様に治安取締り的色彩が濃く、医療は整備されていませんでした。法律では、精神障害者の監護は、もっぱらその家族の責任によるものとされていたのです。

このため、精神障害者は差別や偏見のもとで十分に療養ができず、家のなかに留め置かれていました。方面委員は、こうした悲惨な状況を打開するために、皇室の下賜金や三井報恩会などの支援を得て、東京市方面事業後援会を母体に1940（昭和15）年精神科病院・桜ヶ丘保養院を設立して、精神障害者と家族への支援を始めます。

国が政策を転換し、医療保護策を重視して都道府県に精神病院の必置を求めた

---

[80] 『民生委員制度四十年史』全国社会福祉協議会、1964年、30頁

[81] 前掲書82頁

のは第二次世界大戦後の1950（昭和25）年制定の精神衛生法ですから、桜ヶ丘保養院の設置は、困難な時代に挑戦していった東京の方面委員の先駆性を物語っています。ここに法律によらない方面委員＝民生委員の福祉活動である桜ヶ丘保養院の有用性が認識され、国の政策に影響を与えて制度をつくっていくという社会福祉発展の典型的なモデルをみることができるのです。その後の桜ヶ丘保養院は社会福祉法人を経営主体とし、今日では無料低額医療施設である桜ヶ丘記念病院、さらに特別養護老人ホームをはじめとする高齢者保健福祉サービスの提供などにあたっています。他にはない事業展開を促進する東京の特性です。制度が不備で空白な時代に、地域における福祉課題を明らかにし、解決に向けて行動を起こしていくという活動は、東京の民生委員の伝統となるものです。

　もうひとつ東京の民生委員の事例をあげてみます。

　かつて死亡率が高く、亡国病と恐れられていた結核の医療体制は、第二次世界大戦後の1953（昭和28）年に全国で結核患者が200万人、入院が必要な患者が137万人とされる一方で、その受け皿となる結核病床数は17万と絶対的に不足していました。東京でも17万人の入院が必要な患者に対して、病床数は2万2千床しかありませんでした。

　しかも、結核患者は長期療養を余儀なくされるために、回復後の働く場所、住む場所の確保は切実となります。また、治療が終わった重症患者は心肺機能が著しく低下して、問題は複雑化するのです。

　このため、東京の民生委員は研究協議を重ね、病後の療養施設を整備して回復期や軽症の患者を一定期間収容し、社会復帰の一助としての職業訓練施設を国費で増設することが必要との方針を打ち出します。1954（昭和29）年に富山県で開かれた第9回全国民生委員・児童委員大会において東京の民生委員はこの問題を提起して、大会の実践申し合わせ事項として「アフターケア施設の設置に一層の努力を傾ける」ことが決議されます。

　1955（昭和30）年にはアフターケア施設を都下清瀬町（現在の東京都清瀬市）に建設することを目的に、経営主体として財団法人東京都民生事業協会を設立し、1956（昭和31）年に待望のアフターケア施設と付属病院よりなる薫風園の開設にこぎつけることになります。建設費用は全都の民生委員による寄付金に負うところが大きく、薫風園は全国でも類例をみない事業となります。

　やがて国は1958（昭和33）年に社会福祉事業法（現在の社会福祉法）を改正して、結核回復者の社会復帰施設を重要な第1種社会福祉事業とします。さらに当時の『厚生白書』は、「結核回復者の後保護と社会復帰は結核対策を締めくくるもので、予防医療の対策と並んで今後の重要課題である」とし、1967（昭和42）年になって身体障害者福祉法に新たに心肺機能の低下などを内部障害として位置づけます。

　東京の民生委員による薫風園設立の取り組みから何が見えてくるでしょうか。国による法律だけが社会福祉のすべてで

はありません。法律に基づかない民間の社会福祉が社会的に有用だと認められれば、法律がそれを追認して制度化がすすむということがわかります。

ともすれば、福祉課題を発見しても法律がない、制度がない、前例がない、補助金がないと活動は及び腰になることがあります。東京の民生委員の、岩盤を崩していくという草の根の活動をみれば、問題解決の筋道がみえてくるのではないでしょうか。

(4) 方面委員活動から救護法へ

1918（大正7）年には、富山県で始まった米騒動は全国に波及し、労働争議も多発します。方面委員制度は、こういった社会不安、生活困窮者の増大を背景に各県に整備されていきます。方面委員のネットワークは、1927（昭和2）年に第1回全国方面委員会議を開催して以降整備され、次節でみるように1929（昭和4）年制定の救護法の施行にあたり決定的な役割を果たすことになります。

方面委員の要件は、例えば大阪府方面委員規程第2条では、「方面委員ハ関係市区町村吏員警察官吏学校関係者有志者及社会事業関係者中ヨリ知事之ヲ委託ス」としています。このため、方面委員に就任する社会事業関係者も多く、東京・四谷で二葉保育園を中心にセツルメント活動を展開した徳永恕、東京・巣鴨にセツルメント・マハナヤ学園をひらいた長谷川良信[82]は東京の方面委員組織の幹部となり、児童養護施設・東京育成園の松島正儀[83]は、29歳で全国最年少の方面委員に任命されています。

貧困調査の歴史のなかでは、イギリスでチャールス・ブース（C. Booth）がロンドンで慈善組織協会の協力を得て貧困調査を開始したのが1898年で、調査結果は当時のロンドン市民の30％が週賃金21シリングに満たない貧困線以下の生活あることを示し、貧困論争に大きな影響を与えています。ブースの貧困調査は、シーボーム・ラウントリー（B. S. Rowntree）のヨーク市貧困調査に引き継がれ、ライフサイクルと貧困、最低生活費の算定のためのマーケットバスケット方式が確立されます。20世紀初頭にかけて行われたこれらの調査結果は、やがて国民生活の最低限＝ナショナルミニマムの考え方に発展し、個人の責任を前提にしていた救貧法を解体し、イギリスにおける新たな国家扶助の仕組みの模索につながっていくのです。

日本の方面委員と地域における生活実態の把握、貧困調査も次節でみるように、恤救規則を柱にした救貧制度の限界を明らかにし、世界大恐慌による経済の混乱を背景に、貧困は社会的な問題と認識して救護法制定に向かう下地をつくることになります。

第4節
社会事業の成立と救護法の制定

第2節でみたように、1908（明治41）年に中央慈善協会が設立され、翌年には

82）長谷川良信
第3章120頁参照

83）松島正儀
第3章146頁参照

今日の『月刊福祉』の淵源となる機関誌『慈善』を刊行します。経済発展の対極に形成される貧困などのゆがみへ対応する慈善事業の組織化、理論化は本格的な課題となります。繰り返しになりますが1917（大正6）年には民生委員制度の源流である済世顧問制度が創設され、同年に『慈善』は『社会と救済』に改題されて、社会という言葉が登場します。米騒動などの民衆暴動、労働・小作争議が相次ぎ、慈善事業はより組織的な救済事業へとむかいます。1918（大正7）年に第一次世界大戦が終結してわが国は世界の列強の一角となりますが、その後の経済危機により国民生活はこれまでにない深刻な状況に直面していきます。

（1）大震災・昭和恐慌と窮乏化する農村

　第一次世界大戦の戦勝国として世界の列強入りしたものの、その後の経済と財政事情は必ずしも順調ではありませんでした。大戦後の不況、日露戦争遂行のために発行された対外債務は重くのしかかってきました。

　1923（大正12）年には神奈川県相模湾沖を震源地にマグニチュード7.9の地震が発生。関東から静岡県にかけて甚大な被害をもたらした関東大震災で、死者及び行方不明者は10万人を超え、建物の倒壊・火災家屋37万戸とされました。このため第一次世界大戦後の戦後恐慌に関東大震災が追い打ちをかけて、倒産、失業が相次ぐことになりました。復興のための震災手形は不良債権化し、1927（昭和2）年には中小銀行の取り付け騒ぎに端を発して金融恐慌が生じています。

　この混乱した時期には多くの人びとが被災者救援の活動に参加していきます。大坂鷹司[84]は、岩手で大正の三陸大津波を経験し、関東大震災時には川崎に臨時無料宿泊所を開設。さらに、昭和の三陸大津波では臨時保育所を設置しています。大坂の活動は、今日の社会福祉法人仙台キリスト教育児院に発展していきます。中城イマ[85]は、看護婦として関東大震災の被災者支援にあたり、東京上野で救護活動に従事します。終戦直後には母子生活支援を繰り広げ、社会福祉法人多摩同胞会の設立にむかいます。

　関東大震災だけではありません。1929年アメリカ発世界大恐慌の余波を受けて、わが国では1930（昭和5）年に株価、生糸、鉄、農産物が大暴落して、倒産、失業者が増大します。なかでも、アメリカ市場の消費の後退で絹の需要は低迷し、米と繭に依存していた農村では農業恐慌が出現して窮乏化は最も深刻となり、欠食児童や娘の身売りなどがあいつぐことになるのです。

　第一次世界大戦で金の交換を停止していた英米は金本位制への復帰策を取りますが、わが国の経済は低迷し、投機により為替相場で円の下落、乱高下が続きます。このため、1929（昭和4）年に発足した浜口雄幸内閣は列強の証である金本位制への復帰をめざし、物価水準を国際水準より下げるために緊縮財政、産業

84）大坂鷹司
第3章126頁参照

85）中城イマ
第3章144頁参照

合理化、消費の節約と貯蓄の奨励策に取り組んでいくことになります。緊縮財政策で金を蓄積しようとし、国防予算などの大幅な支出削減を図りましたが、結果的には世界大恐慌の影響もあり、デフレ不況を引き起こし、国民生活のさらなる不安定化をもたらすことになりました。総じて昭和恐慌とされる、かつてない危機の到来です。

(2) 内務省社会局の設置と救護法の制定

1920（大正9）年に内務省に社会事業を所管する社会局が設置され、社会事業という言葉が国の施策で正式に用いられるようになります。すなわち、貧困に国が組織的に対応するのが社会事業であり、この時代になってようやく、貧困の背景には個人の怠惰だけではなく、社会問題があるという認識が登場してくるのです。富の蓄積の対極に失業や貧困が蓄積され、さらに貧困をそのまま放置すれば社会不安がつのり、やがてそれは圧縮されて爆発するという危機感が形成されます。

深刻な社会問題や大量の貧困層の出現は、もはや仁愛と自助の原理を説いた恤救規則で対応することが不可能となります。社会局は、国民の生活難や不安に対処するために公設市場、簡易食堂、公益質屋、共同宿泊所、公益職業紹介事業、公衆浴場を次々と設置していきます。経済保護・防貧事業の本格的な始まりです。公設市場は、行政が整備した施設に出店し、地代の減免などと引き換えに市中よりも比較的低廉な価格で商品や食事を提供するものです。

1929（昭和4）年に政府は救護法案を提案します。その理由を「現行救貧制度トシテハ明治四年太政官布告棄児養育米給与方及明治七年太政官達恤救規則アルモ何レモ其ノ規定内容不備ニシテ現下社会ノ実情ニ適セズ到底救貧ノ目的ヲ達スルコト能ハザル状況ニ在リ依テ之ガ根本的改善ノ趣旨ヲ以テ別紙救護法ヲ制定セン」[86] とします。もはや不備のある恤救規則では問題に対応できないことを率直に認め、救護を国の責任とし、対象者や救護の種類を大幅に拡大した同法は可決・成立します。これらの背景には、地域で貧困を把握してきた方面委員の一連の活動があったことはいうまでもありません。しかし、浜口内閣の基本路線である緊縮財政のなかでは肝心の予算措置が取られず、施行は未定となってしまいます。

(3) 救護法施行促進に起ち上がる方面委員

1921（大正10）年に中央慈善協会は社会事業協会と改称、さらに1924（大正13）年に財団法人中央社会事業協会に発展します。機関誌『慈善』は『社会と救済』となり、社会事業協会の発足に伴って『社会事業』と改題。社会事業関係者は念願の救護法が制定されたにもかかわらず、肝心の施行は未定といった状況をまえに、救護法施行促進を掲げて、

---

[86]

『社会局50年史』厚生省社会局、1976年、210頁

第 1 章 社会福祉の発展の道筋——第二次世界大戦までの社会福祉

決然とかつてない取り組みを開始します。

1930（昭和5）年2月の『社会事業』第13巻第11号は緊縮財政批判の関連論文を2本掲載するとともに、冒頭で次のような「救護法實施促進運動経過」を赤紙に印刷して綴じこみ、檄(げき)を発しています。

「昭和四年十一月十四日より同十六日まで財団法人中央社会事業協会主催の下に開催せられた第二回全国方面委員会議は救護法實施促進に関し、建議陳情委員を選び、建議書作製の上、内閣、内務省、大蔵省、社会局、政民両党本部を歴訪陳情した。建議書（全文）並に陳情委員左の如し
建　議──我邦現下ノ状勢ニ鑑ミ昭和四年四月法律第三十九号救護法ヲ昭和五年度当初ヨリ實施セラレンコトヲ要望ス
右満場一致ノ決議ヲ以テ建議ス
昭和四年十一月十四日　第二回全国方面委員会議出席者一同」

1928（昭和3）年に最後の方面委員規程が福井県で公布されます。全道府県で方面委員制度設置が達成され、方面委員は救護法施行促進の中心部隊として起(た)ちあがります。とはいえ、経済情勢はさらに悪化し、国の財政は収縮していきます。埒(らち)があかないとみた関係者は、1930（昭和5）年に救護法実施促進期成同盟会を結成してより強力な活動に転じます。同盟結成の理由を以下のように述べています。

「別記経過報告の如く第二回全国方面委員会議の決議により組織せられたる救護法實施委員会は活発なる運動を続けて来たが、俄然第五十七議会の解散に遭遇して、其の運動も亦急遽転向を余議なくされる情勢となった。茲に於いて去る二月一日開催せられたる同促進委員会は熟議の結果、左記規約の下に『救護法實施促進期成同盟会』を組織し、全国の方面委員並に社会事業家を打って一丸として目的貫徹のために全力を尽くすこと、となり、直ちに実行運動に着手した」

期成同盟会の活動は、昭和恐慌のピークに向かって展開していきます。中央社会事業協会会長の渋沢栄一は療養中でしたが、高熱をおして内務大臣に直談判するなど実施促進を訴えます。が、事態は一寸たりとも動きません。1931（昭和6）年2月、打ち破ることができない厚い壁を前に期成同盟会は解散し、最後の手段として全国方面委員の代表は天皇への上奏を決意。「救護法實施請願ノ表」を持参して残雪の宮城前に整列します。〈写真3〉

東京市社会局第一方面事務所長で本所方面を担当していた**山田節男**[87]は、その著書『貧苦の人々を護りて—方面委員は語る』（日本評論社、1939年）のな

87）山田節男

1898～1975年。広島県出身。東京帝国大学を卒業してイギリスに留学。東京市勤務、陸軍司政官などをへて、第二次世界大戦後に参議院議員に。広島市長として核兵器廃絶を訴える。

〈写真 3〉　救護法実施の上奏を決意し宮城の二重橋前に整列する方面委員

出典：「慈善から福祉へ　全国社会福祉協議会九十年通史」

(4) 天皇への上奏に参加した宮下知一の証言

天皇への上奏に至った当時の関係者の動きについて、貴重な証言があります。1960（昭和35）年12月に開かれた東京都台東区方面委員制度満40年の記念式典で、**宮下知一**（1891〜1981年）が上奏前夜の緊迫した動きを語っています。宮下はながく東京都民生委員連合会会長を務め、救護法実施促進運動の先頭にいた人物です。その一節が、台東区で救済委員及び方面・民生委員を歴任してきた鵜飼俊成の回顧録『社会事業と私』（財団法人同善会、1969年）に収録されており、以下の証言から当時の切迫した状況をかいまみることができます。

かで、この時の期成同盟会が発した悲壮な声明文を収録しています。

「飢餓線上に彷ふ全国二〇万無辜窮民のために、我等方面委員は先に相計りて救護法實施期成同盟会を結び或は当局に或は上下両院に具さに窮状を訴え全力を傾けて救護法の實施を陳情要望した。我等は前後三年に亘り方面委員の名を重んじ万策を尽くした。今や最後の大会を開き当局に實施の真意を問う。然るに不幸にして尚は誠意の確答を得ない我等は遂ひに我等に許されたる方法をもって事情を尽くし謹んで聖鑒（せいかん）を仰ぎ奉る已むなきに至った。我等の不明不徳聖慮を煩はし奉る誠に慙愧恐縮の至りに堪へない。乃ち我等は茲に血涙を呑んで救護法實施期成同盟会を解体する。敢へて之を天下憂国の士に訴へる。
昭和6年2月14日　全国方面委員一同」

方面委員の救護法施行に向けた活動の迫力と決意が、行間からにじみ出ています。

「救護法で一番印象に残っているのは、これを通過させるため三日四晩、その間徹夜で運動したことです。（中略）日比谷地下公会堂を根城に全国からよって来ましたが、その数約一二〇〜一三〇人でしょうか、この人たちは皆が熱烈と云ったって、もう口では表現できないくらいの意気です。もう演説中に立って死んだ人もいるくらいでした。（前略）一番最後のとき今でも忘れないのですが、全国の方面委員の辞表をまとめておまえが内務大臣に出す役だと云われたんです。（後略）その晩は夜明し、翌朝二重橋の前にずらっ

第 1 章　社会福祉の発展の道筋―第二次世界大戦までの社会福祉

と並びまして、その時雪がふっていましたがみなごそごそ歩いた。皆が皆、おうおうと泣きながら沼田という云う代議士が先頭で『私たちは方面委員を委嘱されていらい餓死線上にある困った人たちのために、今まで奮闘して参りましたが、とうとうだめに成りましたのでこの席を去ります』と陛下に奏上したわけです。運動中にこんな事もありました。『井上蔵相が首相官邸へ行った、首相官邸へ急いでください』というんですね。そこで私どもは他に廻らず、二〇人で自動車でかけつけた。その話を聞いた連中も合わせて四〇人が官邸におしよせる、さあそこで井上さんをつかまえて閣下、カバン、ステッキをお持ちいたしましょうと取ってしまう。応接間の戸の前に三、四人でがんばって出られないようにした所が、井上さん『あなた方は餓死線上、餓死線上と言いますがそんなに困る人がいるんですか』『閣下新聞ラジオを御覧にならないのですか』と云うさわぎ、両方のポケットから、これもそうですよ、これもそうですよ、と見せた。『ほうほうなるほどね。それはそうとしてしかし、軍縮によって出来た金には1文も手はつけられません。これは税の軽減に使うので、どこからも出所はありません』とことわられた。さあそこで皆言いたいことを云ったが、けっきょくない袖は振れないと云う。そこで会場に持って行って、『井上蔵相は無い袖は振れないと云ってことわった』と報らせたところが、全国の人は非常に憤慨しまして、それじゃもうこ

れまでだと辞表を奉呈して請願令による直奏しようと云う事で方面委員の名によって雪の朝に直奏したわけです」

こういった関係者の奔走により、競馬法改正で財源を捻出して1932（昭和7）年1月に救護法は施行されます。されど、活動の先頭にいた渋沢は救護法施行に立ち会うことなく、2か月前に逝去しました。

救護法の実施体制は、方面委員を市町村長の補助機関にして運用するもので、その背景には方面委員制度への信頼の高まりがあります。

（5）日本最初のソーシャルアクションから学ぶもの

1932（昭和7）年1月の『社会事業』第15巻第10号は「救護法施行記念号」となっています。以下の巻頭言は、期成同盟会の司令塔を務めた中央社会事業協会総務部長の原泰一（はらたいいち）（1884〜1977年）によるものです。

「救護法實施の日を迎えていよ、救護法實施の日が到来した。我等は深い隣人愛の上に立ち、精密な調査と周到な注意と適正な處置とを以て不断の努力を続け、此法の完全なる運用を計ると共に、更に第二、第三の社会立法を迎ふる準備を整へむことを期する」

救護法施行を間近にし、苦労の連続であった関係者の喜びもひとしおです。方面委員制度に参画して全日本方面委員連盟副会長となった林市蔵は、「救護法實

施と方面委員の責務」を寄稿して救護法の大義を次のように力説します。林は、原とともに浜口首相に面会して救護法の施行を迫っています。

> 「昭和四年の帝国議会に救護法が提出された時後世財政上の憂をのこすべしとの有力なる反対論が型の如く繰返された。之の反対論を押切って多年の懸案が満足の内に通過した唯一の材料は何であるか？方面委員があるから何等其の点は心配ないと云ふことであった。（中略）遂に政府も否応なしに追加予算として提出するに至つたことは社会の記憶に新なることである。云ひ換へれば十年間の方面委員の取扱つた事実の威力が自から救護法の制定を生み出し又方面委員に対する社会の認識が実施の断行を促したと云ふても過ではないと思ふ」

政府は、救護法施行に踏み切りますが、そのなかにあって方面委員をはじめとする社会事業関係者は意気軒昂です。救護法実施促進期成同盟会の人びとの、国民生活の防波堤を、何としてでも構築するという気迫と行動は、わが国の社会福祉の歴史に、最初の大規模な**ソーシャルアクション**[88)]として記録されるもので、

今日の社会福祉関係者が十分に学ぶべきものではないでしょうか。林の指摘のように方面委員の活動の評価は高く、方面委員は救護法施行で市町村長の補助機関となり、公的扶助行政の根幹になっていきます。続いて方面委員の活動は、不況下で貧困ゆえに増大する母子心中を予防するために母子保護施策の重要性を訴え、1937（昭和12）年の母子保護法制定を実現する原動力となるのです。

(6) 社会事業教育の始まりとその内容

従来の恤救規則を柱にしていた救済政策は、救護法の制定で社会問題に対応する社会事業の必要性を位置づけ、その担い手としての専門職の養成が必要になっていきます。

中央社会事業協会は、1925（大正14）年に第1回社会事業講習会を開催します。受講者は、1年以上社会事業に従事した者、師範学校、中学校、高等女学校卒業か同等以上の者、官公署及び公益団体が推薦した者とし、講習期間は100日で、総教科数36科目。講義時間は328時間。これと並んで地方社会事業主事制度も創設され、社会事業行政は一般事務職ではなく、講習を修了した有資格者などが担うこととされていきます。

では、第1回社会事業講習会は、どういう内容で開催されたのでしょうか。『日本社会事業大学五十年史』（1996年）によれば、講義内容は一般科目のうえに社会事業概論、隣保事業や防貧事業などの領域論があり、このほか社会運動や労働運動も視野に入っていたとされます。とはいえ、これらの教科群は羅列されて

---

88) ソーシャルアクション
福祉サービスに必要な資源を確保したり、新しい制度を開発するために、議会などの関連機関にはたらきかけるソーシャルワークの技術。社会福祉関係者による世論の喚起、社会福祉予算獲得運動がその例で、集会、陳情、署名活動、デモンストレーションなどを通じて展開される。

いたに過ぎず、社会問題の把握や対人援助の技術などの視点は弱く、社会事業の体系的な教育にまでは至ってはいませんでした。

第2回講習会は、社会事業中央講習会と改称のうえで1934（昭和9）年に開催されて、あらたに社会事業基礎科目を土台に一般社会事業科と児童保護事業科のふたつの領域が設けられ、一般社会事業科の受講生は、主として救護、方面事業に、児童保護事業科は保育及び育児にかかわる者に分けられています。講習会では、内務省社会局嘱託の**福山政一**（ふくやませいいち）（1897年〜1976年）が「ケースワークの理論と実践」を講義しています。

この時代の社会事業行政は、どのような実施体制になっていたのでしょうか。大阪府では、社会事業の取り扱い事務の増加により1918（大正7）年に救済課を特設して社会事業を専管させ、その後救済課は社会課と改称しています。業務のなかでも経済保護事業などの比重が高まり、組織の分化が始まったのです。翌年に東京府でも社会課が設置され、1920（大正9）年までには、ほとんどの道府県に社会課がおかれています。連動して、社会事業主事制度は地方社会事業職員制度の要をなすものとなり、やがて地方の社会事業担当には社会事業主事及び社会事業主事補がなっていきます。これをもって、わが国の社会事業の専門職制度確立の萌芽、公務部門の社会福祉の仕事の始まりとみることができるのです。

第5節
総力戦遂行体制の構築と社会事業法制定

救護法制定により日本で初めて公的扶助の理念が生まれ、社会事業のなかで国は骨格的な救護・保護事業に専念し、それ以外の施設経営は民間が担うという役割分担が徐々に定着していきます。しかし、経済の悪化のなかで自発的な福祉活動、私設社会事業の資金は枯渇し、やがて多くの団体の経営は困難に直面していきます。当時の施設社会事業の資金は、石井十次の岡山孤児院でみたように、寄付金で支えられていました。皇室の下賜金を除けば、公金注入はほとんど皆無だったのです。そのなかにあって苦境に立つ福祉活動を鼓舞し、なんとか社会事業を発展させることはできないものか。関係者の努力により、1938（昭和13）年に社会事業法が制定されます。立法を担当したのは内務省保護課長の**灘尾弘吉**（なだおひろきち）[89]です。

(1) 運営資金不足で呻吟（しんぎん）する私設社会事業

第二次世界大戦前の社会事業は公設社会事業と私設社会事業に二分されます。国は救護法をはじめ児童虐待防止法、少年教護法といった特殊な立法による施策を、府県・市町村はそれ以外の保育、救療、無料宿泊所、公益市場、公益食堂、授産などを担当し、これらは公設社会事

89）灘尾弘吉
第3章132頁参照

業と総称されました。他方で私人や公益法人による社会事業が私設社会事業であり、その運営資金は開設者の資産をはじめ、支援者を募り、寄付金、生活物資を集めて調達されました。

1929（昭和4）年のアメリカ発世界恐慌の余波はわが国にも及び、昭和恐慌で低迷していた経済を直撃します。政治は混乱し、危機的状況にさらに追い打ちをかけます。倒産、破綻が多発し、その影響で私設社会事業の経営土台も揺らぎ始めていきます。零細な経営は、資金繰りに窮して呻吟するのです。

1937（昭和12）年7月には日中戦争が勃発して戦略物資統制、金融統制が本格的に始まります。未曽有の政治的・経済的危機を中国大陸への出兵、植民地経営で解決しようという道の選択です。

(2) 社会事業法は何を目的に、どのように制定されたのか

灘尾弘吉は卓抜した内務官僚で、その社会事業観には独特なものがあります。例えば、その著書『社会事業行政』（常磐書房、1938年）で、私設社会事業は「自由に新なる社会事業の分野を開拓し」「地方の実情に即し伸縮に富む任意の活動を為し得る」と評価。「自由に新なる」「伸縮に富む」社会事業には先駆性、柔軟性があり、「之等の特性を十分に発揮せしめる様に公私相互の連絡、提携、協調の実」をあげることが肝要で、それが社会事業行政の役割とします。自発的な福祉活動の性格と役割を正確に評価し、法律による制度のあり方を見極めているのです。

経営の困難に瀕する私設社会事業を前に、いよいよ灘尾は社会事業法立法に着手します。1938（昭和13）年の法案提案理由説明で次のように強調しています。

「時局の重大であることは御承知のとおりでありますが、今後此の事態の発展に伴いましては、相当各種の社会問題も起こるでありましょうし、随て是が対策の必要であることは、今より想像するに難くないのであります。仍て政府は事変中ないし事変後における社会施設の拡充を図るために、一面には社会立法の整備に努むると共に、他面また公私社会事業の発達を図る必要の極めて緊切なるものありと考えているのであります」[90]

やがて予想される総力戦では銃後の守りを固めることが重要となります。そのためには社会事業を整備しなければならないとするのです。すべての資源を集中して高度国防国家をめざす情勢のなかで、ともすれば、それまで冗費と観念されてきた社会事業への助成法が可決されるということは、よほどのことです。

社会事業法の目的は、私設社会事業へ助成、税制上の優遇措置などを講じながら、同時に地方長官（知事）の監督権限の確立にあります。助成と規制という表裏一体の論理で、私設社会事業に国が関与するのです。社会事業法は、これまで手つかずであった私設社会事業の誘導策

[90] 前掲『社会局50年史』178頁

を講じ、今日のわが国の社会福祉の経営モデルである社会福祉法人制度の考え方を準備することとなっていきます。

(3) 灘尾弘吉「社会事業法の運用に就いて」を読む

社会事業法制定を受けて1938（昭和13）年の『社会事業』7月号（第22巻4号）は、さっそく「社会事業法實施紀念特輯」とし、灘尾の「社会事業法の運用に就いて」が筆頭論文となります。

「わが国に於ける社会事業は全般を通じて概ね其の財政的基礎薄弱なる上に殊に私設社会事業に在りては、低金利の影響、増税、産業資金難等に依る寄付金の減少、物価騰貴等に依り其の経営の維持困難なる向もあり、従来屢屢当路に社会事業助成法制定に関する要望、或ひは社会事業統制法の制定に関する要望が為された主要なる理由は蓋し此処に存したのである。依って本法に於ては助成の方途を樹立し、社会事業に対し経費補助の途を拓きたるは其の重要なる眼目の一つなりと謂はねばならない。更に一方に於て匡すべきは匡し、伸すべきは伸すことによって社会事業をして全般的に健全なる進展を図らしめ、国民等しく斯業に対する深き関心と理解ある支持を為さしむる為に適当なる指導監督の途を講ずることが其の眼目の二つとして挙げ得べき点である」

灘尾による社会事業法制定の意義についての記述です。このなかで注目されるのは、「社会事業をして全般的に健全なる進展を図らしめ、国民等しく斯業に対する深き関心と理解ある支持を為さしむる為に」という指摘です。社会事業の健全発展、すなわち社会事業が高い公益性・純粋性を獲得し、社会事業で社会の安寧がもたらされれば、その費用は冗費、すなわちむだな費用ではなく、国民にとっても高い利益がもたらされるとする伏線が敷かれています。灘尾は続けます。

「社会事業をして一層充実進展せしめ斯業の機能が益々発揮せられることによって、今後の国民生活に寄与するところあらんとするのが本法制定の根本趣旨である。故に斯業に携はる人々は勿論之が運用の衝にある人々は此の根本趣旨の達成の為に相携へて今後益々努力し以て本法制定の本旨を生かして頂き度いと祈念する次第である」

社会事業法制定の前年に日中戦争が勃発。翌年には厚生省が内務省社会局から枝分かれして設置され、体力、衛生、予防、社会、労働の五局と臨時軍事援護部で厚生事業を担うことになります。時局を追い風に法律を通すことはよくありますが、社会事業法の場合も、高度国防国家をめざす一連の統制策強化のなかで制定されており、これは見方によれば灘尾の周到な作戦の勝利であったといえます。時局を理由にして、平時では達成することのできなかった社会事業の本格的な組織化の端緒を切り開いたからです。

わずか17条立ての社会事業法ですが、そのエッセンスは、1951（昭和26）年

制定の社会福祉事業法をへて今日の社会福祉法に大きな影響を与えています。以下の指摘は、今日の社会福祉法をみていくうえで大事です。

「社会事業とは如何なる観念かと云ふことは法律的に表現する事は並々ならぬ困難の伴ふ事である事から、社会事業の観念については一応通念に従ふこと丶として現在一般に社会事業と考えられてゐるものは凡て適当の範囲内に入れることを考へ乍らして立法の便宜上列挙主義を採り法第一条のみ之を掲げた次第である」

今日の社会福祉法も社会福祉とは何かという包括的な規定をおかず、社会事業法と同様に第2条で社会福祉事業の範囲として第1種及び第2種社会福祉事業を具体的な名称で列挙しています。社会事業法ではまた、寄付金募集の際には地方長官の許可を必要とし、募集、寄付金額及び使途の報告を入念に規定しています。社会事業を僭称（せんしょう）した強引な寄付金の取り立てなどは社会事業への信頼を失墜させるからで、この考え方は社会福祉法にも継承され、共同募金に発展しています。

灘尾は、戦後国会議員として当選回数を重ねて文部大臣、厚生大臣を務め、1979（昭和54）年に衆議院議長に就任。自民党内では総務会長として、田中内閣の金脈問題やロッキード事件で批判された「政治とカネ」の問題で党改革をすすめ、椎名悦三郎、前尾繁三郎と政界の三賢人とされます。

灘尾はさらに、1959（昭和34）年から1987（昭和62）年まで全国社会福祉協議会会長を務めます。灘尾のライフワークが、かつての社会事業法制定時にしたためていた社会事業の近代化、民間社会福祉の発展にあったとみることができるのです。

(4) 社会事業法と今日の社会福祉を
つなぐもの

灘尾は社会事業法制定後に次のように述べています。

「社会事業をもつて富める者の食卓からこぼれ落ちたパンの屑にすぎないとしてしまふのならいざ知らず、眞に社会事業家として起つの覚悟と決心を有する社会事業家ならば、時局に遭つて更に一段の勇気をもつて奮起すべきではなからうか。不撓不屈の社会事業家と、これを鼓舞し、これらを激励する行政の運用と呼吸があつてはじめて社会事業は旧に倍する迫力を獲得するであらう」（『社会事業行政』）

時代情況は異なるものの、「一段の勇気をもつて奮起」「不撓不屈の社会事業家」は、社会福祉関係者にとって座右の銘となる含蓄のある言葉でなはいでしょうか。今日の社会福祉でいえば、既存のセーフティネットである制度が十分に機能していないときこそ、制度のなかの福祉活動の中心にある社会福祉法人が、その責務を認識して自己革新を図り、制度外の福祉活動、地域の人びとと共同して社会福祉を発展させていくことが求

められるのです。全国社会福祉協議会の新霞が関ビルの講堂は、灘尾の名を冠して「灘尾ホール」としています。灘尾の時代精神を永く関係者のなかに留めるためです。

　1938（昭和13）年4月1日は歴史的な転換点となります。社会事業法と並んで、かの国家総動員法が公布されます。兌換(だかん)銀行券の保証発行限度の臨時拡張法、国民健康保険法もそうです。ヒト、モノ、カネ、さらには社会事業まで、あらゆる資源を動員して総力戦遂行体制構築へと向かうのです。

　1939（昭和14）年9月には欧州で第二次世界大戦が勃発。社会事業は、いよいよ狂気の迷走のなかに組み込まれ、厚生事業に改称されていきます。

第2章

第二次世界大戦後から今日までの社会福祉

　日本の社会福祉は、第二次世界大戦終了直後に生活に困窮した人びとへの国家の援護、育成、更生策として出発しました。今日の社会福祉が、どのような考えや仕組みでつくられているのかを理解するためには、社会福祉の法制度の歴史的な展開過程をみることが不可欠となります。社会福祉は、先行する社会福祉の理念や実施体制を修正しながら新しい要素を取り込んで発展するものであり、そのためには現在と過去を複眼の構造でとらえていくことが大切です。法制度がつくられる時代背景に留意してみていきます。

第1節
戦後日本の社会福祉の出発と占領期社会福祉の構図

　1945（昭和20）年8月に日本は終戦を迎えました。第二次世界大戦ではかつてない数の人命が失われ、日本では300万人を超える戦没者、膨大な国富の損失をもたらしました。戦争が終わったものの、人びとは引き続き食糧難とハイパーインフレーションのなかで、どん底生活を余儀なくされていきます。

（1）空白の時代に生まれる制度外の福祉活動

　当時、社会福祉関係法として、救護法をはじめ母子保護法、軍事扶助法、社会事業法、医療保護法、戦時災害保護法がありましたが、これらはもはや混乱のなかで機能しませんでした。

　終戦を迎えた1945（昭和20）年は激烈なインフレーションと明治以来のコメの不作も重なり、国民の胃袋は急速に干上がっていきます。戦災、離職などで援護が必要な人びと、親と死別した児童が日を追って増大し、東京都内では餓死者も続出しました。

　行政組織が混乱のなかで制度が機能不全に陥った時に、困窮者支援にまわった社会福祉関係者がいます。満州（中国東北部）の開拓地入植や第二次世界大戦の戦域の拡大に伴って海外に赴いた人びとは困難のなかで引き揚げを開始します。軍人を除くその数は500万人ともいわれ、東京では続々と引き揚げてくる寄る辺のない人びとを、救世軍の髙橋直作や東京都同胞援護会の高山照英[91]をはじめ私設社会事業団体、民生委員、篤志家らが引き受け、住居と食料の確保に奔走します。戦前から少年保護事業に取り組んできた稲永久一郎[92]は、東京・国立に至誠学舎を開設して、終戦直後には子どもたちのシェルターとしての役割を果たします。

　戦争では多くの母子世帯が生まれます。名古屋では大須賀忠夫[93]が保育所、授産施設をつくり、母子世帯の支援にあたります。今日の社会福祉法人名古屋厚生会の活動です。奈良では、上田政治[94]が母子世帯の仕事の確保にあたり、社会福祉法人奈良社会福祉院を創設します。中城イマは、行き場のない母子世帯の母子寮建設を国にかけあい、のちに社会福祉法人多摩同胞会の設立にいたります。戦争のしわ寄せを強く受けるのは母子世帯であり、終戦直後に夫と死別したいわゆる戦争未亡人は50万人にのぼったとも言われます。同時期に旧植民地であった韓国・木浦では、田内千鶴子[95]が共生園で3000人を超える孤児の保護にあたっています。明治から大正が慈善事業家が駆け抜けた時代であったように、戦争で制度が機能しなかったり空白

91） 高山照英
第3章166頁参照

92） 稲永久一郎
第3章114頁参照

93） 大須賀忠夫
第3章154頁参照

94） 上田政治
第3章156頁参照

95） 田内千鶴子
第3章170頁参照

第2章　第二次世界大戦後から今日までの社会福祉

であった時に、制度外の福祉活動が生まれていることが確認できます。

(2) 救済福祉策の模索とSCAPIN775「社会救済」の意義

占領期は連合国軍最高司令官総司令部（GHQ）のもとで、わが国の社会経済システムの転換が図られることになります。明治維新以来とされる改革のなかで、社会福祉も改革がすすめられます。この時期は物資不足、戦争処理の通貨乱発で、ハイパー・インフレーションが発生して経済秩序は瓦解してしまいます。東京・上野駅では連日餓死者が現れる事態が発生。GHQはこのまま事態を放置すれば占領管理に支障が生じかねないと危惧を抱き、当初の日本軍国主義への懲罰的な対応から、民生重視へと方針を修正していきます。

1945（昭和20）年9月にGHQに公衆衛生福祉局が設置され、日本の保健医療福祉政策の抜本的改革が始まります。それまでの救護制度は、救護法の不備の是正のために次々と特別立法を制定する分散的な制度を展開してきましたが、政府はこれまでの救護制度や応急的措置ではもはや深刻な状況に対応できないと判断。同年末に新たな総合的な援護を拡充強化する救済法規の制定にむけ「救済福祉ニ関スル件」を取りまとめてGHQに伺いを提出。GHQは検討の結果、翌年の2月にはSCAPIN775「社会救済」を発出し、SCAPIN775を基本原理として救済福祉策を策定することを指示します。SCAPINは、GHQが日本政府に発出した指令書（Supreme Commander for the Allied Powers Index Number）の略で、発出した順に番号が付されているものです。

しかし、国民生活のひっ迫はさらにすすみます。1946（昭和21）年5月には皇居前で政府の食糧政策に反対する食料メーデー（飯米獲得人民大会）が開かれ、時勢は緊迫していきます。7月には東京・日比谷公会堂で食料危機突破東京都方面委員大会が開催されます。同大会ではことの深刻さに鑑みて厚生大臣が告辞を、さらに日本を占領統治していたGHQ公共福祉部からは**N. B. ネフ大佐**が来賓あいさつをします。大会は、次のような厳しい現状を紹介しながら、宣言を取りまとめます。

「現下勤労都民大衆の生活難は食糧の欠配、生活物資価格の奔騰、住宅の底払等により極めて深刻なものあり。就中二十数万に及ぶ要援護同胞の生活窮乏は最早最後の段階に達し将に崩潰の危機に瀕しつつあり。吾等方面委員此の現実に直面して夙夜援護に心痛するも逐日増大する是等同胞に対して其の微力なるを痛感し深く慙愧に絶えざるところなり。然れ共事実は厳粛にして荏再遅延をゆるさず。茲に大会を開き広く困窮同胞の惨状を愬へ且当面の重要問題につき議するところあらむとす」[96]

(3) SCAPIN775の内容と救済福祉策

SCAPIN775は、

---

96)
前掲『社会事業と私』129-130頁

占領期社会福祉の基礎構造の構築、1950（昭和25）年生活保護法の制定に携わった厚生省社会局官僚小山進次郎[97]をして「これが有名な指令部第775号と称せられるもので、救済福祉に関する基本指令として、今日においてもなお、救済福祉政策の最高規範となっている」（小山進次郎『改訂増補・生活保護法の解釈と運用』中央社会福祉協議会、1950年）と言わしめるものでした。

では、SCAPIN775とは何を目的にしたものなのでしょうか。SCAPIN775は、政府が策定した「（1）救済福祉ニ関スル件」について「次ノ条件ニ合スル様変更ノ処置ヲトラバ日本帝国政府ニ対シ何等異議アルモノニ非ズ」[98]としています。

> （イ）日本帝国政府ハ……差別又ハ優先的ニ取扱ヲスルコトナク平等ニ困窮者ニ対シテ適当ナル食糧、衣料、住宅並ニ医療措置ヲ与エルベキ単一ノ全国的政府機関ヲ設立スベキコト
> （ロ）日本帝国政府ハ一九四六年四月三〇日マデニ本計画ニ対スル財政的援助並ニ実施ノ責任態勢ヲ確立スベキコト
> 従ツテ私的又ハ準政府機関ニ対シ委譲サレ又ハ委任サルベカラザルコト
> （ハ）困窮ヲ防止スルニ必要ナル総額ノ範囲内ニオイテ与エラレル救済ノ総額ニ何等ノ制限ヲ設ケザルコト

あわせて、「（2）日本帝国政府ハ本司令部ニ次ノ報告ヲ提出スベシ」と要求します。

> （イ）此ノ指令条項ヲ完遂スル為ニ日本帝国政府ニヨツテ発セラレタアラユル法令並ニ通牒ノ写
> （ロ）一九四六年三月ノ期間ニ始マリ次ノ月ノ二五日マデニ届ケラレタル救助ヲ与エラレタル家族並ニ個人ノ数及ビ都道府県ニヨリ支出サレタル資金ノ額ヲ記載シタル月報

SCAPIN775は、要約すれば、日本政府がめざす新たな救済福祉策に、①無差別平等、②国家責任、③必要充足の三原則を盛り込むことを指示したものです。同時に、（2）以下では、日本政府が確実にこの指令を順守するようにプレッシャーをかけています。この画期的な指令を受けて厚生省は一連の計画を大幅に見直し、生活保護法案の作成に向かうことになるのです。

（4）社会事業の再出発と生活保護法制定

『月刊福祉』の前身である『社会事業』は、戦時厚生事業のもとで『厚生問題』と改称したものの、1944（昭和19）年末には休刊となってしまいます。物資不足により復刊が困難ななか、1946（昭和21）年の第29巻6月号より再び『社会事業』と改題して復刊します。以下はその冒頭の「復刊の辞」です。

---

[97] 小山進次郎 第3章176頁参照

[98] 前掲『社会局五十年史』231頁

「今日程社会事業の活動が一般から要望されてゐる時代は未だかつて無かつた。その反面社会事業家は一般国民と同様に、否むしろそれ以上に衣食住の不如意に悩まされ、その活動が大きく束縛されてゐる。街には失業者や浮浪者があふれ、戦災者、引揚者の困窮した生活は余りにも悲惨である。その原因が戦争を引起した軍閥、財閥の国民欺瞞にあり誤れる反動思想に依つたものであるだけにそれは慈善や救済ではすまされないものがある。国民は一刻も早く忠実にポツダム宣言を履行し平和的民主国家を作ることが急務である点からも、社会事業は新しい理念の下に今日再出発すべきであると思ふ」

同号はまた、「終戦後の児童保護問題」「東京の浮浪児」を掲載、戦争によるしわ寄せが児童に集中的に現れていると警告しています。

政府は 1946（昭和 21）年 4 月から「生活困窮者緊急生活援護要綱」を SCAPIN775 の趣旨で見直して実施し、さらに強力な統一的法規として生活保護法案を準備して、秋の第 90 回帝国議会に提出。可決・成立して 10 月 1 日から施行されます。法案提案説明は次のように強調しています[99]。

「我国現下の情勢を観ますと、戦災者、引揚者、在外者の留守家族戦歿者の遺族傷痍軍人、失業者等の中には日常の生活に困窮している者尠からず、これに一般貧困者をも合しますと生活の保護を必要とする者は多数に上るのであり、（現行の救護法など は）何れもその保護の対象が限定的に規定してありますので、生活の保護を要する者を羅列的に保護の対象とすることができず、従って保護の徹底を図り難い憾みがありますので、新たに生活保護法を制定し、事由の如何を問わず現に生活の保護を要する者に対して差別的又は優先的な取扱いをすることなく平等に保護を行うこととし、これに伴って救護法、母子保護法、軍事扶助法及び戦時災害保護法を廃止（する）」

生活保護法が、SCAPIN775 を取り込んだ立法であることがよくわかります。『社会事業』は同年第 29 巻 7・8 月号を「生活保護法特輯號」とし、生活保護法の解説や関連論文を掲載していきます。なかでも、「生活困窮者の保護をめぐって（座談会）」は生活保護法制定にかかわった GHQ 公衆衛生福祉局のフェルドマン、厚生省社会局長葛西嘉資（かさいよしすけ）[100]が招かれ、社会党代議士松岡駒吉（まつおかこまきち）[101]、東京育成園長松島正儀、婦人運動家山高しげり（やまたかしげり）[102]らと意見交換を行っています。司会は中央社会事業協会社会事業研究所参事で編集発行人の福山政一です。

論点は生活保護法の概要や実施体制など多岐にわたっています。とくに、松島は民間社会事業施設は生活保護法施行で極めて重要な役割を果たすが、「現實の問題として一人一日の事務費が一圓三十三銭では施設では何も出来ず」「一

---

[99] 前掲『社会局五十年史』139 頁

施設五十人を収容してゐる施設では職員八人を必要としますが、その人件費にも当らない程で」「民間社会事業の価値を政府はもう少し高く買ってほしい」とします。当時社会事業法はGHQの指示で施行が停止されており、民間社会事業の経営の安定は焦眉の課題になっていました。とはいえ、経営組織の確立は1951（昭和26）年の社会福祉事業法制定による社会福祉法人制度創設を待たなければなりませんでした。民間社会事業が最も経営の苦境に立たされていた時期です。

しかしながら、生活保護法は、わが国の救貧制度の歴史のなかではじめて統一的救済法規となり、国家責任による生活保護の原則を確立して保護費の8割を国庫負担とします。無差別平等の原則を明文化し、保護の要件を要保護性という単一の原因に集約し、貧困を社会的責任として認めています。同法は、GHQの後ろ盾もあり戦災者、引揚者などに適用され、当時の社会秩序の破綻を未然に防止する役割を果たすことになるのです。

（5）生存権実現とナショナルミニマム

1947（昭和22）年5月に日本国憲法が施行されます。1949（昭和24）年には社会保障制度審議会が「生活保護制度改善強化に関する勧告」を提出。憲法第25条の視点から生活保護制度の大幅な見直しを求め、1950（昭和25）年5月に生活保護法改正案が可決・成立して憲法の生存権規定と整合性をもった今日の生活保護法が即日施行となります。第25条の生存権を具体化するナショナルミニマムづくりのあり方が模索されていくのです。

第2節
戦後社会福祉の第一段階
福祉3法体制の整備

終戦直後の入り乱れる社会のなかで、1946（昭和21）年制定の生活保護法は国民生活の防波堤としての役割を果たし、占領期の社会福祉はわが国の今日に至るまでの社会福祉の法制度構築の出発点を築きます。とくに、GHQは、旧来の日本の社会福祉を大幅に見直して、アメリカの社会福祉行政の原理や組織、専門職の養成、社会福祉教育などをわが国に示唆し、また当時の厚生省も占領政策のなかでGHQの指示を社会福祉の近代化を図るための梃子として活用しようとしました。この時期は、まずは絶対的な権力をもつGHQとの緊張関係のもとで

100）葛西嘉資
1906〜2001年。新潟県に生まれる。内務省官僚から厚生省社会局へ。占領期にGHQ公衆衛生福祉局と折衝して福祉3法体制の枠組みづくりにあたる。厚生事務次官を歴任。

101）松岡駒吉
1888〜1958年。鳥取県に生まれる。室蘭の日本製鋼所で労働組合活動に参加し、友愛会の全国組織化を図る。第二次世界大戦後に労働運動の立て直しを図り、衆議院議員に。衆議院議長を歴任。

102）山高しげり
1899〜1977年。三重県に生まれる。東京女子高等師範学校を中退して『国民新聞』記者に。『主婦の友』をへて、市川房枝らと女性参政権運動をすすめる。戦後は未亡人団体連絡会や児童手当導入などの母子福祉にかかわり、参議院議員に。

生活困窮者や引揚者の終戦処理、新しい社会福祉構築への模索が始まることとなります。生活保護法に続いて1947（昭和22）年には児童福祉法が、1949（昭和24）年に身体障害者福祉法が制定されて、わが国社会福祉の第一段階である福祉3法体制の整備が開始されるのです。

（1）GHQ公衆衛生福祉局と厚生省社会局

C. F. サムス准将[103]を責任者とするGHQ公衆衛生福祉局は、わが国の保健医療福祉改革を各方面にわたって徹底的にすすめました。なかでも、おさらいになりますが、生活保護法案作成にあたって日本政府へ発出したSCAPIN775「社会救済」は救済福祉策に、①無差別平等、②国家責任、③必要充足の三原則を明確にさせることで、今日の社会福祉の出発点となる画期的な意義をもつものです。

厚生省社会局は1922（大正11）年に内務省に設置され、欧米の社会福祉や労働法の情報を収集してきました。先進国の社会福祉は社会局の憧れであり、そのモデルのわが国への導入は悲願でした。とはいえ、夢と現実の落差はあまりにもあり、社会局はせいぜい救護法で甘んじざるをえなかったのです。

ところが、青天の霹靂とはこのことで

す。なぜならば、SCAPIN775の新しい理念、「夢のまた夢」とあきらめていた先進国モデルが、GHQの至上命令で社会局が無条件で直ちに構築すべきものとされたからです。タイム・マシンで一挙に未来社会にやってきたようなものです。この事態について社会局長の葛西嘉資は、「今にして思へば、新しい社会保障制度下の生活保護に対する認識に、彼我雲泥の差があったことを痛感させられた」と述懐しています（『社会局五十年史』）。かくして占領期前段の社会福祉は、GHQ公衆衛生福祉局の強力な指導で制度が設計されていくのです。

（2）児童福祉法制定と「歴史の希望」としての児童

日本列島は終戦直後の混乱のなかで食糧確保に追われ、疲弊していました。しかし、最も耐えがたい状況におかれていたのは児童です。戦争で親と離別した子どもは当時12万人にものぼるといわれ、大都市の街頭には浮浪児があふれていました。東京、大阪への空襲により親が死亡し、学童疎開中の子どもだけが残されました。第二次世界大戦直後の社会福祉が直面していたのは生活困窮者支援に加えて、こうした子どもたちの保護でした。

当時これらの子どもの保護については厚生省社会局援護課で対応していましたが、劣悪な環境と住宅、疾病、栄養失調、虐待や非行など児童をめぐる厳しい状況を打開するために、1947（昭和22）年3月に公衆保健局及び社会局より児童及び妊産婦に関する事務を移管して児童局を創設。児童保護法策定の動きが加速し、

---

103) C. F. サムス

Crawford F. Sams 1902～1994年。軍医として従軍し、1945年からGHQ公衆衛生福祉局長に就任し、占領期改革を推進する。人物伝に二至村菁『日本人の生命を守った男』（講談社、2002年）など。

その結果、同年12月に児童福祉法が可決・成立します。同法は、当初の保護が必要な児童という限定的な対象の捉え方ではなく、すべての児童に積極的に福祉の増進を図るという画期的な内容をもつものとなります。同年にはまた、出生数が約268万人となり、戦後最高のベビー・ブームを記録。ちなみに10月実施の国勢調査では総人口が7810万人となっています。

児童福祉法制定の背景には、次のような動きがありました。

GHQの浮浪児対策を徹底せよという詰問に、厚生省関係者は、当初は児童保護施策の強化で対応しようとします。しかし、法案作成の過程でGHQ公衆衛生福祉局のマーカソンらの指示で児童相談所を中核にした行政措置、保育所などをとりこむことになり、児童への施策は保護法から180度転換して総合法としての児童福祉法案に向かいます。

1947（昭和22）年にはアメリカで先駆的な児童施設を運営していた**フラナガン**[104]神父が来日して、児童福祉の原理や施設の運営について関係者にアドバイスを行っています。また、児童福祉法制定にあたった日本の関係者のなかでは、東京の下町で保育の活動をしていた興望館セツルメントの**吉見静江**[105]、児童養護施設・東京育成園の松島正儀らが、従来の事後的な保護法ではなく、積極的な育成という概念を中核にした立法こそが重要とつよく主張し、児童福祉法案作成に参画しています。吉見は、児童福祉法制定後に厚生省児童局保育課長に就任します。

児童福祉法案を担当したのは、児童局企画課長の**松崎芳伸**（1913〜1997年）です。松崎は、法制定後に解説本『児童福祉法』（日本社会事業協会、1947年）のはしがきで、次のように述べています。

「食糧難と、インフレと、道義の退廃にあえぐ敗戦日本に、生きる光明を與ものがあるとすれば、それはやはりこの『歴史の希望』としての児童にほかならない」

松崎は、のちに日本経営者団体連盟（日経連）専務理事となり、高度経済成長期以降の賃金交渉に生産性基準原理をすえ、1980年代にかけて日本的労使関係に影響を与える人物となります。

1948（昭和23）年1月刊の『社会事業』第31巻第1号は、児童福祉法成立に関する厚生大臣**一松定吉**（1875〜1973年）の談話を収録しています。

「本日国会で児童福祉法が可決成立を見たことは、平和的な文化国家建設のため、慶賀堪えないところであります。日本国憲法施行の最初の第一国会において、次代を担う児童の福祉の問題が、慎重に研究論議されこれを保障する立

104）フラナガン神父

Edward Joseph Flanagan 1886〜1948年。アメリカ・ネブラスカ州のオマハに少年の保護更生施設である「少年の町」（Boys Town）をひらく。第二次世界大戦後の占領期に来日して戦災・引き揚げ孤児の保護をはじめ、児童福祉施策を指導する。また、民間基金として赤い羽根共同募金活動を提案し、今日に至っている。

105）吉見静江
第3章128頁参照

法がなされたことは、誠に意義深いことと思います。児童福祉法は現行の少年教護及び児童虐待防止法を吸収したばかりでなく、児童の福祉に關する各般の事情を規定した児童福祉に關する綜合的法律でありまして、先ずその冒頭において、児童の福祉を保障するための原理を明かにし、児童福祉委員會、児童委員制度、母子手帳制度、里親制度等の新しい制度を定めた外、児童福祉施設の最低基準を設けて施設の向上を圖り、児童相談所の拡充により児童の保護指導に科学性を与える等、児童の福祉増進のため必要な措置を講じ、明るい日本再建の基盤に培おうとするものであります」

意気込みあふれる内容です。かくして児童福祉法が制定され、市町村長は保育所に保育に欠ける児童を措置で入所させることができるとします。生活保護方式に次ぐ、措置制度方式によるサービス提供方式の誕生です。

この児童福祉法による保育所の入所は、保育に欠ける児童の要援護性に着目して優先順位をつけ、入所定員に欠員があり次第入所させていくことで、限られた資源を合理的に配分していく方式となり、措置制度はその後の身体障害者福祉法、知的障害者福祉法と、福祉3法、福祉6法における福祉サービス利用方式共通のプラットホームになっていきます。

(3) 総合的な更生法としての身体障害者福祉法制定

他方で、わが国の障害者福祉は当時どのような状況にあったのでしょうか。結論からいえば、傷痍軍人の保護制度や視覚障害者へのわずかなものを除けば、障害者への福祉施策は皆無に近かったといえます。身体障害者福祉法制定後に『身体障害者福祉法解説』(中央社会福祉協議会、1951年) を取りまとめた社会局更生課長松本征二 (1905～1985年) をして「明治以降80年に亘る社会行政の荒涼とした風景」と言わしめるような無策の状態だったのです。

とはいえ、戦前には国の施策が皆無だった状況にもかかわらず、キリスト教関係者のなかでは秋元梅吉[106]が点字聖書の作成をすすめながら、東京に視覚障害者の生活施設を設置、本間一夫[107]は日本で最初の点字図書館を開設するなど先駆的な取り組みが図られています。今日の社会福祉法人東京光の家、社会福祉法人日本点字図書館の淵源です。

身体障害者福祉法は、傷痍軍人対策偏重による軍国主義復活を危険視したGHQの思惑もあり、傷痍軍人を排除するという条件をつけて、児童福祉法より2年ほど遅れて1949 (昭和24) 年に制定されます。1946 (昭和21) 年の旧生活保護法を出発点に、これにて占領下で福祉3法が出そろうことになるのです。身体障害者福祉法制定の経緯は、以下の

---

106) 秋元梅吉
第3章122頁参照

107) 本間一夫
第3章178頁参照

1948（昭和23）年に厚生省は身体障害者の基本対策に着手するものの、必ずしも作業は順当にはすすみませんでした。とくに、GHQは厚生省の身体障害者福祉法案は傷痍軍人の救済策につながるのではないかという疑義をもち、非軍事化策のもとで事前協議は難航します。半面では、大阪の日本ライトハウスの岩橋武夫[108]らはすでに盲人福祉関連立法に取り組み、岩橋の招請でヘレン・ケラーが1948（昭和23）年に来日して、法制定に向けた関係者の機運は高まりをみせていきます。時代にあって必要なのは盲人福祉の単独法か、それとも厚生省案の総合的な身体障害者福祉法なのか、大議論の末、岩橋ら日本盲人会連合は身体障害者福祉法を選びます。小異を捨てて大同につくことになったのです。この岩橋らの大局的な判断がなければ関係者の足並みは乱れて、身体障害者福祉法は生まれなかったとも考えられます。ヘレン・ケラーの来日は、こういったさまざまな身体障害者福祉法への要望を一本化し、根本的な法制づくりへの世論形成に重要な役割を果たしていきます。法制定の過程では、傷痍軍人からの要望や障害の種類の違いによる法案への不満など、さまざまな要因が取り巻いていたからです。

1950（昭和25）年の『社会事業』第33巻第5号に掲載された今村譲（不明～2000年）の論文「身体障害者福祉法について」は、法制定時の動きを次のように述べています。

108）岩橋武夫
第3章130頁参照

「起草の当初から実に多くの理想が論議され研究され乍ら、いろいろな政治的な考慮やら、各省の意見の対立やら予算の制限等で、実現をみなかったり歪曲されたりして幾多の紆余曲折の末この様な形で現実的に成立したものである丈に、却ってありのまゝにこの法律の成立についての感想や残された問題等について書いてみたい。（中略）法文化をみるまで約一年半に亘りいろいろの希望なり意見なりが激しく論議され、その実現への折衝が為されたのであった。然し種種の制約から遂にこの様な形態となって決定し、一般世上の大きい期待にも拘らず極めて不充分なものとなったのである。現実の法律は、理論はともあれ常に妥協の結着点であることは免れがたいところであるが、遂に明るみに出ずに流されてしまった数々の希望事項は、今後粘りつよい努力によって逐次この法につけ加え規定されなければならないであろう」

今村は、社会局更生課で法案作成にあたっています。身体障害者福祉法制定をめぐりこのような指摘がある背景には、いくつかの事情があります。そのひとつは、実施体制の構築です。1949（昭和24）年9月のシャウプ勧告は、地方自治尊重、そして市町村優先の原則を打ち出しており、同法はこのままでは国の機関委任事務ではなく、地方公共団体の固有事務として実施すべきとされてしまいます。だが、生活保護法をみても、市町村には当初から負担が多く、無理な事

務であることは明らかです。

このため、シャウプ勧告実施の 1950（昭和 25）年度を前に、身体障害者福祉法を駆け込みで通すことが必要となります。もし、成立しなければ、これまでの努力はご破算になってしまいます。ともかく急いで向こう岸に渡らなければならないのです。関係者の奔走で同法は同年 12 月に可決・成立します。この難所を乗り切った今村は、後に社会局長から厚生事務次官となります。

身体障害者福祉法は、これまでの無策であった日本の社会福祉に大きな影響を与えるものです。それだけ関係者の喜びはひとしおでした。身体障害者福祉法国会通過にあたり、東京都の視覚障害者団体の関係者は、さっそく N. B. ネフ公衆衛生福祉局福祉課長に感謝状を送っています〈写真 4〉。

身体障害者福祉法制定により、当座の国民生活に関連の深い福祉 3 法が出そ

〈写真 4〉　都下盲人感謝会から N. B. ネフ公衆衛生福祉局福祉課長におくられた感謝状

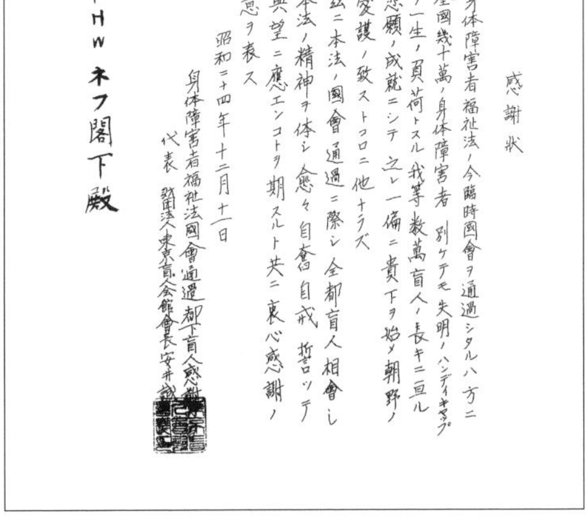
感謝状
身体障害者福祉法ノ今臨時國會ヲ通過シタルハ方ニ
全國幾十萬ノ身体障害者 別ケテモ失明ノハンディキャップ
ヲ一生ノ負荷トスル我等数萬盲人ノ長キニ亘ル
悲願ノ成就ニシテ 之レ一偏ニ貴下ヲ始メ朝野ノ
愛護ノ致ストコロニ他ナラズ
茲ニ本法ノ國會通過ニ際シ全都盲人相會シ
本法ノ精神ヲ体シ愈々自奮自戒 誓ロッテ
與望ニ應エンコトヲ期スルト共ニ 衷心感謝ノ
意ヲ表ス
昭和二十四年十二月十一日
身体障害者福祉法國會通過都下盲人感謝會
代表 財団法人東京盲人会館會長安井誠
PHW ネフ閣下殿

ろうこととなります。福祉 3 法の実施は、例えば当初の生活保護法は市町村長が実施主体であり、かつての方面委員であった民生委員が市長村長の補助機関として実質的に保護世帯の調査・決定にかかわっていました。児童福祉法及び身体障害者福祉法では相談・判定機関を都道府県が設置するとし、福祉 3 法に共通する効率的な実施体制が構築されていませんでした。このため GHQ は、厚生省に民生委員に代わる有給の福祉専門職の確保、全国一律の厚生行政の確立などを求めました。

民間社会福祉への助成と規制を図る社会事業法は、1946（昭和 21）年に GHQ 命令で施行停止に追いこまれてしまいます。GHQ は同法を国家権力による民間活動の統制法とみなし、社会事業団体を僭称（せんしょう）した傷痍軍人組織や国家神道団体が公金を受け取るパイプの役割を果たしていたと分析していたからです。

日本軍国主義の徹底的な解体・復活阻止策は多方面におよび、憲法第 89 条では「公金その他の公の財産は、宗教上の組織若しくは団体の使用、便宜若しくは維持のため、又は公の支配に属しない慈善、教育若しくは博愛の事業に対し、これを支出し、又はその利用に供してはならない」と公私分離の考え方を規定。これにより民間社会福祉への公金注入は不可能となったのです。

以上のような情勢のなかで、福祉 3 法の運営をより実効あるものに編成するためにはどうしたらよいのでしょうか。厚生行政の確立とともに、サービスの第一線の担い手となる民間社会福祉経営の

建て直しが、いよいよ不可欠の課題になってくるのです。

第3節
社会福祉事業法制定による社会福祉基礎構造の完成

福祉3法が整備され始めたものの、肝心の民間社会福祉施設への公金注入ができない事態になってしまいました。他方では国と地方の厚生行政の実施体制の整備も手つかずのままです。

社会福祉の公民の経営組織をどうするのか。これらが占領期社会福祉の後半の課題として登場し、その総括として1951（昭和26）年に社会福祉事業法が制定されることになります。

(1) 社会福祉の実施体制をめぐる「6項目原則」

児童福祉法及び身体障害者福祉法は、相談・判定機関を都道府県が設置するとしており、福祉3法は制定されたものの、3法に共通する効率的な実施体制が構築されていませんでした。このため厚生省は公衆衛生福祉局と協議を重ね、1949（昭和24）年11月に今後の社会福祉行政のあり方に関する「6項目原則」をとりまとめ、厚生省が1950（昭和25）年度までに整備すべき事項を整理します〈写真5〉。すなわち、①厚生行政地区組織の確立、②市の厚生行政の再組織、③厚生省が行う助言的措置および実施事務、④公私社会事業の責任と分野の明確化、⑤社会福祉協議会の設置、⑥有給専門吏員に対する現任訓練の実施です。厚生省は、この「6項目原則」を起点にして、社会福祉基礎構造の整備を開始していきます。

(2)「6項目原則」と
黒木利克『Welfare from U.S.A.』

社会事業法廃止を前に関係者は同法の改正を検討しましたが、公衆衛生福祉局は、わが国の社会福祉の問題点として公私分離原則が徹底されていないことを指摘し、単なる現行法の小手先の修正では対応できないことが明らかとなりました。公金注入を可能にするためには、これまでの規制と助成という日本的な公私関係を見直した、もっと骨太の社会福祉経営の原理が必要となったのです。

この困難に直面した占領期社会福祉のキーパーソンとして登場するのが、社会局官僚の**黒木利克**[109]です。黒木は1947（昭和22）年に共同募金を創設、経営難にあえぐ民間社会福祉の資金確保にあたりました。ついで、1948（昭和23）年に社会局更生課長に就任し、9月から8か月間アメリカ各地で社会福祉政策、行政の実施体制、社会福祉施設、社会福祉教育などの詳細な調査にあたります。この時に集積・分析された知識が帰国後のGHQ公衆衛生福祉局との折衝で、いかんなく発揮されることになるのです。黒木のアメリカ社会福祉に関する知見は、場合によっては公衆衛生福祉局のスタッフをしのぐほどであったと考えられます。

厚生省との協議結果のメモである「6項目原則」は、「6原則」や「6項目指示」ともされ、これまでもっぱら公衆衛生福

〈写真５〉「６項目原則」（英文）

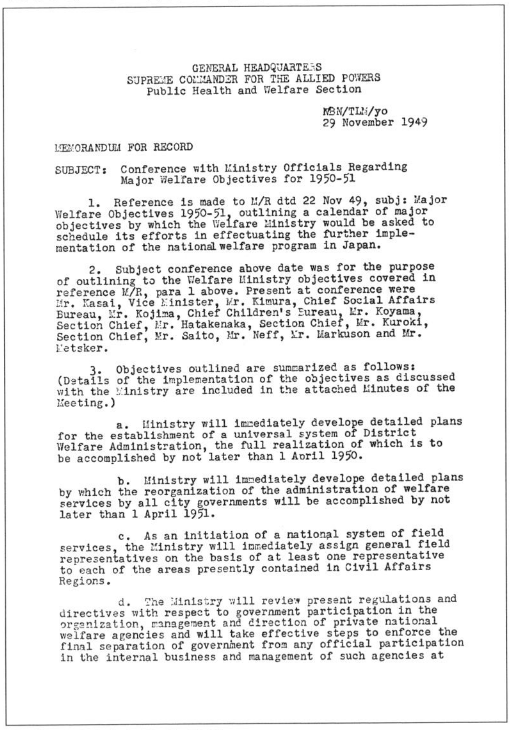

```
GENERAL HEADQUARTERS
SUPREME COMMANDER FOR THE ALLIED POWERS
Public Health and Welfare Section

                          MBN/TLM/yo
                          29 November 1949

MEMORANDUM FOR RECORD

SUBJECT: Conference with Ministry Officials Regarding
         Major Welfare Objectives for 1950-51

  1. Reference is made to M/R dtd 22 Nov 49, subj: Major
Welfare Objectives 1950-51, outlining a calendar of major
objectives by which the Welfare Ministry would be asked to
schedule its efforts in effectuating the further imple-
mentation of the national welfare program in Japan.

  2. Subject conference above date was for the purpose
of outlining to the Welfare Ministry objectives covered in
reference M/R, para 1 above. Present at conference were
Mr. Kasai, Vice Minister, Mr. Kimura, Chief Social Affairs
Bureau, Mr. Kojima, Chief Children's Bureau, Mr. Koyama,
Section Chief, Mr. Hatakenaka, Section Chief, Mr. Kuroki,
Section Chief, Mr. Saito, Mr. Neff, Mr. Markuson and Mr.
Metsker.

  3. Objectives outlined are summarized as follows:
(Details of the implementation of the objectives as discussed
with the Ministry are included in the attached Minutes of the
Meeting.)

    a. Ministry will immediately develope detailed plans
for the establishment of a universal system of District
Welfare Administration, the full realization of which is to
be accomplished by not later than 1 April 1950.

    b. Ministry will immediately develope detailed plans
by which the reorganization of the administration of welfare
services by all city governments will be accomplished by not
later than 1 April 1951.

    c. As an initiation of a national system of field
services, the Ministry will immediately assign general field
representatives on the basis of at least one representative
to each of the areas presently contained in Civil Affairs
Regions.

    d. The Ministry will review present regulations and
directives with respect to government participation in the
organization, management and direction of private national
welfare agencies and will take effective steps to enforce the
final separation of government from any official participation
in the internal business and management of such agencies at
```

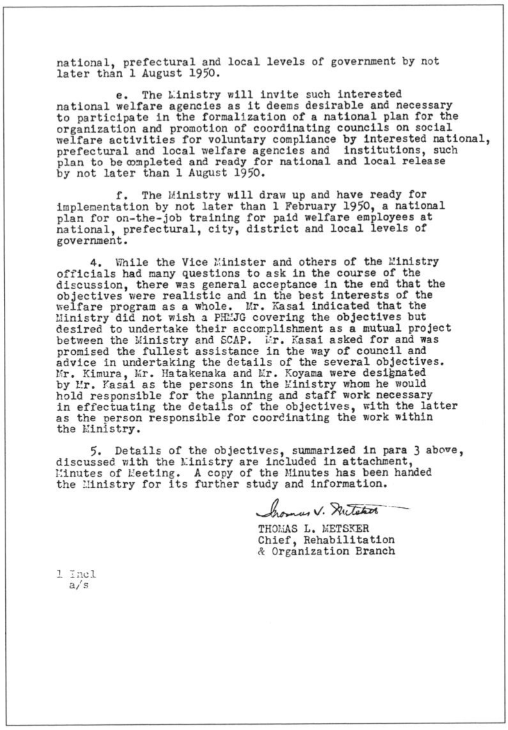

```
national, prefectural and local levels of government by not
later than 1 August 1950.

    e. The Ministry will invite such interested
national welfare agencies as it deems desirable and necessary
to participate in the formalization of a national plan for the
organization and promotion of coordinating councils on social
welfare activities for voluntary compliance by interested national,
prefectural and local welfare agencies and institutions, such
plan to be completed and ready for national and local release
by not later than 1 August 1950.

    f. The Ministry will draw up and have ready for
implementation by not later than 1 February 1950, a national
plan for on-the-job training for paid welfare employees at
national, prefectural, city, district and local levels of
government.

  4. While the Vice Minister and others of the Ministry
officials had many questions to ask in the course of the
discussion, there was general acceptance in the end that the
objectives were realistic and in the best interests of the
welfare program as a whole. Mr. Kasai indicated that the
Ministry did not wish a PH&W covering the objectives but
desired to undertake their accomplishment as a mutual project
between the Ministry and SCAP. Mr. Kasai asked for and was
promised the fullest assistance in the way of council and
advice in undertaking the details of the several objectives.
Mr. Kimura, Mr. Hatakenaka and Mr. Koyama were designated
by Mr. Kasai as the persons in the Ministry whom he would
hold responsible for the planning and staff work necessary
in effectuating the details of the objectives, with the latter
as the person responsible for coordinating the work within
the Ministry.

  5. Details of the objectives, summarized in para 3 above,
discussed with the Ministry are included in attachment,
Minutes of Meeting. A copy of the Minutes has been handed
the Ministry for its further study and information.

                         Thomas V. Metsker
                         THOMAS L. METSKER
                         Chief, Rehabilitation
                         & Organization Branch

1 Incl
a/s
```

出典：米国立公文書館

祉局による厚生省への一方的な指示とされてきました。しかし、真相は異なります。それは黒木がまとめたものなのです。社会福祉事業法立法時の社会局長の木村忠二郎[110]は、後に証言しています。

「シックス・ポイントというのは向こうでつくったものではなく、黒木君がまとめたものなんです。おまえたちがいうのはこう言うことじゃないかと言ってまとめたら、そうだそうだというわけで、それで通ったわけです。これは黒木さんの功績ですよ。シックス・ポイントなんて向こうが出したことはない。向こうはそれで教わってシックス・ポイントにしっちゃったので、今度は向こうとしてもたざるを得なくなったわけですよ。その点、黒木君はうまいですよね。……向こうがシックス・ポイントを出したことなんてありません。そういうふうにまとめたのは黒木君の創作ですよ」[111]

109）黒木利克
第３章172頁参照

110）木村忠二郎
第３章152頁参照

111）
「昭和社会事業史の証言（11）『昭和20年代の社会事業行政をめぐって』」『社会福祉研究』第23号、1978年

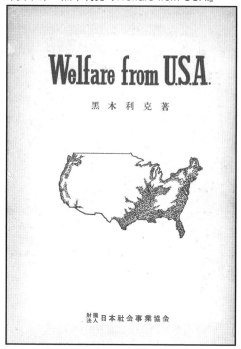

〈写真6〉 黒木利克『Welfare from USA.』

　黒木は渡米して社会福祉の彼我(ひが)の差を知るとともに、日本の社会福祉の再建構想にアメリカ社会福祉を重ね合わせます。新しい社会福祉を展望するには中途半端な知識では太刀打ちできません。関係者はアメリカ社会福祉を日本に導入するモデルとし、その骨格的な知識を共有しなければならない。そう確信した黒木は『Welfare from U.S.A.』（日本社会事業協会、1950年）〈写真6〉を書き上げ、社会福祉事業制定前にアメリカ社会福祉の全容を圧縮して伝えるのです。わが国の社会福祉がめざすイメージや学ぶべきポイントはなにか。とくに、シカゴ市のwelfare office（福祉事務所）の業務や組織の解説、case workerの業務は詳細に紹介されており、同書は社会福祉関係者必携とされ、後に福祉事務所の現業員の現任訓練のテキストとなっていきます。

（3）社会福祉事業法制定への道

　「6項目原則」は1950（昭和25）年度までに厚生省が取り組むべき課題を提示し、その作業は社会福祉事業法案作成へと集束していきます。すでに1948（昭和23）年には日本社会事業協会などが全国社会事業大会を開催し、「社会事業基本法に関する協議並びに決議」が行われるなど、経営組織を規定する法整備への関係者の期待は高まっていきます。そのなかでは参議院厚生常任委員会による法案作業もあり、国民社会事業法案などの試案が出されています。

　社会局では社会福祉事業基本法案として検討がすすみ、1951（昭和26）年に名称を社会福祉事業法案として上程、年度末の3月26日に可決・成立します。ぎりぎりの間際で「厚生省が昭和25（1950）年度までに整備すべき」とする公衆衛生福祉局との約束は守られたのです。翌月の『社会事業』第34巻第4号は「特集社会福祉事業法をめぐって」を組み、黒木利克「社会福祉事業法成立の意義」が筆頭論文となります。「6項目原則」から同法制定までの行程表を作成した黒木は、次のように力説します。

　「総司令部公衆衛生福祉局長は『日本の社会福祉機構こそ、米国がこの十数年到達せんとして苦闘しつゝある目標なのである。その意味において日本は米国よりも先んじている。』と述べているが、確かに与えられたものは良いものであり、今日つくられた形だけは立派なものであろう。今後これを永らく持ちこたえ、ほんとうのわがものに

第2章　第二次世界大戦後から今日までの社会福祉

することができるであろうか、その試練の時は正に近づきつゝある。原則の緩和こそあれ今日迄反動の影さえなかったことは、戦後の社会事業が着実であった証差であるが、一面その限度を示すものと言うべく、いささかさみしい感がなくもない。しかし乍ら今後、先人の努力を空しくしないために更に努力をしなければならないが、これを推進する力は主体をどこに求め、そうしてこれを如何に推進すべきであろうか。社会福祉事業法はそれに対する一つの解答とならないであろうか」

黒木の言わんとするところは、社会福祉事業法でつくられた日本の社会福祉の経営モデルは、アメリカがめざしていたものを抜き去るほど完成度が高いものであり、あとは関係者の努力で実効あるものとすべしということです。同法制定後に黒木は保護課長となり、福祉事務所の運営、教育・訓練を重視して、『社会福祉の指導と実務』『社会福祉主事』などのマニュアルづくりをすすめていきます。

特集ではまた、関西学院大学の竹内愛二[112]が次のように述べています。戦前にアメリカでケースワーク理論を学び、わが国に紹介してきた重鎮です。

「今この社会福祉事業法を机上にひろげ、これを手にして頁をめくると、走馬燈のように私の眼にうつって去来するのは、この社会事業を背景、舞台とした私自身の半生の色々な出来事である。『ケース・ウォーク』ということを云い出してから、もう二十一年になる。この間の忍苦の思い出だけでも、目がしらが熱くなるのである。私はこの社会福祉事業法案の作成と國会パスとに何ら直接の寄与も関係もないものであるが、それでもこの法律の出来たのは、我が子が生まれたように嬉しいのである」

戦前の社会事業教育では社会政策の影響が強く、ケースワークが位置づけられる余地はありませんでした。社会福祉援助技術が専門職養成に取り入れられるのは占領期になってからです。それだけに苦労を重ねた竹内には、社会福祉事業法制定は感無量であったのでしょう。

(4) 新生活保護法制定と社会福祉基礎構造の形成

1950（昭和25）年に旧生活保護法に代わって、憲法第25条の生存権保障の理念と整合性をもたせた新生活保護法が制定されます。立法を担当したのは厚生省社会局保護課長の小山進次郎で、小山はその後の社会保障制度構築のキーパーソンとなります。今日の生活保護法の出発です。新生活保護法と同時に、実施体制の要として社会福祉主事の設置に関する法も制定され、福祉3法実施体制の機関として民生安定所がつくられます。

---

112)　竹内愛二

1895〜1980年。同志社中学卒業。1924年にアメリカに留学。オーバリン大学、ウエスタン・リザーブ大学院でケースワークを学ぶ。帰国後に神戸女子神学校、同志社大学、関西学院大学などでケースワーク理論を教授する。戦後社会福祉の第1段階に位置し、著書に『ケース・ウォークの理論と実践』など。

75

新生活保護法とその担い手としての社会福祉主事の訓練には、来日したフローレンス・ブルーガー（1901～1988年）やドロシー・デッソー[113]らGHQのソーシャルワーカーがかかわることになります。

社会福祉事業法は、先行する社会福祉主事の設置に関する法を吸収して制定され、これにより今日の社会福祉基礎構造が成立します。同法に規定された社会福祉事業の範囲、公私分離規定、福祉事務所、社会福祉法人、共同募金、社会福祉協議会などは、福祉3法に共通する基礎構造となり、かくして生活保護法をはじめとする分野別のサービス給付に関する社会福祉関係法を社会福祉事業法が支えるという、わが国の社会福祉法制の枠組みが完成するのです。1948（昭和23）年の民生委員法もこの基礎構造の一角を占めることになります。

占領期の福祉3法体制は、やがて高度経済成長を背景にした第二段階で福祉6法体制へと移行、さらに第三段階の福祉見直しをへて第四段階の平成の福祉改革、そして今日の第五段階へと至ります。この過程では独立行政法人福祉医療機構法、社会福祉士及び介護福祉士法も社会福祉基礎構造関連法となっていきます。

社会福祉事業法は、それぞれの社会福祉の発展段階を支える土台として機能し、さらに福祉需要やサービスの変化・増大にともなって、より適合的な見直しをうけて平成の福祉改革では大幅な改正が図られ、社会福祉法に改称されて今日に至っています。

(5) 全国社会福祉協議会の結成

さきほどの「6項目原則」では、公私分離原則に従って全国及び都道府県の社会福祉活動に関する協議会の設置を求めており、これを受けて日本社会事業協会、全日本民生委員連盟、同胞援護会などの中央の関連団体を再編・統合がすすめられることになります。1951（昭和26）年に、これらの団体を合併して中央社会福祉協議会が結成されます。中央社会福祉協議会は、1955（昭和30）年に全国社会福祉協議会に発展解消し、都道府県社会福祉協議会との関連を明確にして都道府県社会福祉協議会の連合体としての性格を獲得するようになるのです。

これと並行して都道府県社会福祉協議会の整備もすすみ、全国養護施設協議会（現在の全国児童養護施設協議会）、社会福祉事業振興会、全国民間保育所連絡会議、全国老人クラブ連合会などの関連団体も結成されるようになります。社会福祉事業振興会は、今日の独立行政法人福祉医療機構となっていきます。

第4節
高度経済成長と
福祉6法体制の整備

占領期に次ぐ社会福祉の法制度のあゆみの第二段階は、高度経済成長を背景にした社会福祉の拡充期です。新たに知的障害者福祉法、老人福祉法、そして母子及び寡婦福祉法の3法が制定され、第

---

113) ドロシー・デッソー
第3章136頁参照

一段階の福祉3法（生活保護法、児童福祉法、身体障害者福祉法）に加えて福祉6法体制となり、対象領域が拡大されていきます。国民皆保険・皆年金制度など社会保障制度全般の基盤整備もすすめられます。1950年代の前半から1970年代の初頭にかけて、国民生活の水準が上昇していきます。この過程ではまた所得格差の増大、人口移動、核家族化、そして人口高齢化などがすすみ、社会保障、社会福祉への需要も急速に増大して、変化を遂げていくのです。

1950（昭和25）年に勃発した朝鮮戦争を契機に、日本経済は世界に類例をみない旺盛な右肩上がりの経済成長が持続します。「20世紀の奇跡」ともよばれた高度経済成長です。高度経済成長がいつから開始されたかは必ずしも定かではありません。仮に主要な経済指標が戦前段階を回復した1955（昭和30）年を起点とすれば、翌年度の経済白書は「もはや戦後ではない」としており、この時点では戦後復興を終えて自律的な経済発展の開始＝「神武景気」が確認されています。高度経済成長の終期を、最も好景気が持続した「いざなぎ景気」の終焉を迎えた1970（昭和45）年とすれば、15年ほど経済成長が展開したことになります。その循環の原動力となったのが鉄鋼・石油化学などの重化学工業であり、農村から大都市や臨海工業地帯へと大量の労働力が移動するとともに、「所得倍増計画」のもとで経済成長の分配が図られ国民生活の水準も上昇していきます。

これを数字で確認すると、わが国の第二次世界大戦後の就業人口は1947（昭和22）年には第一次産業の農林水産業が約5割を超えていましたが、高度経済成長の進展とととに農業就業人口の低減が始まり、昭和37（1962）年には農業就業人口が30.1％、第二次産業の製造業が31.0％と、就業人口の構成が逆転していきます。とくに、1960年代の後半には、戦後の1947（昭和22）年から1949（昭和24）年の間に出生した第一次ベビーブームの世代が順次労働力となり高度経済成長を支えることになるのです。

高度経済成長の前段では社会保障制度、とりわけ医療保険及び年金保険の整備が行われ、職域保険から地域保険の拡充が図られて1961（昭和36）年には国民皆保険・皆年金体制が構築されます。今日までの社会保障制度の骨格の形成です。

高度経済成長期における社会保障政策の考え方については、1962（昭和37）年の社会保障制度審議会「社会保障制度の総合調整に関する基本方策についての答申及社会保障制度の推進に関する勧告」が整理しているのでみておきます。

「勧告」では、「社会保険のほうは、一般的、普遍的に防貧の力をもつといえるけれども、貧困におちいる個別的な原因に対してはその力が限られ」「貧困の原因は多様で、社会保険をもってしてはこの原因のすべてをカバーすることはできない」として「救貧線以下におちこむ公算の大きい層に対してこそ、防衛手段が必要である。社会福祉は防貧のこの面を担当するものであり、この意味において社会福祉は社会保険を補完するものであ

る」、そして「一般財源は、公共扶助についで、この面に優先的に投入されるべきである」としています。

第一段階の福祉3法段階が終戦直後の状況を反映して救貧策を重点にしていたのに対して、防貧的な社会福祉の拡充への政策の転換です。

これらの基調のなかで、社会福祉関係法も福祉3法体制から大幅な発展をみせることになります。いわゆる福祉6法体制への移行であり、それにともなう社会福祉行財政の基盤整備の進展です。

(1) 戦後社会福祉の第二段階への移行

かつての第一段階の福祉3法体制では、例えば知的障害者の施策は児童福祉法のなかで行われ、18歳までの児童という枠組みを超えて知的障害者にもサービスを提供していました。しかし、知的障害者への就労支援などの整備も不可欠となり、知的障害者福祉法の制定が期待されていくことになります。

同様に、高齢者福祉の施策は今日のサービスの水準からみるとはるかに低く、生活保護法でのいくつかの対応に限られていました。養護老人ホームの前身である養老施設がその例であり、高齢者福祉は生活保護法のなかで低所得を要件として実施されていたのです。しかし、高度経済成長が始まると徐々に人口高齢化の圧力も強まってきました。このため、低所得の高齢者だけを対象にした施策ではなく、社会参加や介護も含めた高齢者対策を確立して、それを総合的に支える立法が必要になったのです。福祉需要の変化が始まったといってもよいでしょ

う。他の社会福祉関係法も低所得者を念頭にした枠組みでは、対応が不可能となりました。

終戦直後には母子世帯は170万世帯が出現したとされ、占領期にはこれらの人びとに対する生活資金の貸し付けなどの整備が図られましたが、さらに総合的な支援策、先行する制度を統合した母子福祉施策が必要となっていきます。

こうして社会福祉法の第二段階では高度経済成長による財源の確保を図りながら、旺盛な福祉需要にこたえて福祉3法体制から福祉6法体制に移行することになったのです。

社会福祉、社会保障はこの高度経済成長の剰余も背景に整備されていきます。1960(昭和35)年精神薄弱者福祉法(現・知的障害者福祉法)、1963(昭和38)年老人福祉法、そして1964(昭和39)年に母子福祉法が制定され、第二段階で社会福祉は福祉6法体制に移行します。

これらは一見すれば新たな領域別の社会福祉関係法の制定といえますが、実際には知的障害者福祉法をはじめとする第二段階の3法の起源は第一段階の福祉3法体制のなかにあり、高度経済成長のもとで福祉需要の変化や顕在化、量的拡大に応じて福祉3法体制が6法体制に発展したとみることができます。福祉サービスの利用方式は、児童福祉法がとった措置制度を、後続の関係法が採用していきます。そして、引き続いてこれらの基礎構造は社会福祉事業法が担い、福祉事務所などの行政の実施体制、社会福祉法人の整備が図られていくのです。

(2) 社会福祉関係者の主体形成

　占領期から高度経済成長の過程で福祉6法が整備されたとはいえ、必ずしもその内容は盤石ではありませんでした。むしろ、制度の不備を民間の社会福祉が補完し、後に制度の改善が続くという状況が生まれていきます。北海道では髙江常男[114)]が、産炭地・赤平で北海道光生舎を創設して身体障害者の働く場を確保し、やがて障害者授産事業のモデルとなっていきます。

　結核は戦前から不治の病として恐れられていました。長谷川保[115)]らは、静岡県三方原を開墾して結核患者の支援施設をつくり、戦後は聖隷福祉事業団を屈指の保健医療福祉コングロマリットに発展させていきます。山村三郎[116)]は、静岡県の天竜に同志を糾合し、山林・原野をきりひらいて結核患者の生活、社会復帰の場をつくり、社会福祉法人天竜厚生会を立ち上げます。

　結核患者の医療では、医療保険の未整備のなかで生活保護の医療扶助費が増嵩するようになります。このため、1953（昭和28）年末の来年度政府予算案原案で大蔵省は生活保護費の国庫負担率の引き下げを提示。あわせて児童保護費削減も打ち出します。これに反発して、予算閣議で署名を拒否した厚生大臣山縣勝見（1902〜1976年）は罷免される事態となり、社会福祉関係者は全国社会福祉協議会連合会(現在の全国社会福祉協議会)のもと全国社会福祉緊急大会を開き、国庫負担削減反対に立ち上がり

〈写真7〉　童謡デモ

出典：「慈善から福祉へ　全国社会福祉協議会九十年通史」

ます。マスコミは、この年に防衛庁設置法・自衛隊法が制定されたこともあって、これらの事態を大砲かバターかの戦いと報じています。国庫負担削減反対運動は、社会福祉関係者による第二次世界大戦後最初の大規模なソーシャルアクションであり、それ以後の全国社会福祉協議会における社会福祉予算対策委員会設置、予算対策運動の契機となっていきます。1952（昭和27）年に全国社会福祉協議会連合会は保育所の連絡・研究組織として児童福祉委員会に保育部会を、次いで保母会を設置します。

　1956（昭和31）年度予算の大蔵原案では、保育措置費の増大にもかかわらず国庫補助率の削減が提示され、保育関係者を中心に反対運動が展開されます。その結果、国庫補助率の維持、保母の給与改善などが図られることになります。上京した参加者が霞が関の官庁街でのデモで「おててつないで」「カラスなぜなくの」などを歌って参加したことから、これら

---

114)　髙江常男
第3章192頁参照

115)　長谷川保
第3章142頁参照

116)　山村三郎
第3章184頁参照

は「童謡デモ」〈写真7〉とよばれ、予算対策運動のなかでは種別の協議会がつくられて、措置費の改善にくわえて施設運営の方法の研究、交流などの取り組みが広がることになります。1977（昭和52）年には全国保育協議会が設立され、広島の寺尾フミヱ[117]らが保母の待遇改善、研究交流の促進などの活動を牽引していきます。

救護施設では、高度経済成長のもとで生活困窮者は減少し、救護施設は不要との指摘が生まれるのに対して、横浜の中央浩生館の小林亀松[118]、大阪自彊館の吉村靫生[119]らが日雇い労働者、不安定就労層の支援で活躍します。同様に、母子福祉のあり方をめぐっても、母子寮不要論に対して、大阪・八尾隣保館の坂江靖弘[120]、奈良社会福祉院の上田政治、名古屋厚生会の大須賀忠夫、嘉穂郡社会福祉協会の渡辺義男[121]らが全国母子生活支援施設協議会で連携をすすめ、新たな母子福祉施設の模索を始めていきます。この時期は種別ごとの組織化がすすみ、予算対策運動が開始されるのが特徴です。

戦前の廃娼運動は、キリスト教団体や婦人団体が中心になって進められていましたが、頑迷な日本社会のなかでは、埒があかないままにおかれます。これに風穴を空けたのが1946（昭和21）年のGHQの公娼制度廃止命令で、厚生省は婦人保護事業を社会福祉事業とします。

1956（昭和31）年には売春防止法が制定されて婦人相談所、婦人保護施設が規定されます。東京ではキリスト教牧師の深津文雄[122]が婦人保護施設づくりに参画、さらに長期保護施設として、かにた婦人の村を立ち上げています。

都市部における医療福祉施策の整備に対して、農村では長野で若月俊一[123]が地域医療に取り組んで農民の健康管理をすすめ、農村医学のメッカとよばれる長野・佐久総合病院を拠点にした活動を発展させていきます。

社会福祉の法制度の整備を促進してきた社会福祉関係者の主体形成が注目されます。

（3）糸賀一雄「この子らを世の光に」

第二次世界大戦終了直後に滋賀県で知的障害児の入所施設・近江学園の運営に参画した糸賀一雄（1914～1968年）〈写真8〉は、日本の社会福祉の歴史のなかで、はじめて人間の尊厳の保持を社会福祉援助の理念に明確に据えた人物です。

糸賀の有名な「この子らを世の光に」という理念は、"この子らに世の光を"という障害のある子どもをあわれみや一方的な保護の対象にするのではなく、子どもの自己実現、人格発達の権利を保障するという視点に立ち、衣食が満たされれば事足れりとする、それまでの社会福祉のパラダイムの転換を図るものとなります[124]。

117）寺尾フミヱ	118）小林亀松	119）吉村靫生	120）坂江靖弘	121）渡辺義男
第3章182頁参照	第3章148頁参照	第3章186頁参照	第3章196頁参照	第3章188頁参照

糸賀と同時代に知的障害者福祉の分野を切り拓いた人びとがいます。**登丸福寿**(とまるふくじゅ)[125]は、群馬県の榛名山麓にコロニーはるな郷を開設、その後の知的障害者福祉施設整備に影響を与えるとともに、関係者を組織化して日本知的障害者福祉協会の結成を図っていきます。キリスト教会の牧師**長澤巖**(ながさわいわお)[126]は、静岡県・牧ノ原にやまばと学園をひらき、重度障害者に寄り添う日々をおくります。

(4) 高度経済成長期の社会福祉・社会保障の特質

第二段階の社会福祉は、高度経済成長を背景にして社会福祉事業法が土台となり、分野別のサービス給付を定めた社会福祉関係法を上部構造にした枠組みを本格的に完成させることになります。

社会福祉関係法の福祉サービスの利用方式では、1960(昭和35)年制定の精神薄弱者福祉法(現・知的障害者福祉法)は児童福祉法との親和性も強く、児童福祉法がとった措置制度方式を流用しました。次いで1963(昭和38)年老人福祉法、1964(昭和39)年母子福祉法(現・母子及び父子並びに寡婦福祉法)も措置制度方式を採用することになり、わが国の福祉サービスの利用方式の大部分は措置制度が担うことになりました。

〈写真8〉 糸賀一雄

写真提供：糸賀一雄記念財団

この第二段階の後半では、1970年代の半ばに入ると「社会福祉施設整備緊急5カ年計画」により各地に障害者福祉施設をはじめとする大規模施設が建設され、社会福祉事業団方式によるサービスの提供が始まります。また、1973(昭和48)年には老人福祉法を改正して老人医療費の無料化が実施されます。

1970(昭和45)年には高度経済成長のシンボルである大阪・万国博覧会が開催され、誰もが自分たちの暮らしはもっと豊かになる、やがて日本はアメリカと並ぶ経済大国になるのではないかと考え始めます。すでに1968(昭和43)年度にはGNP(国民総生産)は世界第2位となり、1969(昭和44)年度には国際収支が大幅黒字となったからです。賃金も上昇し、耐久消費財などの旺盛な消費が始まります。第二次世

---

122) 深津文雄

第3章158頁参照

123) 若月俊一

第3章164頁参照

124)

糸賀の人物伝には、京極高宣『この子らを世の光に―糸賀一雄の思想と生涯』(NHK出版、2001年)、高谷清『異質の光―糸賀一雄の魂と思想』(大月書店、2005年)などがある。

125) 登丸福寿

第3章160頁参照

126) 長沢 巌

第3章194頁参照

界大戦後に生まれた団塊の世代が中心的な労働力となり「モーレツ主義」という言葉が流行して、がむしゃらに働くことが美徳になります。豊かさは手に届くところまできているようにみえたのです。

　しかし、1970（昭和45）年の国勢調査で総人口に占める65歳以上の高齢化人口が7％を突破して、わが国が人口高齢化の入り口に立ったことが明らかになります。とはいえ、当時この7％という数字がもつ意味を十分に吟味して、日本の将来に重ね合わせて考える関係者はいなかったといえます。この時点で高齢者福祉の基盤整備が重要な課題となるという警鐘もありましたが、それもまだ当事者のなかでも少数派に過ぎなかったのです。人口高齢化は、単純にみれば高齢者の長寿と少子化でもたらされます。そのためには高齢者の福祉需要に応えるだけではなく、十分な少子化対策、次世代育成支援が検討され、これらはまさに車の両輪のように応答しながら総合的に実施されることが大切です。しかし、社会福祉の第二段階終盤から、次の第三段階の政策の基調にはこういった視点が決定的に欠落していたのです。それはなぜなのでしょうか。

　1961（昭和36）年に国民皆保険・皆年金が達成されますが、こうした社会保険制度の基本設計の視点は、高度経済成長を支えた年功序列と終身雇用による日本的経営論を前提にしたものでした。年功序列とは、学校を卒業して入社した同期は係員、主任、係長、課長と横並びで昇格する人事制度で、終身雇用はいったん勤めた事業所には定年まで勤務するということです。このため、夫は会社で働いて家族を養い、妻は専業主婦として家事・育児にあたるという日本的夫婦分業論が下地となり、社会保障制度の重点は、夫が定年退職で日本的経営を離れた後の老後保障の柱として年金制度が優先的に整備されることになります。医療保険も妻と子どもは夫の扶養家族の傘に入り、企業福利はこの夫婦分業論を補完する役割をもったのです。このため、日本の社会保障制度では、子育てや高齢者介護は第一義的には家族、とりわけ主婦が担うものとされ、家族は日本の含み資産と言われるように、**エスピン・アンデルセン**[127]の福祉国家3類型とは異なった日本的姿態をとることとなったのです。

　総じて、第二段階の後半では高齢者へのサービスの供給が拡大するのに対して、次世代育成には有効な政策が立案されず、事実上放置されていたといえます。安心して子どもを産んで育てることができる社会の仕組みづくり、男女共同参画社会の確立という視点は欠落していたのです。これが後述するように、その後の日本の社会経済のシステム転換を背景にしながら未曽有の少子化の事態を招来することになっていきます。子どものみならず、若者の就業も、日本的経営のもとでは旺盛な労働力需要を背景に学校卒業と就職が円滑に接続していきます。このため社会保障制度には、次世代育成や若者支援という視点は抜け落ちていたのです。

（5）豊かさのなかの貧困への接近

　高度経済成長を背景にした社会福祉は

第2章 第二次世界大戦後から今日までの社会福祉

必ずしも一本調子で展開してきたわけではありません。1957（昭和32）年に朝日茂は生活保護基準は憲法第25条の生存権保障に値しないと国を訴え、国民の生存権とは何か、基本的人権をめぐる朝日訴訟に発展していきます。

1970（昭和45）年の大阪・万国博覧会に世間は沸き立ちます。しかし、このなかにあって、ひたすら貧困とは何かを問い続ける研究者が登場します。経済学者の江口英一（1918～2008年）〈写真9〉です。

『月刊福祉』1970（昭和45）年4月号に江口は「貧しき人々の群れ『貧困・人間・福祉』解明のために―序・全体についての若干のメモ〈第1回〉」を寄稿。貧困の解明方法を次のように提示します。

「『貧しい』ということと『貧しくない』ということを分けるところの、社会全体を切ってみるようなある客観的な基準が、今日、どこかにあることは確かである。……重要なことは貧困に関する客観的な、絶対的な基準である。これはどこかに客観的に存在するし、また現実的にも存在する。それをどのように設定するのか」

江口はこういった視点で職業、産業、所得水準、就業上の地位、職業の恒常性、居住地域などを異にする小集団を措定し、これらを社会階層という概念で整理していきます。

「社会階層によって、それ自身の中に先述の絶対的意味での貧困なる基準をもち、これ以下（すなわち貧困）の世帯（何らかの事故によってそうなった世帯）は、その階層に適合した労働と生活をみたし得ないがゆえに……下の社会階層に移行せざるを得ないであろう。これをわたしたちは階層的『下降』とよんでいる。……いづれにしてもこの階層的『下降』の経路（もちろん階層的『上昇』もありうるが）を辿っていくと、その最下に一定の『社会階層』が存在することがわかる。この階層は、その労働の種類でいえば、誰でもすぐに就労できる不熟練労働であり、いつも労働の供給過剰に支配され、したがって収入は低く、だから消費水準はきわめて低位である。……したがって

〈写真9〉 江口英一

出典：日本女子大学資料
資料協力：恵雅堂出版

127）
G. エスピン・アンデルセン、岡沢憲芙・宮本太郎監訳『福祉資本主義の三つの世界―比較福祉国家の理論と動態』ミネルヴァ書房、2001年

このような世帯は、私的あるいは公的な援助又は扶助を受けることなしには、自らの世帯を維持し、自立的に自己を再生産することができないのである。あるいはこれらの世帯は、分解し（家族崩壊）、いわゆる欠損世帯として、単身世帯、母子世帯、孤児世帯などを形成し生存を維持するしかないのである」

江口は北海道大学、日本女子大学そして中央大学で教鞭をとり、多くの学生が貧困調査に参加。高度経済成長のなかで潜在化し、隠された貧困をえぐりだそうとした江口は、まさに「反貧困」の元祖であり、その分析枠組みは門下生の岩田正美らの貧困研究に継承されていきます。

(6) 社会福祉協議会の組織化と「社協基本要綱」の制定

ところで、1951（昭和26）年の社会福祉事業法により社会福祉協議会が規定され、都道府県社会福祉協議会の連合体として1955（昭和30）年に全国社会福祉協議会が誕生します。『社会事業』は1961（昭和36）年1月から『月刊福祉』と改題されます。全社協は、1961（昭和36）年4月に当初の1951（昭和26）年『社会福祉協議会組織の基本要領』を大幅に見直し、住民主体の地域組織化の視点を取り入れた「社会福祉協議会基本要項」を1962（昭和37）年に策定。1963（昭和38）年3月の『月刊福祉』第46巻第3・4合併号では同要項の前文を紹介しています。

「社会福祉協議会基本要項」前文
「社会福祉協議会は一定の地域社会において、住民が主体となり、社会福祉、保健衛生その他生活の改善向上に関連のある公私関係者の参加、協力を得て、地域の実情に応じ、住民の福祉を増進することを目的とする民間の自主的な組織である」

これをどのように読めばよいのでしょうか。全社協業務部参事の永田幹夫（1922～2008年）は次のように解説します。

「この条文の特徴は、現実の社協の性格をのべたというより全体が目標というべきで、あるべき社協の姿を規定したものである……それだけにこの目標に一歩一歩近づく努力以外に、社協発展の途がないことになり、われわれのすべての行動、すべての協力がこの目標にむけられなければならない」

こうして社協は、地域組織化、地域福祉の推進主体をめざす路線を追求していくことになるのです。

(7) 高度経済成長を終えて

年平均成長率は9.1％を記録した世界の奇跡といわれる日本経済は、1971（昭和46）年のいわゆるニクソン・ショックで、一転して世界的な不安定期に突入していきます。慢性的な不況（スタグネーション）と、激しい物価騰貴（インフレーション）が同時進行するスタグフレーションの出現です。

この事態を収拾するために、当時の田中内閣は1973（昭和48）年度の一般会計当初予算を対前年度比25％増という、かつてない財政出動で景気浮揚策を取り、「日本列島改造論」で公共事業が一挙に増えることになります。併せて年金・医療の改善、老人福祉法改正で老人医療費無料化が図られ、マスコミはこぞってこの年を「福祉元年」と称します。先行して1970（昭和45）年「社会福祉施設緊急整備5カ年計画」、1971（昭和46）年児童手当法・特別児童扶養手当法制定が図られています。

ところが、その年の秋に勃発した第一次石油危機で経済の基調は激変します。田中内閣は史上最後の「大きな政府」となり、社会福祉は不安定経済を背景にした第三段階に移行するのです。キーワードは「福祉見直し」です。

第5節
第三段階社会福祉
「福祉見直し」と新しい社会福祉の模索

(1) 第三段階社会福祉の背景となる「小さな政府」論

第三段階社会福祉の端緒は田中内閣の「大きな政府」で始まり、おおむね昭和40年代の後半から平成年代の初頭までを期間とすることができます。とは言え、その背景となる経済の基調は不安定な局面を繰り返しています。すなわち、①1971（昭和46）年から1975（昭和50）年までの円切り上げと石油危機、スタグフレーションに苦しむ時期、②1976（昭和51）年から1980（昭和55）年までの不安定成長から新しい世界経済のルールに順応していく時期、③1981（昭和56）年から1985（昭和60）年までの対米輸出などの輸出経済構造が確定していく時期、そして④1986（昭和61）年から1990（平成2）年までの経済大国への大躍進とバブル景気の到来です。

高度経済成長が終焉して日本経済は不安定成長期に入り、ついで社会経済の大転換が始まります。1986（昭和61）年からバブル景気と呼ばれる好景気が始まります。地価、株価などの資産価値のかつてない高騰が続き、国民所得はアメリカを抜き去ります。しかし、1990（平成2）年東京株式市場で日経平均株価はピーク時の半分近くに下落し、バブル経済が崩壊。一転して失われた10年とよばれる深刻な経済の低迷が続きます。金融機関の倒産をはじめ若者の氷河期ともいわれる就職難が始まり、非正規雇用が増大するなど国民生活に深刻な影響を与えていきます。他方で、人口高齢化の圧力は徐々に高まり、総人口に占める65歳以上人口は1995（平成7）年に14％へと倍化し、2005（平成17）年には20％ラインをうかがうところまですすむことになります。

第三段階社会福祉は、わが国が高度経済成長後の調整をへて徐々に国際競争力をつけて経済大国へと躍進し、やがてバブルの頂点に向かう過程を背景としていたのです。同時に、これらの基礎は巨額の財政出動で支えられ、その結果、国債の残高も急激に増えていきます。とりわけ、1985（昭和60）年には国債の利払確保のために国債を発行するという、財

政赤字を恒常化する悪循環が始まります。このため、今度は財政赤字の顕在化により支出抑制が基本方針となったのです。経済の発展にもかかわらず、社会保障、社会福祉の原資は縮小しはじめます。昭和50年代後半に入ってからは、イギリス・サッチャー政権の国営企業の整理、規制緩和策などをすすめる「小さな政府」が中曽根政権のなかで視野に入るようになります。第二次臨時行政調査会（第二臨調）が設置され、行政改革という言葉が意識されるようになるのです。

(2) 「福祉見直し」をめぐる　ふたつの視点

第三段階社会福祉のキーワードは「福祉見直し」です。この段階は占領期に原型がつくられ、高度経済成長で基盤整備を果たした社会福祉の実施体制を見直し、次の平成福祉改革といわれる第四段階の見取り図を準備する過程でもあります。現時点で整理すれば、「福祉見直し」は、次のふたつの視点で打ち出されたことがわかります。

そのひとつは財政当局からの見直しです。高度経済長期に社会福祉は福祉6法体制へと順当に発展してきましたが、しかし、昭和40年代後半には不況が本格化します。歳入欠陥は国民生活にかかわる政策的経費を圧迫し始めていきます。社会福祉といえども聖域ではありません。歳出抑制が合い言葉となり、国の社会保障関係費にもシーリング（天井）が設定され、社会福祉行政の財源も1985（昭和60）年度予算編成では、社会福祉関係各法の国庫負担率が引き下げられます。

もうひとつの視点は、この第一の視点と微妙に交差しながら社会福祉関係者から出されるものです。これまで社会福祉は福祉3法をベースに、国による援護（生活保護法）、育成（児童福祉法）及び更生（身体障害者福祉法）を、生活指導を通じて実施するものという概念で説明され、社会福祉の目的は、社会福祉施設に入所してもらい、完結したサービスを提供すればゴールであると考えられてきました。とはいえ、半面では徐々に社会福祉の目的はノーマライゼーションの理念に収束されるのではないかという考え方が浸透し、揺らぎが生じるようになるのです。とくに1982（昭和57）年の国連・国際障害者年の「完全参加と平等」というスローガンは、このノーマライゼーションをわが国の社会福祉関係者が認識する契機となっていきます。

それまでわが国の障害者福祉は、児童福祉法、身体障害者福祉法、知的障害者福祉法が高度経済成長期までに制定されて分野別の施策が登場するものの、これらに共通する理念や国の役割が不明瞭で、総合性、一貫性に欠けていました。このため、**太宰博邦**[128]、調一興らは、障害者の当事者団体を糾合して1970（昭和45）年心身障害者対策基本法制定にこぎつけます。今日の障害者基本法です。この過程はさらに「国際障害者年」に向かうこととなり、太宰は日本推進協議会代表として関係団体をけん引していきます。

福祉サービスの提供では、ノーマライゼーションの考え方も背景にして、試行

〈写真10〉『在宅福祉サービスの戦略』
（1979年、全国社会福祉協議会）

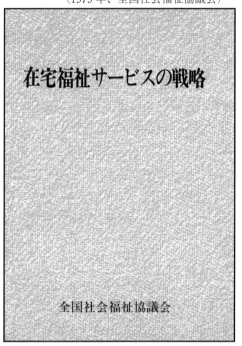

的に社協で在宅福祉の取り組みも開始されます。1979（昭和54）年の全社協『在宅福祉サービスの戦略』[129]〈写真10〉は、その後の在宅福祉サービス展開の嚆矢となるものです。在宅福祉サービスをはじめとする地域福祉の活性化と結んで1983（昭和58）年には市町村社協の法制化が実現します。

(3) 福祉見直しの総括と転換期を迎える社会福祉

第二臨調路線の歳出削減策による社会福祉関係法の国庫負担率引き下げは、地方負担増大など深刻な影響を与えるとともに、国の指揮監督のもとに機関委任事務として実施してきた社会福祉行政の実施体制のあり方、すなわち国と地方の関係の見直しを図る転機となります。1986（昭和61）年には第二次臨調報告と連動して「地方公共団体の執行機関が国の機関として行う事務の整理及び合理化に関する法律」が制定されます。これにより社会福祉施設入所などは地方の業務とされ、機関委任事務から団体委任事務になります。国庫負担金は補助金となり、かつての福祉3法段階で確立された中央集権的な社会福祉の実施体制は大幅に転換していきます。平成年代に本格化する地方分権の契機がつくられるのです。

さっそく1986（昭和61）年の『月刊福祉』8月号（第69巻8号）は、特集座談会「福祉行政と権限移譲」を組みます。これらの動きをどのようにみるのか。日本社会事業大学教授の三浦文夫（1928～2015年）〈写真11〉が司会者となり、市川喬（厚生省児童家庭局企画課長）、関岡武次（東京都福祉局長）そして大森彌（東京大学教授）が論点整理を試みています。三浦は、社会保障研究所（現在の国立社会保障・人口問題研究所）研究部長をへて日本社会事業大学教授として第三段階福祉見直しのなかで、独自の福

---

128) 太宰博邦
第3章168頁参照

129) 三浦文夫や和田敏明などが、1970年代後半に取り組まれた各地の社会福祉協議会による在宅福祉サービス供給の事例を分析し、概念や供給体制などを整理して『在宅福祉サービスの戦略』（全国社会福祉協議会、1979年）を取りまとめ、同報告はその後の政策に大きな影響を与えることになった。

〈写真11〉 三浦文夫

祉サービス供給論を主導して在宅福祉サービスの開発などに大きな影響を与えます。

三浦「今年に入って、社会福祉における権限移譲問題が出ております。これは社会福祉の措置事務などの、機関委任事務を団体委任事務化するということで、……また、これに関連して補助金削減ということが出ています。……このように福祉改革問題は補助金問題とからめて出ているだけに、地方に与える影響、あるいは民間に与える影響も含めて、多様なものがあろうかと思っています。」

市川「政府部内に補助金問題を協議するための、補助金問題関係閣僚会議がおかれ……社会福祉の事業事務のなかで比重の大きい、施設入所の措置等の事務については地方公共団体の自主性を尊重し、かつ地域の多様なニーズにきめ細かく対応できるように団体委任事務に改めたらどうかという指摘がなされました。」

関岡「中央では地方財政計画上の手当てをいろいろされたといわれましたが、影響額そのものは大きく、かつ深刻なものがあります。……府県レベルと市町村レベルに分けるならば、市町村のほうがはるかに大きな影響をうけています。……」

大森「一般的にいうと、国の財政が全体として危機になったとき、中央と地方の関係の均衡は中央統制に動きます。……それにしても今回の扱いには原理的問題が含まれていると思って比較的早くから批判的立場をとりました。……日本の地方自治の財政制度でいちばん問題なのは、仕事の体系と財政の体系が合っていないことです。ですから現行法の地方自治法の基本法のなかで、地方財政法とその他の地方自治体がやらされている機関委任事務の仕事の体系がいつもずれていて、これが長い間の懸案になっている。」

三浦「今回の補助金問題については、ただ補助金の財政的つじつま合わせではなく、……事務事業の見直しというところから始まって、そのうえで補助率の問題を考えていく。逆のいい方をすると、補助金の問題を財政的な観点だけで処理しないで、実はこの機会にいままでの福祉の見直しをやっていこう。……これはある意味ではたいへん重要な決断だと思います。」

三浦の指摘のように、やがて行政改革が反転鏡像となり社会福祉の見直しが本格的に促進されます。とくに、社会福祉関係者の見直しは1989（平成元）年の福祉関係三審議会合同企画分科会答申「今後の社会福祉のあり方について」で取りまとめられ、第四段階平成福祉改革の導火線となります。国の財政逼迫も地方分権の下地となり、平成年代に入って地方分権が推進されていくことになるのです。

　第三段階の社会福祉では老人保健法が制定されます。同法は老人福祉法を枝分かれさせて、老人医療費の見直し、医療費の負担の線引きを図るものでした。これに対して未開の領域に踏み込んだ画期的意義をもつものとして登場するのが1987（昭和62）年の社会福祉士及び介護福祉士法制定です。これまでまったく手つかずであった専門職の養成・確保策を、国家資格制度で整理して現実のプログラムに転化したからです。

（4）社会福祉士及び介護福祉士法制定と専門職養成

　1987（昭和62）年の『月刊福祉』9月号（第70巻第9号）は特集「『社会福祉士法及び介護福祉士法』の成立と今後の展望」を掲載します。出席者の意気は高いものがあります。長く日本ソーシャルワーカー協会の幹部として資格制度確立に奔走してきた日本社会事業大学教授の仲村優一（なかむらゆういち）（1921〜2015年）〈写真12〉は、語ります。仲村には1971（昭和46）年に中央社会福祉審議会で社会福祉士法制定試案を整理したものの、結

〈写真12〉　仲村優一

局のところ実現をみなかった記憶があります。

　「私自身はまさに三十年来、これに取り組んできて、今日こういうかたちでともかくとっかかりができたということは、主観的な言い方をしますと感慨無量なものがあります。……昭和四十六年に私どもがまとめあげた制定試案の問題については、当時のことを考えあわせてみて、やはり時代の勢いだなと思うと同時に、今日の制度改革問題を職員問題のところにまず手がかりを求めて取り上げていただいたのは、非常に卓見であったと思います。……名称独占で始まったけれども、これは実質的に専門職制度といいうるものになっている。……国の法律で枠組みを設定して、それが教育と結びついて、日本は専門性が確立するところにいたった。二十一世紀の何年かには夢ではなく、現実でいえるようなところ

までいってほしい……それにつながる展望は今後、努力によって十分開けてくると思います」

これより社会福祉士及び介護福祉士法は、人材確保の基本指針と連動してわが国の社会福祉専門職の要の役割を果たすことになります。仲村の悲願は、今日でも社会福祉関係者が共有しているものと言えます。

第6節
第四段階平成福祉改革の展開

今日の福祉制度は、出発点となったのが戦後第一段階の福祉3法体制であり、在宅福祉サービスが制度化されるのは1990（平成2）年の福祉関係8法改正で、福祉サービスの利用方式の措置制度から保育所方式・介護保険方式への分化をもたらしたのは1997（平成9）年の児童福祉法改正及び介護保険法の制定でした。さらに、これらを引き取りながら半世紀以上にわたる社会福祉の旧い基礎構造を見直して福祉サービスの基本理念の明確化や地域福祉の推進体制が図られたのは、2000（平成12）年の社会福祉基礎構造改革における社会福祉事業法改正です。それゆえ、現在の社会福祉制度の仕組み、すなわち福祉レジーム（regime）の要諦は、いったい、どのような脈絡のなかで構築されたのかを把握しておくことは、いま私たちが活動しているフィールドを支えている制度を正確に理解し、今後のあるべき日本の社会福祉を展望していくうえできわめて重要な作業となります。レジームとは、体制や制度という意味で、京極髙宣は社会福祉の基本構造を福祉レジームとし、日本の形成過程を分析して、戦後の今日に至る福祉レジームは基本的には変化をしていないとみています（京極髙宣『福祉レジームの転換―社会福祉改革試論』中央法規出版、2013年）。

以下では、このような視点で現在の社会福祉制度に大きな影響を与えたものとして、平成年代の福祉関係8法改正、介護保険法にみられる福祉サービスの利用方式の変化及び社会福祉基礎構造改革をとりあげ、現在の社会福祉制度が形成された背景と論点を整理しておきます。

（1）福祉関係8法改正の経緯と論点

おさらいになりますが、戦後日本の社会福祉は第一段階福祉3法体制を起点にして、第二段階の高度経済成長を背景にした福祉6法体制へと発展をみせ、1970年代の中盤以降から第三段階に移行してきました。この第三段階社会福祉への移行の指標となるもののひとつは、1973（昭和48）年の田中内閣による老人医療費の無料化でしたが、同年の石油危機勃発を契機に日本経済は失速して不況を迎えるようになりました。これらの過程については、繰り返しになりますが、前節で詳細にふれているので参照するとして、第三段階のキーワードはそれまでの右肩上がりの成長とは異なる「福祉見直し」であり、財政関係者による歳出抑制と社会福祉関係者の戦後福祉レジームの見直しというふたつの見地が交差することとなります。

とくに、後者については、1988（昭和63）年の「長寿・福祉社会を実現するための施策の基本的な考え方と目標について」（いわゆる福祉ビジョン）を受けた1989（平成元）年の厚生省・福祉関係三審議会合同企画分科会意見具申のなかで、今後の施策のあり方をめぐる議論が取りまとめられ、ノーマライゼーション、サービスの普遍化、施策の一元化・体系化、計画化、市町村の役割重視、サービス供給の多元化などの視点が登場してきます。さらに、同年12月には、消費税を財源にした「高齢者保健福祉推進十か年戦略」（ゴールドプラン）が策定され、これらの新しい視点を反映させ、ゴールドプランの法制的基盤づくりのために実施されたのが老人福祉法等の一部改正、すなわち福祉関係8法改正です。福祉関係8法といえば、社会福祉関連法が一律に改正されたものと誤解されがちですが、その中心になったのは高齢者保健福祉サービスに関する老人福祉法、老人保健法であり、これに社会福祉事業法（現在の社会福祉法）などの関連する8つの法改正をもって福祉関係8法改正としているところに留意しておきます。

改正のポイントをみると、今日の社会福祉制度のいくつかの重要な骨格が福祉関係8法改正で形成されていることがわかります。福祉関係8法改正の概要を再確認しましょう。

法改正の目的は、ゴールドプランで整備目標とされる高齢者保健福祉サービスを、住民のもっとも身近な市町村で在宅福祉サービスと施設福祉サービスを一元的かつ計画的に提供する推進体制をつくり、同時に身体障害者福祉、知的障害者福祉の領域でも在宅サービスを明確化して市町村の役割を重視するところにありました。

このため、法改正の主要な事項は、①在宅福祉サービスの推進、②在宅福祉サービス及び施設福祉サービスの市町村への一元化、③市町村及び都道府県老人保健福祉計画の策定、④障害者関係施設の範囲の拡大、⑤有料老人ホーム及び高齢者の健康増進、社会参加となっています。

このうち、今日の介護保険サービスで不可欠となっている在宅サービスは、歴史的には1970年代後半にいくつかの社会福祉協議会で試行的に実施されてきたホームヘルプサービス、デイサービスを福祉関係8法改正で在宅福祉サービスとして整理し、ショートステイを加えていわゆる在宅三本柱としたものです。

また、それまで特別養護老人ホームなどの社会福祉施設への入所措置は、長く国が地方を指揮監督する機関委任事務で処理されていましたが、1986（昭和61）年には整理合理化法（地方公共団体の執行機関が国の機関として行う事務の整理及び合理化に関する法律）で社会福祉施設への入所事務などを地方公共団体に委任することになりました。国から、都道府県、そして住民の身近な市町村へと社会福祉行政の主体が移行し、市町村によるサービスの一元化が図られて今日に至ることとなったのです。社会福祉におけるこういった制度改革は、やがて1999（平成11）年の地方自治法の大改正によ

る地方分権一括法制定で機関委任事務を廃止し、地方の事務の法定受託事務と自治事務への再編成に向かうことになるのです。

　同様に、老人保健福祉計画も、定められた手順で提供すべきサービス目標量を設定し、それに必要な施設整備を計り、実施のための行程表を作成するという計画的な手法を、プロトタイプ（prototype）として社会福祉行政に導入した点で画期的なものとなります。プロトタイプとは、原型といった意味で、老人福祉法は、老人保健福祉計画策定に関して市町村による現状分析、必要なサービス量の見込み、サービス基盤整備、計画期間と見直しの規定などをガイドラインとして示すことになります。サービス提供を中心にした市町村計画が主体となり、さらに都道府県計画に支援機能を位置づけるという老人保健福祉計画の二層の考え方は、その後の、障害者基本法による障害者基本計画、障害者総合支援法の障害福祉計画、次世代育成支援計画、そして地域福祉計画に継承されていくのです。

　老人保健福祉計画はまた、今日では介護保険事業計画の中核となるサービス供給計画の役割を果たしています。老人保健福祉計画は、従来の事後的で保護施策の色彩が強かった社会福祉行政の転換をもたらした重要な要素と評価されなければなりません。

　このようにみると、福祉8法改正は今日の社会福祉制度に至る平成年代の入り口で最初に大きな影響を与えた制度改革となったのです。とはいえ、福祉関係8法改正は膨大なゴールドプラン実施の法制的基盤整備としての性格をもちながらも、他方では当時のイギリスのコミュニティケア改革にみられるような個人の尊厳を基にしたサービス利用者像や、新たな地域福祉の推進という視点は十分ではありませんでした。イギリスのコミュニティケア改革では、利用者個人の尊厳を前提にサービスの選択権、サービス提供の意思決定権が重視されるとともに、サービス提供にあたる専門職には、従来の保護主義的対応から利用者の利益の保護、代弁、専門職間の連携といった役割が求められ、これらの課題は次の社会福祉基礎構造改革に引き継がれることになるのです。

（2）平成福祉改革の論点はなにか

　平成年代に入って少子・高齢化、家族の形態の変化、低経済成長への移行が顕著になります。納税者意識も高まり、限られた、特定の、低所得の人びとへの社会福祉から、自分の老後を支える社会福祉へと、人びとはより身近な存在として社会福祉を考えるようになり、福祉需要の増大を背景にして国民全体の生活の安定を図る社会福祉制度への期待が高まっていきます。

　これに対して、社会福祉行政の基本的な枠組みは、第二次世界大戦直後に制定された生活保護法を出発点にした生活困窮者対策を前提にしたものであり、施策は福祉3法、福祉6法へと発展しながらも、半世紀以上にわたって根本的な見直しは行われていませんでした。このため、旧い社会福祉の基礎構造のままでは、平成年代に活発化してきた新しい社会福

祉の動きや増大・多様化する福祉需要に対応していくことは困難となり、新しい社会福祉の動きを説明ができない、支えることができないことが明らかとなります。このままでは、場合によっては今後の社会福祉の展開のさまたげにならないともかぎりません。とりわけ1997（平成9）年の児童福祉法改正、介護保険法制定により、従来の福祉3法体制のなかで形成され、長く福祉サービスの利用方式の主流であった生活保護方式、措置制度方式に、さらに保育所方式、介護保険方式という新しいサービスの利用方式が加わるようになります。サービス利用方式の新たな分化が始まったのです。

1998（平成10）年の『月刊福祉』3月号（第81巻3号）は「特集介護保険法成立後に見えるもの」を組み、「介護保険制度導入後の高齢者福祉像を語る」として編集委員長で読売新聞編集局次長の小谷直道（1941〜2006年）が厚生省老人保健福祉局長の羽毛田信吾にインタビューを行います。

> **小谷**　「介護保険の導入によって、今後の高齢者福祉はどう変化していくとお考えでしょうか。」
>
> **羽毛田**　「従来の福祉の世界における高齢者像は、やはり『弱い方々』『庇護される方々』でした。これを今日までずっと引きずってきたのが『措置』という制度であったろうと思います。ところが今回、保険制度になった意味は、国民誰もが受けるリスクとして介護問題をとらえるとともに、高齢者ご自身を一方的に庇護する対象としてとらえるのではなく、自ら制度の担い手としても参加していただくということです。つまり『自立した高齢者像』というものを前提に制度を組み立てました。そして、これは介護問題のみならず、今後の高齢者福祉や社会保障全体の方向を考えるうえで重要な一歩を踏み出したものと言えるでしょう。
>
> 　そして、それは同時に、自ら主体的にサービスを選択できなければなりませんし、利用者本位の制度でなければなりません。また、介護が必要な状態になるとすぐに一般生活から切り離されてしまうのではなく、希望する限りできるだけ地域や家庭で暮らせる体制づくりが必要です。
>
> 　それらが今後の社会保障の方向であり、今回の制度導入の理念でもありますので、それが活かされるように制度の具体化を図っていきたいと思います。」
>
> **小谷**　「確かに、戦後の生活困窮者を救済する意味では、措置制度が大きな役割を果たしてきました。しかし、今のお話のように国民のニーズが多様化し普遍化し、国民が幅広いサービスを受けるようになると、措置制度ではさまざまな問題が出てきました。その意味で、私も制度の保険化には基本的には賛成です。」

介護保険法は、1994（平成6）年の厚生省におかれた高齢者介護・自立支援システム研究会報告を起点に、老人保健福祉審議会の3年間にわたる議論の末

にとりまとめられたものです。当初は一般財源で高齢者介護をすすめるべき、なぜ社会保険なのか、家族介護にも給付をといった議論の紆余曲折がありましたが、最終的には高齢者介護を社会的にすすめ、社会連帯で支えるという方向が選択されます。措置制度は、終戦直後に行政庁が限られた社会資源を優先順位をつけて配分する合理的な仕組みでしたが、成熟した社会のサービス利用方法にはなじまないことが指摘されるようになりました。羽毛田の「利用者本位の制度」「希望する限りできるだけ地域や家庭で暮らせる体制づくり」という課題は、次の社会福祉基礎構造改革の作業のなかに継続していくことになります。

(3) 社会福祉基礎構造改革と社会福祉事業法改正

社会福祉基礎構造を規定した社会福祉事業法は、現行のままでは新しい福祉サービスの利用方式である保育所方式、介護保険方式を説明して支える基礎構造をもっていません。このため、サービスの基本理念、地域福祉、サービスの利用契約、情報公開、利用援助事業、サービスの質などを取り込んで、分化した福祉サービスの利用方式に適合的な基礎構造を創出することが必要となります。すなわち社会福祉基礎構造の抜本的な改革です。

この作業は1997（平成9）年暮れに厚生省の中央社会福祉審議会の社会福祉基礎構造分科会で着手され、改革の基本的方向として7項目が取りまとめられます。すなわち、①サービスの利用者と提供者の対等な関係の確立、②個人の多様な需要への地域での総合的な支援、③幅広い需要に応えられる多様な主体の参入促進、④信頼と納得が得られるサービスの質と透明性の確保、⑤情報公開などによる事業運営の透明性の確保、⑥増大する費用の公平かつ公正な負担、⑦住民の積極的な参加による福祉の文化の創造であり、これらは、2000（平成12）年の社会福祉事業法改正で現行の社会福祉法に溶けこんでいくことになります。

2000（平成12）年に介護保険法は準備期間をへて全面施行されます。並行しながら中央社会福祉審議会分科会で社会福祉基礎構造改革の作業も進み、同年に半世紀ぶりに社会福祉事業法は大改正され、社会福祉法と改称されます。同年の『月刊福祉』9月号（第83巻9号）は「特集　誕生！社会福祉法　近未来の福祉システムを描く」を組みます。インタビュアーの**武居敏**（たけいさとし）は基礎構造改革を主導した厚生省社会・援護局長の**炭谷茂**（すみたにしげる）と熱く語ります。

> **炭谷**　「今回の社会福祉事業法の改正は、20世紀型の福祉を、21世紀に向かうための新しい福祉のニーズに対応できるようなシステムにしなければいけないという視点から始めました。今回の改革は平成元年に始めた福祉8法の改正に次ぐ大きな社会福祉の改革であったと思います。」
>
> **武居**　「福祉8法など今までの改正は、木にたとえると枝の部分を変えるといった内容でしたが、今回の改正は

どちらかといえば樹形を変える話ではないかと考えています。福祉8法の改正よりはもっと根本からのものという感じがするのですが、そのように理解してよろしいのでしょうか。」

炭谷「今回の改革について、歴史的なスパンとしてとらえるならば、日本の近代的な社会福祉事業は1918（大正7）年の米騒動から始まったのだろうと思います。あの時代を経て昭和13年に社会事業法ができ、そして昭和26年に社会福祉事業法が成立した。その一連の流れにおいて、今日までに形成されてきた社会福祉の構造を変えなければいけないところに来たのだろうと思います……」

武居「そのような改革が求められた背景にはいくつかあるわけですね。」

炭谷「この度の改正の内容で一番大きな要素は福祉の哲学ではないかと思います。日本人が長い間もってきた福祉の哲学は、上から下への与えられる福祉だったのではないでしょうか。もっと悪い言葉でいえば福祉は"施し"という考えが日本人の間にずっとありました。しかし今日の新しい福祉の哲学は、福祉サービスは与えられるものではなくて、その需給にあたっては利用者と事業者、すなわちサービスを提供する人とされる人が対等な関係にならなければいけないということです。……」

武居「そのような背景のなかで、社会福祉法という名称に改められたのも、福祉哲学の転換と理解してよろしいのでしょうか。」

炭谷「社会福祉事業法はまさに事業者について定めている法律でした。しかしこれからの社会福祉のあり方のなかでは事業者同様、利用者に対してもきちんと視点を置くべきです。両者が対等な立場で福祉が展開されることが求められます。そしてまた、そこには地域福祉も重要な視点になります。つまり事業者と利用者、それから地域という3つのものを法律の中に規定するために、社会福祉事業法という枠では狭すぎますので、今回社会福祉法という名前に変えたのです。

　それと共に、今回の改革のなかで重要なのは、社会福祉の基本理念を明確にうたい上げたことだと思います。もちろん、これまでの法律にも社会福祉の基本理念はあったのですが、ただ今日の時点においてより明確に基本理念というものを意識したということ、そしてその基本理念に基づいて、さまざまな法律上の施策をまとめ上げたといえるでしょう。

　その基本理念とは個人の尊厳、自立、そして利用者が事業者と対等な立場になってサービスの選択をすること、この3つだろうと思います。」

　炭谷は、コミュニティケア改革などイギリス社会福祉の動きを丹念に分析して、そのスケッチをわが国の社会福祉のありように重ねてきました。炭谷の卓抜した知見がなければ、社会福祉基礎構造

改革は断行されなかったとも考えられるのです。

その後の今日に至る社会福祉をめぐる情勢は急速に変化していきます。平成不況を脱するための財政出動による財政赤字は膨大なものとなり、社会保障制度の持続可能性を脅かしています。年功序列、終身雇用という戦後日本の社会保障が前提にしていた日本的経営システムは変容し、非正規雇用が増大しています。人と人とのつながりが複雑になる半面で、援助関係は希薄になり、心身の障害や不安などの問題を抱え、摩擦を起こしたり排除されたりする人びとが増大しています。働き方が多様化し、家族や地域の変貌のなかで既存の社会福祉制度では対応できない新たな生活問題の形成が指摘されています。子どもの貧困、孤立化する高齢者、とじこもりやひきこもりなど、制度の狭間にあって支援の手が届かない人びとの存在は深刻です。

半世紀以上にわたって形成されてきた社会保障制度、分野別の福祉6法といった既存のセーフティネットでは対応できない事態が生まれているのです。とくに社会福祉の制度は、これらを十分捉えることができなかったといえます。

これを生活保護の指標でみると2011（平成23）年には受給者数が約207万人となり、制度創設以来の記録を更新、2013（平成25）年には216万人と過去最高を記録しました。非正規雇用や低賃金労働、無年金・低年金高齢者が増え、「貧困・低所得者層のなかには多様な生活課題を抱えた人たち、具体的には、地域のなかでネットワークをもたない孤立した失業者・高齢者・障害者・ひとり親世帯や貧困の世代間継承（再生産）の問題、DV（ドメスティック・バイオレンス）など多様な生活課題を抱えた人たちの問題が表面化」しています。

このため2012（平成24）年には子どもの貧困対策法が制定されるとともに、社会保障と税の一体改革のなかで生活支援戦略が策定され、生活困窮者自立支援法・生活保護法改正が図られています。とくに、生活困窮者自立支援法は、生活保護受給の一歩手前の人びとへの支援を図るもので、社会福祉関係者にとってはまさに正念場を迎えているといえるのです。

第7節
これからの社会福祉の展開と社会福祉法人

既存のセーフティネット、社会福祉の制度が新たな福祉課題に十分に対応できないなかで、期待されるのは地域におけるさまざまな福祉活動の展開です。とくに、その核として期待されるのが社会福祉法人です。

社会福祉法人は、措置制度や介護保険などを通じて制度の中心の福祉活動を担ってきました。いま、新たなセーフティネット構築を展望していくうえで大切なことは、制度の大幅な改革であり、そのためには住民参加を得て制度外の福祉活動を育てることが必要になっています。制度全体の自己改革を図るためには、制度に縛られない自由な福祉活動が不可欠であり、社会福祉法人は地域における公

益的な取り組み、無料低額事業などを通じて自由な福祉活動を創造することができるのです。

第 3 章

社会福祉事業の精神
― 48 人の実践より

　これまでみてきたように、日本の社会福祉には古代から多くの人びとがかかわってきました。社会福祉の法制度が不備な段階では、各地で慈善事業家が登場して、制度をつくる推進役となり、制度が徐々に形成されてからは制度の不備を補完して、新しい制度を構築する役割をはたしてきました。ここでは明治から今日までの社会福祉の転換点に立ち会った 48 人の人物(※)に焦点をあて、その人はなぜ、どんな契機で社会福祉の道に入ったのか。その時代の法制度にどのような影響をあたえて現在に至っているのかをみていきます。

(※) 全国社会福祉協議会が発行する「月刊福祉」における連載、『月刊福祉』が伝えてきたもの」(平成 21 年 6 月号〜平成 22 年 4 月号)、「礎を築いた人」(平成 22 年 5 月号〜平成 26 年 4 月号) で掲載した内容です。

瓜生イワ

妾が帝國の一部分の福島県で従事した救育の事業は
固より浩海の一滴でしかありません

　福島県の会津地方の人々には誇るべき郷土の偉人が2人いる。ひとりは世界的な医学者の野口英世。もうひとりはわが国の児童福祉・救護事業の先駆けとなった瓜生イワである。江戸時代から東北の農村では貧しさゆえの棄児・堕胎が横行し、見かねた瓜生は喜多方市で養育授産事業を開始。1891（明治24）年には帝国議会に「婦女慈善記章の制を設けられたく請願」する。瓜生の地を這うような活動は、やがて東京養育院から幼童世話係長として招聘を受けるなど、明治期の救済事業に影響を与えていく。瓜生の精神と事業は、1世紀を超えて社会福祉法人福島愛育園に継承されている。

　瓜生イワは江戸から明治への激動期に社会公益事業を立ち上げた女性である。

　幼少の頃に喜多方市の示現寺で仏教にふれ、13歳で叔母の夫である会津藩御番医・山内春瀧に師事して看護を学ぶ。薩長軍による新政府軍は1868（明治元）年6月に奥羽越列藩同盟の柱である会津藩に進撃、瓜生は凄惨な会津戦争のなかで傷病者の援護にあたる。戦火で若松城下は灰塵に帰し、逆賊とされた死体は放置されるなど新政府軍はその後も弾圧を徹底する。

　瓜生は翌1869（明治2）年9月に周囲の反対を押し切り、神官や僧侶の協力をとりつけて会津戦争の犠牲者を悼む大施餓鬼会を開く。2000人が集まり、供物を遺族に分け、餅をついて貧民に施したという。人々の憾み、悲しみ、不安、恐怖を供養でやわらげようとする瓜生の考えは、その後の事業を貫くヒューマニズムへと昇華していく。

　瓜生は農民の棄児・堕胎の原因は飢え・寒さにあり、農民は忍びないが情を抑圧して不善を行うのであり、棄児・堕胎は憎むべきであるが、実に憐憫に堪えないものとする。このため、まずは棄児・堕胎の弊風を一洗することが必要であり、婦女に慈仁の情を喚起し、質素の風習の涵養をめざして養育院を設立する。1893（明治26）年6月福島鳳鳴会の創設、今日の社会福祉法人福島愛育園の誕生である。

　瓜生は養育院の資金は公金のみならず、婦女慈善記章制度をつくり、寄付金の多寡に応じて政府がその徳操を表彰するべきと帝国議会に請願。こうした制度ができれば、「天下の婦女は粉飾華奢の資を転じて慈善の道に供し、互いに競誇すること確か」とする。ユニークな発想である。瓜生はたびたびの上京のついで

年	年齢	事項
1829年		福島県旧熱塩加納村(現・喜多方市)に生まれる。実家は油商を営む
1842年	13歳	叔父の会津藩御番医・山内春瓏のもとへ見習いに
1845年	16歳	佐瀬茂助と結婚、呉服屋を開く。佐助は1862(文久2)年に死去
1868年	39歳	会津戦争で傷病兵の手当てに尽くす。翌年9月に犠牲者を追悼する大施餓鬼会を開く
1872年	43歳	上京して大塚十右衛門の救養所に学びに行く
1873年	44歳	岩月村長福寺に養育所を開き孤児・孤老を保護する
1880年	51歳	堕胎防止のための授戒会。以後計6回開く
1886年	57歳	福島に移り、養育所を開く。後に福島県令により表彰
1888年	59歳	会津磐梯山爆発。救護活動に従事する
1891年	62歳	女性として初めて国会に請願。喜多方産婆研究所設立。東京養育院の幼童世話係長となる
1892年	63歳	会津で育児会、済世病院の開設に努力する。濃尾地震で救援活動
1893年	64歳	瓜生の主唱で福島鳳鳴会を設立、事務所を喜多方市大町丈岸寺におき孤児・棄児の養育を開始
1894年	65歳	東京下谷根岸に移り、芋飴かす、豆腐かすの利用普及活動。後藤新平と出会い、無料診療所の全国設置を企画
1896年	67歳	三陸地方で起きた津波の救援活動。藍綬褒章を受ける
1897年	68歳	福島で過労のため病臥して死去
1913年		福島鳳鳴会が財団法人として認可される
1946年		生活保護法の保護施設として認可。福島愛育園と改称
1948年		児童福祉法の養護施設として認可。定員60名
1952年		社会福祉法人に組織変更が認可される
1962年		福島市つつじが森に園舎を新築移転、定員90名
1993年		創立百周年記念式典。園祖・瓜生岩子銅像を建立
1996年		新園舎完成
2004年		自立促進を図るための小規模グループケアを開始。家族の再統合、家族養育機能の再生をめざした「うめもどき」を開設
2005年		地域小規模児童養護施設「わたりの家」開設
2007年		地域小規模児童養護施設「小倉寺の家」開設。同年10月に森合に移転して「森合の家」を開始

に干物を買い、帰り道で売り歩く。授産も必要として芋飴かすは食パンに、豆腐かすは味噌の材料にするなどの発明も。才気煥発な姿が浮かぶ。

吉岡棟憲は、曹洞宗福島県宗務所長で円通寺の住職。2004(平成16)年より社会福祉法人福島愛育園の第6代理事長を務める。瓜生の事業に共鳴し、支える地域の人々は各界各層に広がり、なかでも寺院・僧侶の役割は貴重である。瓜生は棄児・堕胎を防止する一策として禅門の授戒会修行に着目。不殺生戒を説いてもらい、棄児・堕胎の不道徳性を認識させる。宗門をはじめとする瓜生への厚い支援は今日の社会福祉法人福島愛育園に引き継がれている。福祉文化の形成である。

吉岡は、瓜生が残した法人の理念は「仁慈隠惕」とする。

「人には皆、他人の不幸を平気で見ているには、耐えられない心があるという意味」。18世紀のスコットランドの経済学者であるアダム・スミスの『道徳感情論』の同感の論理にも共通する考え方である。

職員研修では瓜生の足跡をたどる。複雑化する子どもをめぐる状況のなかで「変化に対応して、そこに創始者の意思をどのように反映するかが課題」と吉岡。

福島愛育園は敷地7万㎡、キャンプ場3万3000㎡と広大な自然のなかにある。大地のなかで子どもたちを養育するためである。が、建物から眺める東の連山の先には炉心が溶融した東京電力・福島第一原発がある。周辺の除染に追われ、立ち入り制限の日々が続く。

子どもたちが大好きな園歌「花と緑と太陽が 輝きわたる 山の上」は、果たしていつ戻ってくるのだろうか。

《参考文献》
中野東禅『瓜生岩子刀自とその功績』(講演資料) 1996年

赤澤鍾美

徳は孤ならず、必ず隣有り

日本の常設託児事業（現保育所）の起源とされる静修学校は1890（明治23）年に新潟市に設立された。静修学校の創設者は赤澤鍾美（あかざわあつとみ）。今日、静修学校は120年を超える星霜（せいそう）のなかで、社会福祉法人守孤扶独幼稚児保護会（しゅこふどく）赤沢保育園に引き継がれている。赤澤鍾美とは、果たしてどんな人物だったのか。なぜ静修学校が生まれたのか。背景となる時代状況とその思想には興味が尽きない。

赤澤鍾美が生まれた1864（元治元（げんじ））年は、列強四国の艦隊と長州藩との間で下関戦争が勃発するなど、明治維新へと向かう渦中にある。やがて誕生した新政府は近代化をめざし、人づくり策では小学校の義務教育が始まる。

1878（明治11）年に鍾美は13歳で新潟町（現在の新潟市）の小学校の教員となる。朱子学を修める家庭に育った鍾美は学識に恵まれ、漢学を深め、教職の道を歩む。鍾美は小学校勤務の傍ら自宅に学校に通えぬ子どもを集め、夜学の私塾・修身学舎を開く。後の静修学校の出発である。

赤澤美治（よしはる）は鍾美の孫。上京し、大学を卒業して大手電機メーカーの工場で生産管理に携わる。ものづくりの場を退職して帰省、保育の現場に。1990（平成2）年より第5代赤沢保育園園長。

美治は、就任早々新潟市の学校史を調査して、鍾美の生きた時代と仕事を検証する。なぜ鍾美は静修学校に固執したのか。そこには意外な事実がある。

「鍾美は、実は検定教員、代用教員だったのです。検定教員とは、義務教育開始に間に合わせるために一定の要件を満たした者を小学校教育の教員とするもので、その後師範学校ができて教員が養成されると、鍾美たち検定教員はたちまちリストラの対象にされたのです」。当時の資料では「検定教員は非正規雇用となり、給与はどんどん削られ、最後は正規雇用の20分の1まで下がってしまう。これはあからさまに教員を辞めろということです」。そこで、「鍾美は困難のなかで希望を捨てずに、静修学校に未来を託したのではないか」と美治。

「調べてみると1886（明治19）年の新潟町の7～8歳児の小学校就学率は19％。働いたり、家庭の事情で小学校に行けない子どものほうが圧倒的。鍾美は、港町新潟の中心部で、義務教育から

年	年齢	出来事
1864年		父・定次郎の長男として、赤澤庄吉（後に鍾美と改名）が新潟町（現・新潟市）に生まれる
1878年	13歳	公立四番堀小学校の教師に就任
1890年	25歳	新潟市東厩島2番地（現・新潟市中央区東厩島）に学習塾・修身学舎を創設（なお塾は在職中からすでに開設）。隣接の住吉町から出火、270戸を焼失する大火となり修身学舎も被災
		修身学舎を新潟静修学校と改める
1891年	26歳	教え子や友人たちの助力で修身学舎を礎町に再興、同時に幼児保育を家族の協力で始める
1893年	28歳	庄吉を鍾美に戸籍改名。新潟簿記学校を吸収合併、静修学校の教科・教師陣を充実・増強
	29歳	小学校を退職
1903年	38歳	東湊町通り（現在地より約50ｍ西寄り）に新築移転。費用は教え子や卒業生の寄付・募金でいっさいをまかなう
1908年		守孤扶獨幼稚児保護會の名称を制定、塾とともに幼児保育に本格的に取り組む決意を表明
1919年	54歳	町内より出火、大火となり被災、全焼。休業中の縫製工場を借りて保育および学校業務を移転・継続する
1920年	55歳	卒業生、篤志家の協力を得て、現在地に新校舎が完成
1922年		宮内省より御下賜金、以後昭和20年まで毎年下賜金を賜る
1926年		恩賜財団慶福会総裁・閑院宮載仁親王殿下より社会事業功労者表彰を受ける
1928年		私学教育者として勝田主計文部大臣より教育功労者表彰を受ける
1930年	65歳	鍾美夫妻、宮中観桜会の招待を受ける
1937年	72歳	永眠
1945年		第二次世界大戦・太平洋戦争が終わる。この頃園児数は数名までに減少
1948年		児童福祉法制定を受けて保育所認可を受ける
1956年		社会福祉法人守孤扶独幼稚児保護会の設立認可を受ける

置き去りにされている子どもたちの学びこそが重要と考え、その受け皿をつくったのでしょう」。静修学校は今日のフリースクールの原型ともいえるだろう。

　保育所をつくったことにもわけがある。「鍾美は、奉公先で子守をしている子どもが静修学校で勉学に専念できるようにと考える。生徒が連れてくる幼児、弟や妹を別室に集めて妻が面倒をみる」。生徒の学習のためにと始めた事業は、保育所へと派生し、1908（明治41）年には守孤扶独を掲げた幼稚児保護会の創設となる。わが国で最初の常設託児事業（現保育所）は、実は子どもの学習保障のために誕生したのである。

　美治は続ける。「守孤の孤は保育に欠けるという意味。独は独者、母子・父子家庭の親のこと。これらの人々を支援し、その幼稚児の保護を目的とするということです」。鍾美が明治期にたどり着いた目標は、複雑化する今日の子ども家庭状況のなかで、普遍的な理念として赤沢保育園が受け継ぐ。

　静修学校の歴史では、たびたび火災や経営の困難に遭遇する。が、そのつど教え子や地域の人々の寄付金で施設は再建される。鍾美の座右の銘は、孔子の「徳は孤ならず、必ず隣有り」。徳のある人は孤立することなく、必ず共鳴する者が現れるという意味。「鍾美の人格を語るにもっともふさわしい言葉ではないか」と美治は話す。翻って、鍾美にとって「徳は孤ならず」は、自分は隣人や地域社会のなかで、いかに生きるのか、何ができるのか、という問いかけだったのではなかろうか。

《参考文献》
守孤扶独幼稚児保護会赤沢保育園『あかざわ創立110周年記念誌』2000年

佐々木五三郎

貧童孤児ノ路傍ニ徘徊シテ食ヲ求ムルモノ漸ク多ク其ノ苦窮ノ状心アル者ヲシテ涙ヲ流サシム…不肖五三郎ハ奮然身ヲ以テ此等貧童孤児ノ救育ニ尽力セント決心

1902（明治35）年に青森県では冷害のため飢饉が発生。弘前には貧困孤児が現れるものの、救済機関もなく、子どもたちは路上に放置される。この惨状を目撃した薬種商・佐々木五三郎は、私財を差し出して東北育児院を創設する。が、すぐに子どもたちの食費に事欠き、早朝から雪のなかを行商しながら糊口をしのぐ。苦心のすえに1914（大正3）年、五三郎は弘前市内に映画館・慈善館を開き、経営の安定を図る。世の人々は、慈善館を通じて五三郎の型破りな人柄と社会事業にふれ、情けの滴は時代を超えて今日の社会福祉法人弘前愛成園へと引き継がれていく。

佐々木五三郎は、弘前の人々に「孤児院のオドサ、でっただ下駄コはいで、鈴もってガランガラン」と呼ばれた男である。「オドサ」とは津軽弁で包容力のある父親の愛称、「でっただ」は大きいという意味。人々は、子どもの食費を得るために市中で行商する五三郎の姿を、からかいながら、しかし、親しみを込めてこう呼んでいる。

五三郎が社会事業に接近する契機には、いくつかの伏線がある。ひとつは、五三郎が生まれた直後に母親が亡くなり、父親も10歳の時にこの世を去る。親戚が引き継いだ家業も破産。若くして孤独と苦労を味わう。

もうひとつは、1900（明治33）年にわが国社会事業の先駆けとなる岡山孤児院・創設者の石井十次が、弘前を訪問。五三郎は、石井の孤児救済の話を聞き、自らの境遇を重ね合わせて、その訴えに強く共鳴したのだろう。1902（明治35）年の飢饉が、孤児救済の道へ向かうように五三郎の肩を押したのは、自然の成り行きといえる。

五三郎は、子どもを引き連れて行商する傍らで、人々に孤児救済の大義をつじ説法して寄付を募る。名士に奉加帳を回して広く資金を得るものの、増える子どもの食費には焼け石に水。困難の連続のなかで、やがて打開の転機となるのが映画興業である。たまたま東京からやってきた映画業者の機材が売りに出る。五三郎は直ちに大枚をはたいて手に入れる。

巡回映画を手はじめに、1914（大正3）年には苦心の末に常設映画館・慈善館を設置して孤児院運営の資金確保を図る。今日の社会的企業ともいえるビジネス手法は、当時では破天荒なものとなる。客

年	年齢	事項
1868年		佐々木新蔵の3男として弘前市富田町紙漉街に生まれる
1884年	15歳	東奥義塾(現・東奥義塾高校)を卒業
1893年	25歳	実家である佐々木家を再興し、薬種商・佐々木商店(赤ごし)の店主となる
1900年	32歳	岡山孤児院の石井十次が弘前市で講演
1902年	34歳	弘前市本町の自宅に東北育児院を創設
1905年	36歳	収容児童数21名、篤志家の資金援助を得て東北育児院を新寺町に移転
1907年	39歳	内務省感化救済事業講習会に青森県代表として参加
1908年	40歳	巡回映画興行を開始
1909年	41歳	病弱児童のため大鰐町蔵館温泉場に児童保養施設を創設
1911年	43歳	内務大臣より奨励金200円下賜、宮内省より御下賜金賜る
1913年	45歳	この年冷害により東北地方で大凶作
1914年	46歳	経済的基盤を確立するため青森県で2番目の常設映画館・慈善館を弘前市山道町に開設
1916年	48歳	幼年舎および食堂・炊事場3棟を新築
1918年	50歳	蔵館児童保養所を大鰐町に移転して保養館と改称、児童保養所兼映画興行場とする
1921年	53歳	弘前市新寺町に弘前幼稚保善園創設、児童約40名
1927年	59歳	黒石町(現・黒石市)に映画興行館・黒石館を開設
1928年	60歳	御大礼に際し内務大臣より銀杯を授与される
1929年	61歳	鰐蔵幼稚保善園(託児所)を創設
		黒石町に黒石幼稚保善園を創設
1931年	63歳	名称を弘前愛成園と改称
1932年	64歳	弘前養老救護院を弘前市新寺町に創設
1936年	68歳	秩父宮同妃殿下御視察
1945年	76歳	永眠

の出入りが増え、五三郎を奇異な人物とみていた人々も、いつのまにか「慈善館のオドサ」と呼び直し、五三郎の社会事業を支えていく。これが社会福祉法人弘前愛成園を弘前市民が支えるという今日の地域密着の原点となる。

三浦昭子は、1995(平成7)年に社会福祉法人弘前愛成園の第5代理事長に就任。五三郎の孫。終戦直後に中国から引き揚げ、施設で孤児と寝食をともにして育つ。なぜ五三郎は、こうしてまで、がむしゃらに社会事業に取り組んだのか。「その背景には津軽藩の医者などを輩出した佐々木家の社会公益事業のDNA、そしてじょっぱり精神があるのでは」と三浦。「じょっぱりとは、津軽弁で頑固でひたむきに初心を貫くこと。明治の思想家・陸羯南も親戚で、五三郎の生き方に影響を与えたと考えられる」

「五三郎は、子どもたちにご飯を食べさせるために、次から次へと仕事を興す。慈善館では映画上映前に観客に演説をする。地を這いながら社会事業に取り組む姿には圧倒されます」。慈善館は戦後、映画産業の陰りのなかで閉館するが、愛成園は基盤強化のために新たに病院経営を連結するなど五三郎の手法を取り入れる。

五三郎の意志をどのように未来に伝えていくのか。三浦は話す。「大切なのは社会福祉法人らしい事業をすすめていくのが出発点であるということ。人々に、愛成園があってよかったといわれるような仕事をしなければならない」。当面は「児童養護施設、保育所を中心にした次世代育成に全力をあげるとともに、援助のネットからこぼれている人々への地域での支援が急務」と強調する。

《参考文献》
①三浦昌武他編『社会福祉法人弘前愛成園史』弘前愛成園、1967年
②『愛成 創立85周年記念史』弘前愛成園、1987年

岩田民次郎

経営者自ラ貧苦ヲ嘗メテ貧老者ニ同情シ百難ヲ忍ンデ経営ス

　100年ほどさかのぼる明治期に創設された老人ホームは、1895（明治28）年の東京・聖ヒルダ養老院（現在の社会福祉法人聖ヒルダ会）を先駆けに、1899（明治32）年神戸・友愛養老院（現在の社会福祉法人神戸老人ホーム）、1901（明治34）年名古屋・空也養老院（後に廃止）と続き、1902（明治35）年に大阪養老院（現在の社会福祉法人聖徳会（しょうとくかい））が開設される。なかでも大阪養老院の始祖岩田民次郎（いわたたみじろう）は、自ら窮乏、難行苦行のなかで悟りを開き、わが国の社会事業に影響を与え、異彩を放つ。

　岩田民次郎は、老人福祉のために生涯をささげ、わが国の社会事業の源流を切り開いた人である。

　生まれた時には、すでに家は没落。貧しい少年時代を送り、小学校中退を余儀なくされて、酒の小売りなどの家業を手伝う。が、12歳で漢学の横山静雄（よこやましずお）が主宰する夜学の私塾に学び、その後横浜、東京、神戸、大阪の商店で働いて苦労のなかで社会の仕組みを知ることになる。

　小金をためて大阪で店を開き、さらに新天地・北海道で行商をするものの、破綻。再び24歳で大阪に戻り、屋台を引いてうどん屋を始め、内職で生計を立てる。

　民次郎は、信仰の人でもある。若い頃から忍苦のなかで人間の平等観、救済活動の価値を説いた聖徳太子を崇拝し、後に聖徳太子の遺徳を伝えようとする。商売が順調になった1902（明治35）年に、民次郎は人生の転機を迎える。

　大阪に内務省から留岡幸助（とめおかこうすけ）が訪れて講演。養老事業の重要性を訴え、「大阪に第二の大塩平八郎出でよ」と檄（げき）を飛ばす。大塩平八郎は、江戸時代に大阪の貧困者救済のために兵をあげた陽明学者。都市の底辺で身をもって老人の貧窮を知る民次郎は、留岡の言葉に深く感銘。直ちに私財をなげうって大阪養老院を開設する。その年の12月、民次郎33歳である。

　民次郎の活動の今日に通じるユニークなところは、『養老新報』の発行で事業の必要性を社会に伝えること。1903（明治36）年には大阪での全国慈善大会開催を組織し、1908（明治41）年の中央慈善協会（今日の全国社会福祉協議会）設立の原動力となる。

　経営の基本は、「仏教主義を以て扶養義務者のない不幸な貧困独身の老人を扶養」「本院は公費などの援助のない者を救う」（大阪養老院概則）。制度の谷間にあり、手の届かない人を対象とする。国

年	年齢	事項
1869年		岐阜市に生まれる。家業はすでに没落し、貧しい少年時代を送る。小学校を中退して、酒の小売りなどの家業を手伝う
1881年	12歳	漢学の横山静雄が主宰する私塾に学ぶ
1886年		横浜、東京、神戸、大阪の商店で店員、番頭として働く
1890年		大阪・心斎橋に雑貨店を開く。松浦絹と結婚
1891年	22歳	北海道に渡り札幌、小樽、増毛などで行商をするも、難行苦行を強いられる
1894年	24歳	大阪で屋台のうどん屋を始め、内職、紡績工場で生計を立てる
1902年	33歳	天王寺勝山通り東立寺内に大阪養老院を創設
1903年	33歳	『養老新報』発行
		大阪で全国慈善大会(第1回全国大会)を開催
		大阪府が大阪養老院を認可
1906年	37歳	東北地方の大飢饉のため170人を収容
1908年	39歳	財団法人聖徳会が認可される
		阿倍野斎場前に院舎完成、敷地2300坪
		渋沢栄一を会長に中央慈善協会設立
1911年	42歳	聖徳太子が自ら彫刻したとされる太子像を院に迎える
1913年	44歳	聖徳太子の遺徳を広めるため大阪聖徳会創設
1917年	48歳	聖徳礼拝堂完成。地域の人々が毎日500〜600人、多い時は2000人が参拝する
1924年		恩賜財団慶福会助成などによる新館を増設、慶福館と命名、内容充実し順調
1925年	56歳	養老院で第1回全国養老事業大会を開催
1926年		養老院内に「聖徳会診療部」を開く
1927年	58歳	収容老人の放火で施設全焼、年末に第二慶福館完成するも経営苦難時代に
1932年	63歳	救護法の救護施設として認可される
1936年	67歳	孫娘・岩田徳子を伴って日満社会事業大会に参加
1942年		中河内郡松原町(現・松原市)に分院完成、阿倍野本院から一部疎開を開始
1944年		本院から分院へ老人が続々と疎開。食糧難ひどく、80年の歴史のなかで死者最悪(97人)を記録
1946年	77歳	2代目院長に岩田克夫が就任、松原を本院とする
1947年	78歳	旧生活保護法による保護施設として認可される
1952年	83歳	財団法人を社会福祉法人聖徳会に改組
1953年	84歳	創立50周年記念祝賀会
1954年	85歳	永眠

の助成が皆無な時代に、資金繰りに窮しながらも、草の根の自主独往の精神を打ち出したことに、今日の社会福祉関係者は学ばなければならないだろう。

社会福祉法人聖徳会会長の岩田克夫は、民次郎の孫娘・徳子の婿。縁あって大阪の人に。1946(昭和21)年に連合国軍最高司令官総司令部(GHQ)は、関西の代表的な施設として大阪養老院の立ち入り検査を実施。一層の管理・運営の徹底を求めたことを契機に法人理事長・施設長となり、逆境のなかで、粉骨砕身して運営にあたる。

克夫は、1983(昭和58)年に全国老人福祉施設協議会会長に就任する。だが、時代は、高度経済成長が終わって第二次臨時行政調査会のもとで歳出抑制が基調となる。それまでの順当な社会福祉施設整備から一転して福祉見直し段階に入る。施設入所措置権の地方自治体への団体委任化をはじめ、在宅福祉サービスの試み、老人保健法制定による老人保健施設の誕生などは、改めて保健医療サービスとは異なる特別養護老人ホームの見直しを求めることになる。民次郎の仕事を継承して、半世紀を超える。今、克夫は社会福祉の原点をどのようにとらえるか。克夫は、「そこに困っている人がいる。そのことから目をそむけることはできない」と繰り返す。民次郎のDNAである。

いよいよ団塊世代がサービス利用者となる。これからの課題は何か。克夫は、増大する介護・福祉人材のなかで、「担い手の仕事の質の向上に尽きる」と強調する。聖徳会は、認知症高齢者への対応法、ネットワークづくりなどを開発する拠点をめざす。

《参考文献》
①大久保素公『太子に聴け』最高理性社、1936年
②『道ひとすじ 大阪老人ホーム100フォトグラフティ:創立100周年記念誌』社会福祉法人聖徳会、2000年

中村三徳

窮民の心をつかむには己もまた赤貧のなかに身をおいてこそ、救済の道が見える

　大阪は民生委員制度の前身となる方面委員制度発祥の地である。1918（大正7）年創設の同制度は、内務官僚の大阪府知事・林市蔵と感化事業の理論家である小河滋次郎が発案したもの。小河は窮民の救済を人民相互の情誼で対応する救貧法・恤救規則を批判、救済は国家の責任とする。これらの進取の官僚による施策に加え、釜ヶ崎などの窮民街が点在する大阪は数多くの社会事業家のフィールドとなる。そのなかに苦学を重ねて警察官となり救済活動に従事、さらに民間に転じて大阪毎日新聞慈善団を運営していく中村三徳がいる。中村がまいた種は社会福祉法人大阪自彊館、社会福祉法人八尾隣保館に結実し、今日の大阪の社会福祉の底力となっていく。

　中村三徳は備前岡山藩士の末裔である。明治維新で凋落する武士世帯では多くを望めない。勉学意欲が人一倍強い中村は京都で自活して上級学校で学ぼうとするが、貧窮のなかで断念。大阪の運送店で働きながら、やがて大阪府巡査に採用される。24歳の春である。

　中村は安治川水上署勤務を振り出しに、27歳で巡査部長に任じ鳳署地区改良融和専任警官となる。飲み水の確保や排泄物、塵芥の処理が十分でない簡易宿泊所、窮民の長屋が密集する所轄地区を回り、人々の生活が容易でないことを知る。

　当時、医制、上下水道、伝染病予防対策、検疫などの衛生行政は内務省が所管。その実施は郡区に設置された警察が担当し、衛生行政は第二次世界大戦が終わるまで警察による社会防衛策とされる。中村は31歳で文官試験に合格、警部に任じ曽根崎署に勤務し、翌年には警察部衛生課に勤務。産婆試験書記、薬品監視員、検疫委員となる。1908（明治41）年には関西大学法科専門部に入学するも、2年後には内務省警察訓練所入所のため退学。同訓練所を修了して37歳で警察部保安課長に就任。

　順当に出世する中村の転機は1911（明治44）年にやってくる。この年の夏、内務省調査団を釜ヶ崎と呼ばれる西成郡今宮村の一角に案内する。今日の西成区あいりん地区である。視察には大阪府の池上四郎警察部長、小河滋次郎も同行。道筋で一行が目にしたのは、おびただしい人々が木賃宿の狭い部屋に押し込まれ、暑さのなかで便所の糞便があふれている光景である。垢と脂が混じる木賃宿の部屋の匂いの記憶が消えぬうちに、池

年	年齢	事項
1873年		岡山市に生まれる
1874年	1歳	わが国最初の救貧法である恤救規則が布告される
1886年	12歳	岡山県立師範附属小学校高等科卒業
		京都の普通教校に入学。自活生活のなか貧苦の少年時代を過ごす
1890年	16歳	普通教校を退学、大阪高麗橋畔の運送店・高砂屋に住込みで働く
1898年	24歳	大阪府巡査拝命、安治川水上署に勤務
1901年	27歳	巡査部長に任じ鳳製地区改良融和専任警官となる
1904年	31歳	文官試験に合格、警部に任じ曽根崎署勤務
1905年	31歳	警察部衛生課勤務、産婆試験書記、薬品監視員、検疫委員となる
1908年	34歳	関西大学法科専門部に入学
1910年	36歳	関西大学法科専門部中退、内務省警察訓練所に入所（同年7月修了）
	37歳	大阪府警察部保安課長となる
1911年	37歳	内務省調査団の釜ヶ崎視察を案内
1912年	38歳	共同宿泊所・無料職業紹介所として大阪自彊館創設に参加
1914年	40歳	警視に昇任、難波署長となる
1918年	45歳	中河内郡長に転出
1921年	47歳	中河内郡長を辞職、大阪毎日新聞慈善団（以下、大毎慈善団）主事に就任
	47歳	大毎慈善団病院船「毎日丸」就航
1922年	48歳	大毎慈善団満州巡回病院創設
1923年	49歳	関東大震災で震災医療を指揮
1926年	52歳	大阪盲人会長に就任
1927年	54歳	大毎慈善団病院船「慈愛丸」就航
1931年	57歳	大阪自彊館創立20周年記念式に出席
		大毎慈善団、東成区に隣保事業の善隣館開設
	58歳	大毎慈善団監事に就任
1934年	61歳	大毎慈善団を退職、顧問に就任
1935年	61歳	大毎記念中村塾を開設
1936年	62歳	中河内郡八尾町長に就任
1940年	66歳	大阪自彊館理事長に就任
		大毎記念中村塾を八尾隣保館に改称
1962年	88歳	大阪自彊館50周年記念式に出席
1964年	90歳	生存者叙勲で勲五等双光旭日賞を授与
		永眠

上は保安課長の中村に命令する。直ちにこの地区を改善するために拠点となる施設を設置し、人々の更生策を講ずるべし、と。

命を受けた中村は事業計画に着手。施設の建築には警察署改築の廃材も利用し、1912（明治45）年6月に共同宿泊所・無料職業紹介所として大阪自彊館が開設される。「自彊」とは『広辞苑』で「みずから努めてはげむこと」。自彊館は実費廉売所や簡易食堂などを次々と設置。林市蔵が知事に就任した大阪府も公設市場開設、救済課設置などで防貧施策に踏み切る。1918（大正7）年6月、歴史的な米騒動勃発のひと月前である。

やがて中村は中河内郡長に転じ、1921（大正10）年には大阪毎日新聞慈善団主事に就任。水の町・大阪に合わせて病院船で医療活動を展開。さらに満州巡回病院、関東大震災の震災医療といった地域を超えた活動は中村の先見性による。退職後は、大毎記念中村塾を開設して人づくりにあたる。大毎記念中村塾は1940（昭和15）年に八尾隣保館に改称。今日の社会福祉法人八尾隣保館の原型である。

同志社大学教授の上野谷加代子は大阪の社会福祉の特質をこうみる。「日本のマンチェスターともいわれる大阪ではともかく最初にニーズありき」「林や小河といった内務官僚、中村などが急速な資本主義の発展に良心的に対応し、それに毎日新聞や日本生命、久保田鉄工所（現在のクボタ）の創始者などの資本家も賛同していく」。東京と異なる大阪らしさである。岩田民次郎をはじめ民間活動家の層も厚い。今日の大阪府社会福祉協議会では老人福祉施設部会が中心となり、地域で経済的支援も取り入れたさまざまな相談活動を展開している。その底流には中村ら先駆けの思いがある。

《参考文献》
①中村三徳編『大阪毎日新聞慈善團二十年史』大阪毎日新聞慈善團、1931年
②大阪社会事業史研究会編『弓は折れず―中村三徳と大阪の社会事業』大阪社会事業史研究会、1985年
③副田義也『内務省の社会史』東京大学出版会、2007年

大西良慶

百年生きてきたけれども、百年の是非を論じることはできない。それは、後世の歴史が決めてくれることやね※

　1868（明治元）年に政府は神仏分離令を発して、全国に廃仏毀釈の動きが広がる。仏教寺院は荒廃し、僧侶の社会的地位は低下する。大正年代に入って関係者は神道の特権化に反対し、仏教の社会的認知、僧侶の参政権を求めて立ち上がる。京都では京都仏教護国団が結成され、清水寺の管主・大西良慶が団長となる。京都仏教護国団は社会活動に力を入れ、1921（大正10）年に西福寺に京都養老院を開設。今日の京都の高齢者福祉の一大拠点である社会福祉法人同和園の淵源となる。大西は第二次世界大戦後に京都仏教徒会議や平和運動に関わる。仏教界の重鎮として常に庶民とともにあった107歳の人生をもって、名僧とされる。

　大西良慶は近代日本の歴史を映した人物である。

　14歳で奈良・興福寺に入り、法隆寺勧学院で唯識学にふれる。才知にたける大西は若くして興福寺の住職に。1914（大正3）年に40歳で京都・清水寺の管主となり、荒廃していた寺院の再興にあたる。それまで清水の舞台は抜け落ちて放置されていたという。

　大西は100歳を超えても毎年5日間の盂蘭盆と月2回の公開法座を重ねる。1915（大正4）年から欠くことがない。説法には難解な経典の解釈ではなく、社会情勢や平和、暮らしの話題など人々の身の回りの出来事をわかりやすく取り込む。清水寺の盂蘭盆には例年1300人を超える老若男女が早朝より詰めかける。大西は人々に語りかける。

　「私は百二歳になるけど、手は動く。つねにさすってやってきたから、手を患ったことがない。人間のぬくもりでさすってやると、よく効くの。養生やね。足でもお尻でも、疲れたらさすってやる。すると一日、無事でいける。自分のことは、自分でせなしゃあない。（中略）諸君らは前途有望やから、ゆっくりいきなさい。まだ五十年も生きんならん。長いで、五十年は※」

　1905（明治38）年に大西は従軍僧となり日露戦争の激戦地である二百三高地でおびただしい死者と惨状を目撃。平和への強い気持ちはこの時につくられる。

　五十嵐隆明は1986（昭和61）年に社会福祉法人同和園理事長に就任。総本山永観堂禅林寺第八十八世法主。左京区八瀬野瀬町の養福寺名誉住職。「同和」は聖徳太子の「和を以って貴しとなす」による。

年	年齢	事項
1875年		奈良県多武峰（現・桜井市）の妙楽寺智光院に生まれる
1887年		郡山中学校に入学する
1889年		興福寺に入る
1890年		法隆寺勧学院に入る
1899年		興福寺住職となる
1905年		従軍僧として日露戦争の地に向かう
1914年	40歳	清水寺管主となる
1917年	41歳	京都仏教護国団（以下、仏護団）が発会式
1921年	45歳	仏護団団長に就任、12月に京都養老院が西福寺で発足
1922年	46歳	京都府知事が仏護団長である大西に養老事業を委託、6月に京都養老院が尊寿院に移転
1923年	47歳	仏護団が西光寺に関東大震災の罹災少年救護所を設ける
1924年	48歳	仏護団が相国寺に和敬学園（少年保護）を設立
1930年	54歳	京都養老院入所中の死亡者99名の盂蘭盆会追善回向を実施
1934年	58歳	京都養老院が現在地・京都市伏見区醍醐上ノ山に移転
1936年	60歳	登院して新年の法話を行う。以後恒例となる
1941年	65歳	仏護団理事会が京都養老院を財団法人同和園と改称し、院長に就任。7月に厚生省が財団法人を認可
1947年	71歳	同和園が生活保護法に基づく救護施設に認可される
1951年	75歳	昭和天皇が同和園に行幸
1952年	76歳	財団法人同和園の社会福祉法人への組織変更が認可され、理事長に就任する
1954年	78歳	京都仏教徒会議が結成されて初代理事長に就任する
1962年	86歳	日本宗教者平和協議会が結成されて初代理事長に就任する
1963年	87歳	鑑真和上の1200年忌法要参列のため中国を訪問
1964年	88歳	印度仏蹟巡拝と第7回世界仏教徒会議参加のためインドを訪問
1965年	89歳	清水寺が法相宗から独立して北法相宗を創立し、初代管長に就任
1974年	98歳	全国老人福祉事業大会（京都）で記念講演
1976年	100歳	朝日社会福祉賞を受賞
1983年	107歳	永眠

五十嵐が大西と出会うのは昭和40年代の京都仏教徒会議の活動のなか。さまざまな取り組みでユニークなのが「寺子屋講座」。仏教のまち京都で多面的な話題で仏教を取り上げ、寺院と市民の垣根を取り払う努力をする。1973（昭和48）年に京都仏教徒会議は南ベトナム政府の仏教徒弾圧に抗議。五十嵐が大西会長の親書を携えてパリの南北ベトナム統一仏教会海外代表部に激励に駆けつける。翌年には北ベトナムを訪問。京都の仏教徒は宗派や職位を超えて仏教の現代化、平和運動を広げる。

大西と社会福祉事業の接点はどこにあるのか。「大西が25歳の時に父が病死し、ついで母が介抱の疲れから亡くなる。翌年には妹が」。2年間で3人を失う。「大西の根底には早くして両親と妹を亡くした深い悲しみと慈悲があるのでは」。1924（大正13）年に関東大震災で罹災し、親を失った子どもたちを収容する和敬学園の相国寺への設置を主導したのも大西。

今仏教関係者は格差社会、東日本大震災とどう向き合うのか。「仏教団体も大阪では路上生活者支援の炊き出しボランティアを行っている。東日本大震災では、物品支援だけではなく、まずは苦しみをともにし、汗を流し、被災者に寄り添うことが大事」「これからの寺は外から人を迎えるのではなく、外に出ていくことが必要」と五十嵐は説く。

社会福祉法人同和園の今後についてはどうか。「ホスピスを整備して同和園で家族が最期を丁寧にみとることができるようにしたい。そのためにも仏教関係者は医療関係者とも連携してターミナルケアやホスピスのあり方を研究することが大切になる」。

《引用・参考文献》
※大西良慶『ゆっくりしいや：百年の人生を語る』PHP研究所、1976年、30頁、199頁
①大西良慶『円光は遍く照らす』読売新聞社、1977年
②『同和園七十年史』同和園、1997年

川田貞治郎

自分は必ずこの方面にあって、元祖となることの出来るよう、一生犠牲的にこの身體（しんたい）を献じてみたいと、こう思うのであります

　わが国の知的障害児の療育史には、教育の領域から多くの先駆けが登場する。その出発点に位置するのが、滝乃川学園で先端を拓いた石井亮一（いしいりょういち）。石井は、知的障害児の福祉教育に挑戦する若手世代に影響を与え、京都の白川学園・脇田良吉（わきたりょうきち）、大阪の桃花塾・岩﨑佐一（いわさきさいち）らを輩出。関東では、アメリカに留学して教育的治療学と施設運営論を発展させた川田貞治郎（かわだていじろう）もそのひとり。川田は、1919（大正8）年に藤倉電線（現・フジクラ）の創業者藤倉善八（ふじくらぜんぱち）の実弟である中内春吉（なかうちはるきち）から寄付を得て東京市・大島に藤倉学園を開設。川田の創造的な仕事は今日でも色あせることなく関係者の共有財産となっている。当時の川田の動きに注目すると、そこには石井の判断や中内とのやりとりなどから意外な事実が浮かび上がってくる。

　川田貞治郎は周囲の人々から「パパ」と慕われた男である。

　青山学院で信仰の道に入り、1909（明治42）年に神奈川県の小田原家庭学園の主任となる。当時の小田原家庭学園は、不良少年の感化教育施設で、川田は学課と実業の教育にあたり、その傍らで心理学の研究に没頭。学課のなかで「心練」という治療法を考案し、「指の触覚、曲線を凝視することによる視覚、発音することによる聴覚の肉体に刺激を与えることによって心を作用させ、心の不良を矯正しよう」とする実践は、後に川田に固有な教育的治療学の理論として集大成される。同時に農作業や養豚を取り入れ、勤勉な生活習慣の確立を図る実業のなかで、職業的自立の重要性に気づいていく。

　川田は、小田原家庭学園の入所者には「『低能』を理由として罪を犯した者が存在していた」と述懐する。感化教育のために考案した心練をやがて知的障害児教育に応用する問題意識が形成される。

　1911（明治44）年8月、川田は帰郷して茨城県水戸（みと）市に寄宿舎制の知的障害児施設「私立日本心育園」を創設。後の藤倉学園で全面展開する川田のライフワークが開始される。川田32歳である。日本心育園の目的は治療的教育と独立的職業教育の実施。特に、職業的自立は、子どもたちが社会の一員として職業を獲得することに重点をおき、施設も終生保護ではなく、入所者に一定期間の教育を提供して卒業することを前提に運営する。この川田の前例のない創造的な実践は、関係者から注目されるようになる。

　川田は、さらに教育や施設運営の方

年	年齢	事項
1879年		茨城県真壁郡（現・筑西市）の豪農・川田清次郎の長男として生まれる
1894年	15歳	上京して東京府立開成中学校に入学、その後青山学院に転校してキリスト教に入信
1902年	23歳	ドイツ人ハウス博士が経営する普及福音神学校に入学して哲学・心理学・神学を修業
1909年	30歳	神奈川県の少年感化教育施設である小田原家庭学園の主任となり感化教育に従事
1910年	31歳	小田原家庭学園の廃止にともない、水戸市に移ってキリスト教フレンド派の水戸友会の宗教活動に従事する
1911年	32歳	水戸市に知的障害児教育施設・私立日本心育園を創設
1916年	37歳	渡米してニュージャージー州のヴァインランド知的障害児・者施設、ペンシルベニア大学などで知的障害児の研究、知的障害児施設運営について学び、大正7年11月に帰国
1919年	40歳	藤倉電線の中内春吉が川田の施設設立への財政支援を約束する
		東京市・大島の中内所有の椿油工場跡地に財団法人藤倉学園を設立し、川田が常務理事・学園長、中内が理事長に就任
1933年	54歳	多年にわたり社会事業に尽くしたゆえをもって御大礼記念東京府表彰を受ける
1934年	55歳	日本精神薄弱児愛護協会（現・日本知的障害者福祉協会）の設立に参画
1940年	61歳	社会事業功労者として厚生大臣表彰を受ける
1944年	65歳	大島に米軍爆撃機が来襲
		山梨県北巨摩郡清里村（現・北杜市）にある立教大学同窓会関係者が管理する清泉寮を7万円で買い求め疎開
1949年	70歳	日本精神薄弱児愛護協会会長に就任（昭和30年1月まで）
1952年	73歳	財団法人藤倉学園を社会福祉法人藤倉学園に改組
1958年	78歳	東京都八王子市に多摩藤倉学園を設置
1959年	80歳	永眠

法について欧米に学ぶ必要性を痛感。1916（大正5）年4月に渡米して、ニュージャージー州のヴァインランド・トレーニングスクールを皮切りに、ペンシルベニア大学や入所施設ポークで、先行する事例や知見を貪欲に吸収する。

川田仁子（かわだひとこ）は川田の長女。社会福祉法人藤倉学園理事長。東京女子医学専門学校（現在の東京女子医科大学）を卒業。川田のもとで今日まで藤倉学園の運営にあたる。川田はなぜ、この道に入ったのか。特に藤倉学園創設へとすすむ人生のなかで岐路があったとすればそれは何か。どのように乗り越えてきたのか。

「藤倉電線の中内春吉は1919（大正8）年に当時の東京府知事・井上友一（いのうえともいち）に、今日で換算すれば現金で15億円、土地家屋4万坪の寄付を申し出ています。元内務官僚の井上はその使途を石井亮一先生に相談。そこで川田を推薦したのは石井先生なのです。石井先生も滝乃川学園で資金確保にお困りだったのに、この仕事は最近アメリカから帰ってきた川田君が適任であると推薦されました。今考えてみても、石井先生の度量の大きさには驚かされます」と仁子。

藤倉電線は、当時の好況期のインフラ整備のなかで、空前の大収益を上げる。石井は、その寄付を梃（てこ）に、新進気鋭の川田にわが国の知的障害者福祉の未来を託したのだろう。

寄付をする中内とそれを受ける川田の関係も興味深い。仁子は話す。川田は中内に「経済的な面で後顧の憂いなき様」「一生の仕事としたいので終身」「専門家でない貴方から干渉されない事」など「3条件を出して納得していただいたと聞いています」。そこには、川田が培ってきた自主独往（じしゅどくおう）の精神、中内の川田を評価する実業家としての真骨頂がある。今日、フジクラは電子製品の材料分野で世界的に有数な企業であり、社員参加で藤倉学園への支援を継続する。藤倉学園を通して日本の知的障害者福祉と企業の社会貢献の到達点の一端がみえてくる。

《参考文献》
①川田貞治郎追悼録編集委員会『追悼録　川田貞治郎』藤倉学園東京連絡所、1961年
②吉川かおり『シリーズ福祉に生きる48　川田貞治郎』大空社、2001年
③『藤倉学園90年史—霊魂は神に受け入れられ』藤倉学園、2010年
④『天地を拓く—知的障害者福祉を築いた人物伝—』日本知的障害者福祉協会、2013年

稲永久一郎

志にみづを誰かたのまんふ束のまことの道を探るこのみは

わが国の犯罪少年、触法少年や虞犯少年などの非行少年に対する処遇は懲罰的な対応で出発するが、1922（大正11）年の少年法制定により18歳未満の少年の保護処分、少年保護司、少年審判所の規定を整備して感化・保護事業に転換する。当時、東京・神田で菓子製造卸業を始めた稲永久一郎は、ふとしたことから救世軍無料宿泊所より不遇な少年を引きとる。その人生をやがて少年保護の軌跡に重ね、私財を投げうって財団法人至誠学舎を設立する。東京三多摩地区で広く高齢者福祉サービス、子ども・障がい福祉サービスを提供する、今日の社会福祉法人至誠学舎立川・至誠学舎東京の出発である。至誠学舎は稲永の理念を引き継いで事業を拡大し、2012（平成24）年に法人創設100周年を迎える。

稲永久一郎は福岡の人である。旧家の長男であるが、上向が期待できない零細農家のため、青春の日々のなかでは家業を継がずに上京しようという思いがつのるようになる。時代は日露戦争の戦後処理の増税策などで不況に転ずる。社会の閉塞感が強まるほど、久一郎の上京の念は渇望となっていく。1907（明治40）年のある日、25歳の久一郎は意を決し、家人に告げることなく故郷を後にする。

だが、東京で頼れる知人やあてがあるわけではない。港の沖中士の仕事を皮切りに、職工、夜店、鋳掛屋などで当座の糊口をしのぐ。久一郎にあるのは、現状に甘んじることのない、未知なるものへの興味、人一倍強い挑戦心だけである。大都市の生活、文化、発明、そして流行の最先端と、あらゆるものを鋭い嗅覚でかぎ分け、貪欲に学んでいく。上京から4年、1911（明治44）年に高橋ヨシと結婚し、神田に菓子製造卸業「一心堂」稲永商店を開業する。久一郎29歳である。

やがて第一次世界大戦による好景気が追い風となり、工場の新設、増資と仕事も軌道にのっていく。その勢いは、当時創業された明治製菓、森永製菓を凌ぐともいわれるようになる。

ここまで紹介すれば実業家の立身出世物語となる。しかし、久一郎の場合は異なる。転機が訪れる。1923（大正12）年関東大震災で経営困難に直面する。もうひとつは少年保護事業への傾斜である。開業した翌年、救世軍の施設から少年を預かる。犯罪に走る少年の不遇に共感したからである。底辺生活の経験から性善説に立つ久一郎は、少年に仕事を与え、職人として自立するように心がける。

年	年齢	事項
1882年		福岡県福岡市博多に隣接する志免村（現・糟屋郡志免町）に稲永杢之助の長男として生まれる。生家は旧家であるが零細耕作経営。学校卒業後に家業を手伝うものの向都の念にかられる
1907年		親に無断で上京。芝浦で沖仕の仕事を皮切りに職工、夜店、鋳掛屋、菓子卸商などで生計を立てる
1911年	29歳	青山で糸店を営む高橋金太郎の娘・ヨシと結婚。菓子製造卸業「一心堂」稲永商店を神田東龍閑町に開業
1912年		浅草・黒船町の救世軍無料宿泊所より少年を引きとる
1920年	38歳	内務省に社会局設置、同10月司法省に保護課設置
		明治神宮建立記念に東京市の紋章入り「おこし」を発売、以後おこしをもとに「お茶の友」を発売してヒットする。池袋に工場を新設
1922年	39歳	少年法公布。18歳未満の少年の保護処分、少年保護司、少年審判所を規定。犯罪少年に対する懲罰的対応から感化・保護事業に転換する。この年、産業組合法により稲永購買販売利用組合を設立する
1923年	40歳	池袋工場が隣家からの類焼で焼失
	41歳	関東大震災により神田工場、支店が焼失。経営困難に直面する
1924年	42歳	少年保護司事務を委嘱される。東京少年審判所より委託少年の受け入れを開始
1925年	43歳	少年司法保護団体・至誠学舎を設立して舎長となる。稲永製菓工場を少年のための指導工場とする。受託少年は30人前後
1927年	45歳	内務省社会局第1回児童保護講習会を受講
1934年	52歳	東京少年保護司会理事を拝命
1935年	52歳	学舎内より火災発生し全焼、保護少年2名焼死す
1936年	53歳	学舎再建に宮内省より御下賜金。司法省、陸軍省、三井報恩会、原田積善会などから奨励金、建物払い下げ、助成金の下付を受ける。この年学舎を再建、再建後の少年の収容定員80名
1937年	55歳	日中戦争勃発とともに軍納品製造多忙となる
1940年	57歳	稲永が「至誠学舎少年保護事業の実相」をラジオ放送する
	58歳	紀元2600年記念式典に東京府民総代として選ばれ参列、多年司法保護事業に尽くした功績により功労章を受章。この年都下・立川市に少年の精神道場として立川支舎を設置
1942年	59歳	少年法による保護処分が全国実施となる
	60歳	警視庁が不良青少年一斉検挙を開始、少年工の不良化が問題となる
		至誠学舎の建物その他私財を寄付し、財団法人至誠学舎を設立して初代理事長に就任
1945年	62歳	池袋本舎が戦火のため全焼、立川支舎を本舎とする
	63歳	都下・保谷市（現・西東京市）に武蔵野支舎を開設
1946年	63歳	永眠

1924（大正13）年に久一郎の活動を知った司法省保護課長宮城長五郎がじきじきに保護施設の重要性を訴える。久一郎は少年保護司事務を引き受け、東京少年審判所より委託少年を受け入れる。

翌1925（大正14）年、久一郎は少年司法保護団体至誠学舎を設立。社会事業家の一歩を踏み出す。

髙橋利一は、社会福祉法人至誠学舎立川の理事長で至誠学園の統括園長。法政大学名誉教授。久一郎の孫。1951（昭和26）年の児童養護施設至誠学園開設時から子どもたちと生活をともにし、児童指導員として働く。「谷間の仕事をやるのが我われ」と屈託がない。「養護施設は子どもがたどりついて、資源を選択して社会に自立する場所」が髙橋の持論。家庭代替的機能に加え、子どもたちが一員となる地域の社会資源、人的資源を結んだネットワークづくり、そして複雑化する問題を背景に治療的、専門的機能を重視する。

社会福祉施設の量的整備から「施設の社会化」が問われた昭和50年代。髙橋は研究会を立ち上げ「養護施設の社会化過程上の課題」をまとめて、施設運営の指針とする。施設による地域福祉推進の萌芽を示唆する報告書は、今日でも色あせることはない。

至誠学舎は1998（平成10）年に地域性をもって二分割したのち、立川は高齢福祉・保育所・児童福祉・障がい福祉の20を超える社会福祉施設を複合展開する。久一郎から学ぶものは何か。髙橋は「開拓性と創造性である」と答える。

《参考文献》
①至誠学園社会化研究会編『養護施設の社会化過程上の課題』至誠学舎至誠学園、1982年
②至誠学舎70年史編集委員会編『至誠学舎70年の歩み』至誠学舎、1982年
③髙橋利一『この子らと生きる―私の至誠学園物語』至誠学園、2010年

髙橋直作

大正、昭和にわたり延べ100万人以上の同胞の緊急援護ができたことは、なんという感謝であろうか

　1945（昭和20）年3月10日の東京大空襲は10万人に及ぶ犠牲者を出し、その規模と惨状は敗戦を予期させることになる。住居を失った人々は、防空壕や焼失したビルの地下室に逃げ込む。路上生活者が徐々に形成される。終戦による徴用解除や復員、疎開地からの帰京などでその数はさらに増大する。特に上野駅地下道には人々があふれ、日に日に劣悪な状況におかれていく。救世軍・努力館館長の髙橋直作は食糧不足と病気、寒さのなかで死を待つしかない人々の厳しい状況を見て、緊急援護の必要性を痛感。東京都と交渉し、旧兵舎を借用して収容施設を開設。続々と路上生活者を受け入れる。1946（昭和21）年1月。今日の社会福祉法人愛隣会の出発である。

　髙橋直作は信仰の人である。救世軍は19世紀半ばにイギリスでウィリアム・ブースが創設したキリスト教の伝道団体。イギリス資本主義の繁栄の対極で失業、貧困、不道徳が蔓延するロンドン市東部の労働者街で活動を開始し、厳しい軍律をとることで知られる。髙橋が所属するわが国の救世軍は1895（明治28）年に生まれ、日本人最初の士官は山室軍平。山室は遊郭から婦人を解放する廃娼運動、結核療養所設立、『平民の福音』執筆など戦前のわが国を代表する民間社会事業家である。

　髙橋は、1906（明治39）年に救世軍に入隊。34歳で救世軍士官学校を卒業して中尉に任官される。1923（大正12）年の関東大震災では山室軍平大佐のもとで被災者の救護にあたる。死者・行方不明者10万5000人、家屋の焼失44万戸を超す未曾有の大災害。本営のあるイギリスより毛布1万枚をはじめ、医薬品、自動車、食料品など各国から大量の救援物資が届く。これを契機に救世軍は隣保館、保育所などの社会事業を運営する。

　4年後の1927（昭和2）年、今度は関西で北丹後地震が発生。京都府下で死者・行方不明者2300人、家屋の焼失800戸を記録。大阪・天王寺で路上生活者に食糧配給をしていた髙橋らは直ちに現地に駆けつけ、炊き出しをする。髙橋は大規模震災だけではなく、1932（昭和7）年8月の北海道・岩見沢水害の被災者救護の経験をもつ。住居を失い、肉親と別れ、食料に難儀する人々の苦悩。悲惨な現場を目の当たりにして救護活動の何たるかを知る。

　イギリスで労働者への伝道から出発した救世軍は医療、社会事業を重視する。

年	年齢	事項
1886年		東京・神田美土代町に生まれる
1903年	16歳	吉丸一昌主宰の修養塾に入る
1905年	19歳	東京電気鉄道に就職、内勤監督となる
1906年	19歳	救世軍に入隊
1906年	20歳	陸軍歩兵佐倉連隊入営(1908年除隊)
1920年	34歳	救世軍士官学校卒業。任中尉
1923年	37歳	関東大震災発生。救世軍・山室軍平大佐のもとで救護活動にあたる。本部のあるイギリスから毛布1万枚をはじめ、薬品、自動車、食料品など大量の救援物資が送られる。救世軍は被災者を対象に隣保館、保育所などを運営
1924年	37歳	浜松小隊長に就任
1927年	40歳	関西で北丹後地震が発生。救援活動を展開
1928年	41歳	北海道連隊長に補せられる
1932年	46歳	北海道・岩見沢水害の被災者支援にあたる
1933年	46歳	関東連隊長に就任
1937年	50歳	任少佐。努力館館長に就任
1943年	56歳	中央社会事業協会主催の社会事業講習会を修了
1946年	59歳	東京都委託目黒厚生寮を近衛輜重兵連隊(東部第17部隊)兵営跡地に開設、施設の責任者となる
1947年	60歳	日本基督教団目黒高台教会設立。厚生寮受け入れ人員の増大により駒沢母子寮開設
	61歳	目黒若葉寮開設
1948年	61歳	シオン保育園開設
	61歳	少年保護司実務講習会を修了、司法保護委員に就任
	61歳	東京都民生委員に就任
	61歳	サマリア診療所開設
	62歳	財団法人愛隣会設立、理事長に就任する
	62歳	天皇皇后両陛下が目黒厚生寮にお成り、戦後最初の社会福祉施設視察。在寮者977名、職員64名
1950年	64歳	日本基督教団敬愛寮主任に就任
1954年	67歳	社会福祉法人愛隣会設立、生江孝之が初代理事長に就任
1955年	68歳	日本基督教団大森伝道所を開設して主管牧師となる
1958年	71歳	社会福祉法人子供の家理事に就任
1976年	89歳	永眠

わが国でも昭和に入って清瀬療養園などを設置。髙橋も努力館館長として青年キャンプや社会鍋に取り組む。だが、髙橋にとって終戦直後の上野駅地下道の暗闇に横たわる無数の路上生活者の姿ほど強烈な光景はない。越冬も無理な人々を何とかできないものか。直ちに東京都と交渉し、1946（昭和21）年1月、近衛輜重兵連隊（東部第17部隊）兵営跡地に施設を開設、責任者となる。61名の収容で事業を開始。数回の受け入れでたちまち収容者1000人を超す。髙橋は緊急援護の重要性を痛感する。59歳での目黒厚生寮の立ち上げである。

翌年には駒沢母子寮、目黒若葉寮を開設。経営主体として財団法人愛隣会が設立され、髙橋が初代理事長に就任。当時の社会福祉事業の経営主体は財団法人が多く、社会福祉法人制度の創設は1951（昭和26）年社会福祉事業法ではかられる。

鮎川英男は社会福祉法人愛隣会の現会長。1954（昭和29）年の社会福祉法人設立時の理事長にはキリスト教社会福祉の権威である生江孝之が就任。鮎川は第5代理事長。終戦の日は20歳の帝国陸軍少尉。幼年学校から士官学校とエリートコースをたどり、米軍の九州上陸を前に鹿児島の海岸線で塹壕構築の指揮にあたる。後に厚生省援護局に勤務して引揚者援護に関わるものの、肺結核に倒れる。やがて髙橋との邂逅のなかで1953（昭和28）年から今日まで社会福祉事業一筋の人生を歩み、愛隣会を都内で有数の複合施設を展開する法人へと発展させる。

「光を求める人々の問題がわがものにならなければ、愛隣会も、ここに働く職員も本物になっているとは言えない。なぜなら隣人愛は観念ではないから」と鮎川。髙橋の時代精神を引き継ぐ。

《参考文献》
①髙橋真実『私の新約―八十八年の生涯』1973年
②社会福祉法人愛隣会『50年の歩み』1998年

徳永 恕

生きている限りは何らかのお役に立ちたい

　東京・新宿の信濃町駅からJR総武線沿いに四ツ谷駅方向に歩く。道は200mほどで急坂になり、曲がりくねりながらガード下へと向かう。このすり鉢のような地形の一角に立地するのが、2011年1月に創設110年を迎えた社会福祉法人二葉保育園の施設。かつて近隣の華族女学校（女子学習院の前身）附属幼稚園に勤める野口幽香と森島峰は、貧困層の子どもたちの保育の必要性を痛感して、1900（明治33）年に二葉幼稚園を創設する。野口らの意志を引き継ぎ、第二次世界大戦をはさんで困難のなかで事業の発展に努めるのが徳永恕。徳永はやがて「二葉の大黒柱」となり、日本の児童福祉に大きな影響を与えていく。

　野口幽香と森島峰は、東京の華族女学校附属幼稚園の保母教員であったが、通勤途上で劣悪な状況にある貧民窟の子どもたちを拱手傍観することができず、東京・麹町に二葉幼稚園を開設する。クリスチャンの女性がフレーベル教育を理念に、賛同者を集め、貧民を対象にした幼稚園を開設してセツルメントの先駆けとなることで、二葉幼稚園は日本の社会福祉の前史に燦然と輝くことになる。封建制社会の解体と急速な資本蓄積のなかで、東京には大量の都市貧民層が形成されるが、社会施策は皆無な時代である。

　徳永恕が、この二葉幼稚園に最初に関わりをもつのが1905（明治38）年。東京府立第二高等女学校（以下、府立第二高女）在学中の夏休みである。友人を訪ねて通りがかった四谷鮫河橋の空き地に建つ「私立二葉幼稚園敷地」という棒杭に関心を引かれる。徳永も四谷左門町に住んでいたので、鮫河橋の貧しい子どもたちのことは常に気になり、この空き地の棒杭が徳永の生涯の仕事、二葉幼稚園との出会いとなる。

　二葉幼稚園は翌年3月、麹町より四谷鮫河橋に園舎を移転し、後に鮫河橋本園とする。そして徳永が7月に再び同地を通ると幼稚園が開園している。思い切って訪ねると、同年輩の青山学院専門部の生徒2人が手伝い、子どもたちと楽しそうに跳ね回っている。徳永は、この時保母になろうと決心し、1908（明治41）年春に府立第二高女補修科を修了して、二葉幼稚園の保母となる。

　1910（明治43）年に徳永は勤務3年で主任保母に抜擢される。後の徳永の人間像は、国家主義から女性の自立と自由を求める平塚らいてうらの思想と交差して興味深い。

　遠藤久江は、2009（平成21）年に社

年	年齢	
1887年		東京・牛込区下戸塚町に徳永行蔵・よしの二女として生まれる
1900年	12歳	華族女学校(女子学習院の前身)附属幼稚園に勤務していた野口幽香、森島峰が麹町区6番地に貧民幼稚園(二葉幼稚園)を開設、16人の園児で出発する
1901年	13歳	四谷区左門町尋常小学校を卒業、東京府立第二高等女学校(現・東京都立竹早高校)に進学
1902年	14歳	荒木町の福音教会で洗礼を受ける
1906年	18歳	皇室の御料地借用が許され、二葉幼稚園は麹町より四谷鮫河橋に園舎を移転し、後に鮫河橋本園とする
1907年	19歳	二葉幼稚園を訪れ、夏休みの40日間を過ごす。野口園長と出会い、この仕事に一生の使命を痛感。園長に職員として受け入れてくれるよう要請
1908年	20歳	府立第二高女補修科を修了。小学校本科正教員の資格をとり、正式に二葉幼稚園の保母となる
1910年	22歳	主任保母に就任する
1913年	25歳	野口、徳永ら救世軍の案内で東京市内のスラムや吉原を視察。各所に施設の必要性を痛感。後の発展と実践の裏付けとなる
1916年	27歳	創立以来の二葉幼稚園を二葉保育園に改称。所管は文部省から内務省に移り、救済事業に取り組む。保育対象や保育内容が幼稚園規則にまったくあてはまらず、親の労働にあわせて乳児も預かり、長時間保育を行っていたため
		スラム街視察をもとに鮫河橋に最も近く、かつ最もひどい状況であった豊多摩郡南町に分園(後に新宿分園とする)を設立
1922年	33歳	東京府社会事業協会の寄付で夜間治療部、廉売部、裁縫部、5銭食堂を設け、授産事業を開始。徳永は園長に献策して鮫河橋本園に母の家を開設、10世帯収容。わが国最初の母子寮となる
1923年	35歳	関東大震災により鮫河橋本園は大破損、新宿分園は類焼する
1924年	37歳	新宿分園を再建。東京連合婦人会が結成され、1943(昭和18)年まで20年間会長として社会活動の数々を指導する
1928年	40歳	鮫河橋本園に大正天皇の葬場殿の一部の土地の御下賜を受けて本館改築、母の家を増築。収容母子128名、保育鮫河橋本園146名、新宿分園88名、学童保育クラブ70名でますます多忙となる
1931年	43歳	第二代二葉保育園長に就任
1935年	47歳	私立二葉保育園を財団法人二葉保育園とし、理事長を任ぜられる
1939年	51歳	司法方面委員に任命され、1956(昭和31)年まで17年間これを務める
1945年	57歳	空襲で新宿分園を除いて施設が焼失。新宿分園で引揚者、浮浪者、戦災孤児、棄児などの相談や援護にあたる
1947年	59歳	調布市上石原に分園を設立、母子寮と養護部(二葉学園の前身)をおく
1948年	60歳	児童福祉法制定で二葉保育園の施設が保育所、乳児院、養護施設の認可を受ける。家事審判所参与、中央児童福祉審議会委員に就任、戦後の多難な児童福祉の推進に努める
1954年	66歳	東京都より名誉東京都民の称号を受ける
1963年	75歳	朝日新聞社より朝日社会奉仕賞を受ける
1964年	76歳	財団法人二葉保育園が社会福祉法人二葉保育園に改組
1973年	85歳	永眠

会福祉法人二葉保育園理事長に就任。福島県立会津短期大学、東海大学、そして聖隷クリストファー大学で教壇に立ち、児童福祉論を専攻する。1954(昭和29)年に徳永が名誉東京都民賞を受賞、二葉保育園の仕事をNHKラジオが電波に乗せる。奇しくも遠藤は北海道・遠軽でその放送を聞く。高校2年生の遠藤が、日本社会事業大学で社会福祉を学ぶきっかけのひとつとなる。遠藤は語る。

「徳永がほかの先輩や同僚をさしおいて主任に就任したのは、野口の徳永に対する信頼が強く、資質と能力が抜きんでていたのだろう」「徳永は、常に時代に必要なものを先駆けて展開し、これをやり遂げた人間であり、私たち社会福祉関係者もこうした生き方に学ばなければならないのでは」

同時に遠藤が着目するのは「保育関係者の組織化」である。「1918(大正7)年に東京府社会事業協会が結成される。徳永は当時の東京の社会事業の推進者である岡弘毅とともに保育部会を立ち上げ、関係者を糾合して勉強会や情報交換の場を設ける」「時代にあって、社会事業の組織化が重要と読みとる力があったのではないか」と遠藤。

野口と森が種をまき、徳永が切り拓いてきた社会福祉法人二葉保育園の事業は、子ども、女性、地域を支えて、次の段階をめざす。

《参考文献》
①二葉保育園『徳永恕の歩みと思い出―追悼記念文集―』二葉保育園、1973年
②上笙一郎・山崎朋子『光ほのかなれども：二葉保育園と徳永恕』〈現代教養文庫〉社会思想社、1995年
③福田垂穂『二葉保育園の百年と女性たち』二葉保育園百周年記念講演要旨、2002年

長谷川良信

我は一個の仏教人として感恩奉仕の生涯を貫き、以て教家の使命に生きんとする者、その研究、その事業、その職務は偏えに是の思想信念の表現に外ならず

聖徳太子は、貧苦衆生の救済という福祉理念に到達し、行基は布教のなかで困窮者の療養所を開設して各地の救済事業の先駆けになっていく。明治から昭和への過程で、慈善的な仏教福祉は3人の人物により思想と実践の近代化へ向かう。ひとりは、ドイツ社会政策を学び慈善事業から仏教社会事業への理論化を図った渡辺海旭。もうひとりは、アメリカ社会事業方法論を導入した矢吹慶輝。このふたりの薫陶を受け、実践に踏み込んだのが長谷川良信である。長谷川は東京・巣鴨にセツルメント(隣保事業)マハヤナ学園を開設。宗教と社会事業、教育の三位一体の人間開発・社会開発に着目した長谷川の時代精神は、今日の大乗淑徳学園淑徳大学の事業へと引き継がれていく。

長谷川良信は、日本の宗教と福祉の世界にあって「東の長谷川、西の賀川」と評された人物である。賀川とはキリスト教社会運動の先駆けとなる賀川豊彦。世界観が異なるとはいえ長谷川と賀川が共有するのは、大正から昭和にかけて急速に変化する時代背景と若き日に資本主義の発展のなかで形成される貧困、都市のスラムなどの社会問題解決に身を投じ、信仰に生きながら社会改良、社会公益事業に邁進したことである。長谷川が東京・巣鴨に、賀川が神戸・新川に若くしてセツルメントを開き、これらが生涯の事業の発端となっている点も共通している。

賀川が労働運動や農民運動に参画していくのに対して、長谷川は27歳で方面委員(現在の民生委員)を拝命、1929(昭和4)年には東京私設社会事業連盟を創設し、翌年に全日本私設社会事業連盟に発展させるなど、民間社会事業の組織化にも重要な役割を果たしている。長谷川が同時代の社会事業家や官僚と異なるのは、在野の精神と実践力、それを裏づける「感恩奉仕」の信念である。

長谷川は「世のため、人のために働くことは結果的に自己のためになるという、逆の真理の応用こそを生活態度とする必要がある」と諭している。

長谷川は1922(大正11)年に浄土宗海外留学生、内務省嘱託として欧米の社会事業に学び、アメリカではケースワークの祖であるM・リッチモンドにも会っている。長谷川はマハヤナ学園をはじめ、第二次世界大戦をはさんで生活困窮者・引き揚げ者の援護、戦災孤児の救済など、「感恩奉仕」を座右の銘に苦難の道を歩

年	年齢	事項
1890年		茨城県西茨城郡南山内村（現・笠間市）で長谷川治衛門・なをの五男として生まれる
1896年	6歳	真壁町の得生寺（浄土宗）に養子として入籍、住職・小池智誠師のもとで得度する
1910年	19歳	浄土宗第一教校（現・芝中学・高等学校）を卒業して宗教大学予科（現・大正大学）に入学。終生の恩師となる渡辺海旭と出会う
1915年	24歳	東京市養育院巣鴨分院（現・石神井学園）に勤務、社会事業の第一歩を踏みだす
1916年	26歳	胸部を患い千葉県房総半島で療養生活を送る。翌年、回復して帰京し、浄土宗の週刊新聞『浄土教報』記者となり取材・執筆活動を開始
1918年	27歳	宗教大学社会事業研究室理事に就任。東京府慈善協会第二部主査、巣鴨方面救済委員となり、10月から西巣鴨の通称二百軒長屋の一角に移住してセツルメント活動を開始
1919年	28歳	二百軒長屋の生活改善と教育の向上をめざしマハヤナ学園を創立
1921年	30歳	宗教大学講師に任ぜられ「救済事業」を講ずる
1922年	31歳	内務省・浄土宗から命を受けて欧米に留学。シカゴ大学社会事業科、ベルリン女子社会事業学校で社会事業・社会政策等を研究
1924年	33歳	マハヤナ学園内に大乗女子学院を創立して女子教育を開始
1927年	36歳	マハヤナ学園分園として東小松川隣保館を設立。長年の地域改良運動が不良住宅地区改良法制定につながり、二百軒長屋の鉄筋コンクリート改築が着工
1928年	37歳	『労働運動および無産者政治運動』を刊行
1930年	39歳	日刊新聞『萬朝報』主筆としてロンドン海軍軍縮会議に随伴し、英、独、米の社会事業を調査
1931年	40歳	財団法人大乗学園「巣鴨」を創設して巣鴨女子商業学校（現・淑徳巣鴨高校）を開校
1944年	54歳	浄土宗教育資団の「淑徳高等女学校」第8代校長に就任
1947年	56歳	日本社会事業協会代議員に選出される
1948年	57歳	マハヤナ学園内に乳児院および児童養護施設「撫子（なでしこ）園」を開設、戦災孤児の収容救済にあたる
1949年	58歳	財団法人大乗学園「巣鴨」と浄土宗教育資団「淑徳」が合併して財団法人大乗淑徳学園を創立
1950年	59歳	私立学校法施行により財団法人から学校法人に組織変更して、理事長となる。淑徳短期大学創立
1965年	74歳	千葉市大巌寺町に淑徳大学を創立して学長に就任
1966年	75歳	永眠

むことになる。長谷川はこのなかで新しい日本の方向に社会事業・教育・宗教の三位一体の必要性を痛感する。

長谷川匡俊は、長谷川良信の次男。淑徳大学学長を経て学校法人大乗淑徳学園理事長。浄土宗大巌寺住職。日本仏教社会福祉学会代表理事、社会事業史学会理事として仏教福祉の理論的、実証的研究を牽引する。長谷川良信が社会福祉に傾斜していく下地には何があるのか。

「長谷川良信は、その師である渡辺海旭より多くの影響を受けるが、なかでも仏教の社会的活動、すなわち社会事業こそ現在の仏教徒にとって最善で重要な任務と学んでおり、これらの原点には幼少時を過ごした茨城県真壁の得生寺時代の修行経験から、寺が地域に何らかの寄与ができるのではという問いかけがある」と匡俊は話す。「宗教者である長谷川良信の生き方には、貧しい人たちを目の当たりにして見逃せない。人が見逃したもの、見残したものを見るまなざしがあり、多くの人たちが見過ごしたものに目を向けたのが長谷川良信ではないか」

東日本大震災、格差社会の進行を前にして、今、宗教者に問われているものは何か。「内面的な信仰にとどまらず、社会と向き合う実践が必要であり、両者の緊張関係が大切となる」と匡俊。匡俊は、東日本大震災の発生直後、学長として教職員に「学祖がおられたならば……」と淑徳人のあり方を訓示。学生には長谷川良信のモットーである「フォア・ヒム（彼のために）ではなく、トゥギャザー・ウィズ・ヒム（彼とともに）」を呼びかける。

淑徳大学は震災で閉鎖された石巻市立大須保育所の貸与を受け、地域交流の場として「雄勝ともいきハウス」を開設。多くの学生ボランティアが実践としての社会福祉を経験する。「一過性のものではなく、どれだけ継続できるのか。仏教者の本領、ボランタリズムの真価が試される」。そこにはかつての長谷川良信の積極的な社会福祉実践の、より高次での再現を見ることができる。

《参考文献》
①長谷川匡俊『シリーズ福祉に生きる24 長谷川良信』大空社、2005年
②吉田久一『社会福祉と日本の宗教思想』勁草書房、2003年

秋元梅吉

外面的な事業は歴史の流転と申しましょうか、夫々の時代によって変転してきたが、根本精神は一貫して変わることがなかった※1

　無教会基督教主義を提唱した内村鑑三を師とする秋元梅吉は信仰の人となり、1919（大正8）年に東京府北豊島郡（現在の東京都豊島区）で盲人基督信仰会を設立。1924（大正13）年には苦心の末に旧約聖書の日本語点字本を完成させる。アイルランドで作成された英語版に次ぐ世界で2番目の点字聖書で、盲人自らが点字を打ったものとしては初めてのものである。1929（昭和4）年に盲人基督信仰会館が完成。いつのまにか盲人基督信仰会館には多くの人々が出入りし、秋元は1933（昭和8）年に同会を東京光の家と改称して盲人の保護・収容を開始する。視覚障害者の総合複合施設を経営する今日の社会福祉法人東京光の家の立ち上げである。

　秋元梅吉は生涯を祈りのなかで過ごした人である。

　東京・中野の大地主の息子として生まれるが、5歳で失明。親は秋元を不憫がるものの、学校に通わせることなく家のなかに放置。周囲のはたらきでようやく東京盲唖学校（現在の筑波大学附属視覚特別支援学校）に入学するのは1906（明治39）年、秋元13歳である。

　秋元は東京盲唖学校でふたつの重要な出来事に出合う。ひとつは、後に盲学校教育の指導者として知られる鳥居篤治郎をはじめ、杉浦四郎、平方龍男らわが国の盲人界の重鎮となる人々と机を並べたこと。もうひとつは、聖書にふれ、内村鑑三の聖書研究会に参加して、「どうか日本の盲人がキリストにあって、しあわせになってほしい」という内村の祈りを秋元自らの祈りとしたことである。

　秋元は東京盲唖学校を卒業し、好本督とともに盲人基督信仰会を結成。好本はイギリスの盲人福祉を学んで日本盲人会を設立した人物で、生涯にわたって秋元を支援するようになる。秋元は盲人基督信仰会の中心となり、日本語点字旧約聖書の出版という偉業を達成し、さらに出版事業、伝道に全力をあげる。

　1929（昭和4）年に現在の杉並区に盲人基督信仰会館が完成。当時、近隣の阿佐ヶ谷に傷痍軍人の光明寮があったが、建物は狭く、各地からやってくる人々の世話を引き受けたのが盲人基督信仰会館。「秋元のところへ行けば、飯が食えて、泊めてくれる」と口コミが広がる。

　田中亮治は、社会福祉法人東京光の家理事長。戦後、秋田師範学校を卒業して郷里で教師を勤めた後に上京。中央大学法学部で学ぶなかで内村鑑三にふれる。

年	年齢	事項
1892年		東京都中野区に生まれる
1897年		5歳の時に失明
1906年	13歳	東京盲唖学校(現・筑波大学附属視覚特別支援学校)に入学
1912年	20歳	台湾人留学生チョウロクと知り合い、マルコ伝を見せられ、感動し、生涯読むべきものと思う
1913年	21歳	琉球人ナカンダから、旧約詩篇と内村鑑三の『聖書之研究』を読んでもらい、聖書とともに読み続ける決心をする。この年アンダーソンより受洗
1914年	22歳	内村聖書研究会に入会。「どうか日本の盲人が、キリストにあって、しあわせになってほしい」という内村の祈りが、秋元の心に消えないものとなる
1919年	26歳	盲人基督信仰会を設立。秋元は点字雑誌『信仰』『盲女子の友』を編集、点字訪問教授となる
1923年	31歳	日本語点字旧約聖書の編集にかかり出版。秋元が盲人基督信仰会の中心になる
1928年	35歳	東京都杉並区に盲人基督信仰会館を新築して移転。翌昭和4年4月より盲人の宿泊・慰安の仕事を始める
1933年	40歳	盲人基督信仰会を東京光の家と改称。保護部、出版部、教育部の事業に取り組む
1937年	44歳	はり、あんまの盲人の職業指導を行う
1947年	55歳	旧・生活保護法による収容を開始する
1950年	58歳	財団法人が認可され秋元が理事長に就任。昭和27年に社会福祉法人に組織替え
1958年	65歳	施設を東京都日野市旭が丘に移転する
1965年	73歳	盲人ホーム光の家鍼灸マッサージホームを新設、盲人更生事業を開始
1968年	75歳	勲四等瑞宝章を受賞
1975年	82歳	永眠

縁あって秋元の娘婿となり、1958（昭和33）年に生活指導員として就職。全国社会福祉協議会・全国救護施設協議会会長などを歴任。田中は、今日まで半世紀以上を秋元の信仰と社会福祉事業の継承にあたる。

秋元はどんな人物だったのか。「盲人に必要なものは、金があろうがあるまいが、つくらなければならない、が持論だった」と田中。信仰に生涯をささげた秋元の人生はキリスト教関係者には著名であるが、意外と社会福祉事業関係者としては知られてはいない。「朝から夜まで点字聖書を読んで祈り、祈ることで道を拓いた人生ではなかったのだろうか」。「肝心の施設の土地や資金の確保は、他人任せ」という性格も。楽天的で猪突猛進型の秋元らしさが浮かび上がる。

田中が社会福祉施設に勤務して驚いたのが「職員の賃金のあまりの低さ」。それ以来、「施設職員のあり方」論は、田中のライフワークのひとつになる。措置制度の時代から、利用者の個別処遇の重要性、利用者の人間の尊厳に価値をおいたサービスのあり方を職員へ繰り返し繰り返し説く。田中は次のように言う。「福祉事業においては、人そのものが大きくなってはいけない、というのが私どもの考えである。経営者が大きくなり過ぎれば、経営者が施設全体の主人公になってしまう。働き人が大きくなれば、自らの仕事を誇り、傲慢になる。こうなると、施設は入所者のためでなくなり、人の上に人が立ち本来の福祉理念は消えてしまう[※2]」。田中の理論は、21世紀初頭の社会福祉基礎構造改革を通じて今日の利用者本位の福祉サービスのあり方に通底するようになる。

《引用・参考文献》
※1　岩島公『秋元梅吉　キリストの証しそのものの人』日本盲人福祉研究会、1985年
※2　『創立九十周年記念誌　みことばに導かれ』東京光の家、2011年
①田中亮治『福祉施設職員に語る』東京光の家、1987年

井深八重

身も霊も捧げつくして残りたる心の花は永久(とわ)に香らん

わが国では、長年にわたって、多くのハンセン病患者が社会防衛策により隔離・収容され、社会や家族のつながりから排除され、理不尽な処遇のもとで人権が蹂躙(じゅうりん)されてきた。明治期に患者の医療支援をする人々のなかに海外からの宣教師があり、静岡・御殿場(ごてんば)にパリ外国宣教会のテストウィド神父が開設した神山復生(こうやまふくせい)病院は、その草分けとなる。1919（大正8）年7月、長崎県立長崎高等女学校英語科の若き教師である井深八重(いぶかやえ)は、ハンセン病と診断されて神山復生病院に入院するが、その後の精密検査で感染していないことが判明。しかし、井深は病院を去ることなく、看護婦となり、患者に寄り添うことを生涯の仕事とする。井深の生き方は、時代を超えて多くの人々に影響を与える。

井深八重は1918（大正7）年に同志社女学校専門学部英文科を卒業し、長崎県立長崎高等女学校英語科教師として長崎に赴任。新天地で職業をもつ女性として第一歩を踏み出す。しかし、翌年に体の一部に現れた赤い発疹をめぐって、ハンセン病の疑いありと診断される。

井深はハンセン病とはいっさい知らされず、やがて休職。どこに行くともなく叔父叔母に付き添われてたどり着いたのが、富士山麓に連なる黄瀬川沿いの緑のなかにある神山復生病院。井深は60年後に、この時の様子を振り返っている。

「黒のスターンに白髪温顔の外人は、初めて見るカトリックの司祭でした。『私が院長です』と挨拶され、付き添いの叔父叔母との会話の中から、ここがらいの病院であること、そして私が何の為にここにつれて来られたかを、初めて知ったときの私の衝撃！それは、到底何をもっても表現することは出来ません」（井深八重「道を来て」）。

かつて癩病(らいびょう)と呼ばれたハンセン病は、不治の病と恐れられ、1907（明治40）年の「癩予防ニ関スル件」制定を出発点に、国の徹底した取り締まり策が強化されて、隔離・収容、人権蹂躙をはじめ、差別や偏見が増幅されていく。21歳の井深にとって患者の烙印を押され、それまでの生活すべてを剥ぎ取られ、見も知らぬ隔絶された場所に1人留め置かれるとは、まさに青天の霹靂(へきれき)である。恐怖と煩悶の日々が始まる。この時の「白髪温顔の外人」は神山復生病院の第五代院長であるドルワール・ド・レゼー。70歳である。

だが、その後、井深には病状が進行する兆しはない。1922（大正11）年に精

年	年齢	事項
1897年		台湾・台北に井深彦三郎・テイの長女として生まれる
1904年	6歳	東京・芝区の白金小学校入学
1907年	9歳	「癩予防ニ関スル件」制定
1910年	12歳	同志社女学校普通部入学
1918年	20歳	同志社女学校専門学部英文科卒業
		長崎県立長崎高等女学校英語科教師となり、長崎に赴任
1919年	21歳	ハンセン病と診断され、静岡県御殿場の私立神山復生病院に入院し、病院名「堀清子」を名乗る。内務省がハンセン病一斉調査、患者数1万6261人
1922年	24歳	東京で1週間にわたる土肥慶蔵博士の精密検査を受け、「健全にして異常無し」の証明書を受ける
1923年	25歳	東京・半蔵門の日本看護婦学校速成科に入学。9月同校卒業とともに検定試験を受けて看護婦の資格を得、神山復生病院のただひとりの看護婦となる
1924年	26歳	看護婦長となる
1925年		内務省ハンセン病調査、患者数1万5351人
1931年		「癩予防ニ関スル件」を改正して癩予防法(旧法)を制定、強制隔離・収容策をさらに徹底する
1933年	35歳	NHK大阪放送局より、八重をモデルとした連続ラジオドラマ「ひとりしずか」を放送(朗読：夏川静江)。反響を呼ぶ
1935年	37歳	三井報恩会より優良社会事業従事者として感謝状を受ける
1939年	42歳	復生病院創立50周年を迎える。患者数135名
1950年	52歳	病棟建築費募金のため、ドロレス院長とともに訪米。翌年7月に帰国
1952年	54歳	復生病院で特効薬プロミンの使用開始
1953年	55歳	らい予防法※制定
1957年	59歳	日本カトリック看護協会(JCNA)発足。初代会長に就任し、会歌を作詞する
1959年	61歳	ヨハネ23世教皇より聖十字勲章「プロ・エクレジア・エト・ポンティフィチェ」を受賞する
1961年	63歳	第18回フローレンス・ナイチンゲール記章を受章
1975年	77歳	同志社大学より、「名誉文化博士」の称号を授与される
		アメリカの週刊ニュース誌「TIME」に「マザーテレサに続く日本の天使」と紹介される
1978年	80歳	昭和52年度朝日社会福祉賞を受賞する
		現役を退き、名誉婦長となる
1979年	81歳	手記「道を来て」発表される(復生病院創立90周年記念誌「踏跡」)
1983年	86歳	NHKテレビ番組「こころの時代 宗教・人生 悲しみを越えて」に出演(インタビュアー：阿部志郎)
1985年	88歳	米寿を祝う
1989年	91歳	永眠

※らい予防法は、1996(平成8)年に「らい予防法の廃止に関する法律」制定で廃止される

密検査を受け、「健全にして異常無し」の証明書を受ける。鉄のような宣告と絶望の日々の発端は、誤診だったのである。レゼーは、井深に退所を勧める。しかし、井深は病院に残る道を希望する。こうした場合、人はすぐに退所し、忌まわしい記憶をかなぐり捨てようとするだろう。それなのに、なぜ残るのか。病に対する無為無策の社会のなかで、海外から来たレゼーらの献身的な活動にふれた井深は、日本人としてこの大恩に報いねばと決意する。

井深は1923(大正12)年に看護婦の資格を取得。1924(大正13)年に26歳で看護婦長に。生涯を患者と過ごす。

横須賀基督教社会館名誉館長の阿部志郎は、井深の命日に墓参りを欠かさない。日本ソーシャルワーカー協会長、社会福祉士国家試験委員長、神奈川県立保健福祉大学学長などを歴任。わが国の戦後社会福祉を築く第一世代である。

軍国主義青年であった阿部は、終戦直後の混沌とする価値観の転変のなかで道に迷う。大学卒業を前にたどり着いたのが神山復生病院。治療室で、耳も鼻もそげ落ちた患者の包帯をほほえみながら交換する看護婦の姿を見て、「いと小さき者の1人の幸せが確保されなくして、社会の幸福はあり得ない」と確信したという。「そこにいたのは15秒か20秒程度で、目礼しただけで、名前も聞かず言葉も交わしていません」と阿部。

しかし、治療室を出た時に、阿部の内面は一変する。「この看護婦さんの後をついていこう」。井深との偶然の出会いが、やがて阿部が「ソーシャルワークを志した動機」となっていく。

《参考文献》
①「人間の碑」刊行会編著『人間の碑：井深八重への誘い』井深八重顕彰記念会、2002年
②阿部志郎・河幹夫『人と社会：福祉の心と哲学の丘』中央法規出版、2008年

大坂鷹司

> 私の町は三陸津波の為に一夜のうちに何千人もの人が死にました。この事がどんなに少年時代の私にショックを与えたか分かりません

　JR仙台駅から仙山線に乗り換えて東照宮で下車。東に転じて住宅街の坂道を20分ほど登りつめていくと、仙台キリスト教育児院の施設群の丘にたどりつく。1906（明治39）年に始まる百年を超える歴史のなかで、戦前の経営困難な時期に7代目院長に就任したのが大坂鷹司。信仰と児童養護に一生を貫いたわが国を代表する社会事業家の活動の原点には、はるか1896（明治29）年の三陸大津波で離散した家族の悲哀の記憶がある。大坂の仕事を振り返る時、その時代背景には1923（大正12）年関東大震災、1933（昭和8）年三陸大津波、1934（昭和9）年東北大冷害という大規模災害が続く。そして2011（平成23）年3月11日東日本大震災。

　大坂鷹司は岩手県上閉伊郡釜石町（現在の釜石市）の網元の息子である。

　大坂が生まれる前年の1896（明治29）年6月15日。釜石東方沖200キロを震源地とするマグニチュード8.2—8.5の巨大地震が発生。三陸地方に最高遡上高38.2mの大津波が押し寄せて約2万2000人が犠牲となり、流失・倒壊家屋は1万戸を超える。鷹司の父・亀松は先妻と娘4人を亡くすが、家業を継続するために、同じく母と姉を亡くした金沢リンと再婚、翌年4月に鷹司が誕生する。

　やがて鷹司は川崎セキと結婚して家業を継ぐものの、1920（大正9）年にセキは長男を出産した直後に死去。大坂は深い失意のなかで家業と財産を弟に譲って上京し、東京学院神学部（現在の関東学院大学）入学の道を選ぶ。22歳の時である。1922（大正11）年に川崎パブテスト教会の牧師に就任するが、当時の教会は伝道の成果もなく、経営もどん底状態に。大坂は早々に地域密着の方針を立てて、教会と住民の結びつきを強める活動に転じる。後の社会事業経営で発揮される大坂の先見性は、この時期に形成される。

　1923（大正12）年9月1日、関東大震災が起こる。大坂は直ちに米屋から米1俵を担いで炊き出しをすると同時に、臨時無料宿泊所を開設。1000人を超える罹災者の救護に乗り出す。また、1932（昭和7）年に請われて仙台キリスト教育児院長に就任した翌年には、三陸大津波が起こる。大坂は被災地に臨時託児所（5か所）を開設。今何が必要かという瞬時の判断の背景には、幼い頃より伝えられて来た三陸大津波の記憶がある。大坂は第二次世界大戦後に東京育成

年	年齢	事項
1897年		岩手県上閉伊郡釜石町（現・釜石市）の網元の大坂亀松とリンの長男として生まれる。両親は前年の三陸大津波で家族を亡くす
1905年		東北地方は冷害で大凶作となり、仙台市内のキリスト教会は協力して救護活動に努める
1906年	8歳	メソジスト教会の宣教師フランシス・F・フェルプスが冷害被災地の子ども7名の収容を仙台市東三番丁の教会員宅で始める。国内外より多額の寄付を受けて仙台市北四番丁に院舎を移転。当時の収容児270余名
1915年	17歳	岩手県立宮古水産学校を卒業
1920年	22歳	妻・セキが長男出産後に死去。上京して東京学院神学部（現・関東学院大学）に入学する。2年後に卒業して川崎バプテスト教会の牧師に就任
1923年	26歳	関東大震災起こる。川崎市で臨時無料宿泊所を開設して1か月に約1000人を収容
		宮城県内務部長が仙台基督教育児院の成果がないとして補助金削減を通知。これを契機に経営難に見舞われる
1930年	33歳	仙台北星教会牧師に就任
1932年	35歳	仙台キリスト教育児院長に就任、この年施行された救護法に規定された孤児院として認可を受けて補助金を得る。乳児棟を建設
1933年	35歳	三陸地方に大地震・大津波起こる。死者約3000人。宮城県下5か所に臨時託児所を設置する。延べ1万5000人を収容
1934年		東北地方は再び冷害で大凶作に見舞われる。農家支援が必要となり、旧院舎を売却。翌1935（昭和10）年2月に小松島（現・仙台市青葉区）に移転。乳牛飼育、りんご栽培を始める
1945年	48歳	戦災援護会と協力して戦災孤児救援のため四恩学園を開設
1952年	55歳	社会福祉法人に組織を変更
1955年	58歳	阿部報公会より寄付された基金で仙台乳児院を開設
1971年	74歳	永眠

園・松島正儀とともに児童問題の戦後処理に奔走する人物として後世に評価される。が、意外に知られていないのが、これらの大規模災害への対応であり、社会福祉関係者としての災害救助の先駆的な仕事である。

大坂欣哉は2007（平成19）年から9代目院長となる。鷹司の末息子。早稲田大学大学院で西洋哲学を専攻。児童福祉施設、特別養護老人ホーム、訪問看護ステーション、地域包括支援センターをはじめとする一大経営を束ねる。

「東日本大震災の被害は施設の一部が損傷する程度で、比較的軽微でした」と欣哉。先人の取り組みと重ねて大規模災害への備えを語る。耐震構造や対応マニュアルはともかく、大事なのは「まずは社会福祉施設を地域防災計画に位置づけること。そのためには日頃の地元との交流が大切になる」。震災時には近隣住民が特別養護老人ホームに避難。

欣哉は、震災後に「混乱のなかでも比較的早くグループホームが自力で復旧することができた。そのためには施設における生活の単位をなるべく小さくすることが必要と気づいた」という。個別のバックアップ体制については、「例えば太平洋側の施設は日本海側の施設と姉妹関係をつくるなどの工夫も考えられるのでは」とする。「東日本大震災を契機に危機管理や全国的な支援体制についての関係者の検証、教訓づくりが不可欠となる」。

こう語る欣哉も「福島第一原発の炉心溶解では疎開も考えた」と振り返る。半径80キロ圏と動揺する職員に檄を飛ばす。「子どもたちは俺たちが守らなければならない。腹をくくれ」と。

《参考文献》
①仙台基督教育児院編『落ち穂ひろい：「丘の家」から｜大坂鷹司からのメッセージ』仙台基督教育児院、1992年
②小松啓・本田久市『大坂鷹司』〈シリーズ福祉に生きる50〉大空社、2001年
③田澤薫『仙台基督教育児院史からよむ育児院と学校』東北大学出版会、2009年

吉見静江

この道一筋に等といえば聞えが良いように思えますが、私の場合はただ好きな仕事を与えられたというにすぎません。

　空に伸びるスカイツリーが話題となる東京都墨田区に社会福祉法人興望館がある。建物は京成曳舟駅から押上駅に向かう線路に接する。曳舟という名のとおり、江戸時代に水路の舟を川沿にひいた場所で、水面よりも低い下町の一帯は、洪水に見舞われる歴史をもっている。町工場と住宅が密集する地域で、保育・授産の隣保事業の興望館セツルメントが産声をあげたのは1919（大正8）年。第一次世界大戦後の社会を騒然とさせる米騒動の翌年である。だが、関東大震災で建物は焼失。その後再建を図り、事業を軌道に乗せるのが吉見静江。吉見は、やがて終戦後の育成の理念をすえた児童福祉法制定をうけて、厚生省児童局の初代保育課長として占領期の児童福祉を切り拓く先頭に立つ。

　吉見静江は東京・日暮里の人である。富裕な銀行員の娘として生まれるが、3歳を前に母が死去。母親の妹夫婦である吉見良三郎・テルの養女となる。

　日本女子大学校英文科を卒業して富山県立女子師範学校並附属高等女学校に赴任。当時は女子大を卒業すれば良妻賢母をめざして早々に結婚するのが常であったが、吉見の場合は職業をもって自立する道を選ぶ。奇しくも富山は第一次世界大戦後の不況のなかで米騒動が発生した地。若い吉見は社会問題の荒波を受けるとともに、後に勤務する外国人向けの日本語学校ではキリスト教の婦人宣教師らとめぐりあう。吉見の人生に大きな影響を与える人物である。

　当時アメリカやカナダから来た婦人宣教師らは東京市・本所区松倉町（現在の墨田区）に興望館セツルメントを開き、労働者街で保育をはじめ、地域改善、授産、社会教育活動をすすめる。内務省が細民調査を実施した地区で、慈善事業から社会事業へと社会福祉の歴史が移行する時期である。吉見も運営を手伝い、やがて第2の転機が訪れる。関係者が吉見を興望館の業務主任に就任させようと考え、そのためには社会事業研究が必要であり、吉見をアメリカに派遣留学させる決定をしたのである。1927（昭和2）年6月、吉見は横浜港より出国。ニューヨーク・スクール・オブ・ソーシャルワークで2年間社会事業と経営学を学び、1929（昭和4）年9月に帰国、興望館館長に就任。活動を加速する。

　瀬川和雄は、牧師で社会福祉法人興望館理事長。父の八十雄は山室軍平のもと

年	年齢	事項
1897年		東京・日暮里に山口壮吉・キュウの二女として生まれる。母の死去にともない吉見良三郎・テルの養女となる
1915年	17歳	日本女子大学附属高等女学校卒業
1919年	21歳	日本女子大学校英文科卒業。富山県立女子師範学校並附属高等女学校に奉職、翌年3月病気のため退職
1920年	22歳	日本女子大学校英語別科に奉職、同年12月に家事の都合により退職
1921年	23歳	埼玉県立川越高等女学校に奉職、同年7月に病気のため退職
	24歳	松宮日英語学校に奉職、昭和2年7月退職
1927年	30歳	興望館セツルメントより社会事業研究のためアメリカに派遣され、ニューヨーク・スクール・オブ・ソーシャルワークにおいて2年間社会事業と経営学を学ぶ
1929年	32歳	帰国して興望館館長に就任
1930年	33歳	興望館理事に就任
1932年	35歳	中央社会事業協会・隣保事業研究委員会委員に就任
1940年	42歳	方面委員に任命される
1941年	43歳	愛の家理事に就任、司法保護委員に任命される
1942年	44歳	社団法人母を護る会監事に就任
	45歳	厚生省より推挙されて満州国10周年社会事業大会に社会事業民間功労者として出席。人事調停委員に任命される
1943年	46歳	興望館が財団法人として認可され、理事に就任
1946年	48歳	向島区防犯協会理事に任命される
	49歳	日本基督教婦人矯風会会計理事に就任。ララ救援物資中央委員会委員に任命され、実行委員となる
		東京都民生委員に任命される。財団法人日本社会事業協会理事に就任
1947年	50歳	孤児援護中央委員に任命される
		児童福祉に関する中央常設委員会委員に任命される
		児童福祉施設最低基準案(日本社会事業協会案)作成第四部会委員に任命される。興望館館長を辞任、厚生事務官に任ぜられて厚生省児童局保育課長に就任
1948年	50歳	中央社会事業委員会幹事に就任
		社会事業研究所委員を委嘱される
	51歳	中央児童福祉委員会幹事を命ぜられる
1950年	53歳	保健体育審議会(学校給食分科審議会)臨時委員を命ぜられる
1951年		2月より6月まで米国に出張、社会福祉事業を視察
1954年	57歳	児童局保育課が母子福祉課に組織変更のため母子福祉課長となる
1959年	62歳	社会福祉法人茅ヶ崎学園理事に就任
		厚生省児童局母子福祉課長を辞任
		児童福祉施設茅ヶ崎学園長に就任
		茅ヶ崎学園が社会福祉法人として認可され理事に就任
1960年	63歳	社会福祉法人興望館理事に就任
1968年	71歳	勲四等瑞宝章を授章
1972年	74歳	永眠

で救世軍社会事業部長を務める。瀬川は学生時代から興望館に出入りし、吉見に最も近い人物となる。

敗戦の兆しが見え始める1944(昭和19)年春。兵役から興望館に戻った瀬川は、吉見に軍務の内容を尋ねられ、「代々木の高射砲連隊に配属されて……」と話す。帝都防衛の軍事機密である。それを聞いて吉見は直ちに「保育園の子どもたちを軽井沢に疎開させよう」と決定する。この時点で強制疎開の対象は小学校3年生以上。瀬川の情報では東京空襲は必至となる。東京以外に縁故がない、下町の一角に取り残される子どもたちを守らなければという吉見の鋭い判断である。1944(昭和19)3月30日。かの東京大空襲の1年前である。

特に思い出に残るものは何か。瀬川はそのひとつに児童福祉法制定をあげる。1947(昭和22)年同法制定の前段で、吉見が委員となる児童福祉に関する中央常設委員会では必要なのは戦災孤児対策の保護法か、それとも積極的な育成法かというまったく違う見地が激突する。興望館で人づくりを重視してきた吉見は、育成法の強力な推進論者となる。「保護法ではだめなんだ」が口癖だったという。

瀬川は1947(昭和22)年入学の日本社会事業専門学校研究科第一期生。その年の秋に厚生省児童局企画課勤務を命ぜられ、保育課設置の準備にあたる。そして12月に初代課長として着任するのが吉見。吉見の経歴に着目した葛西嘉資ら厚生省幹部とGHQ(連合国軍最高司令官総司令部)公衆衛生福祉局の意向である。興望館の2人は、セツルメントから全国の児童福祉に携わるようになる。

《参考文献》
①瀬川和雄編著『興望館セツルメントと吉見静江』興望館、2000年
②瀬川和雄『吉見静江』〈シリーズ福祉に生きる47〉大空社、2001年

岩橋武夫

私の眼は、私の指が動く所、その觸れる所にある。私が杖を以て大地を打つ時、その杖の尖はやがて私の眼の延長となるのである※

　今日の社会福祉は第二次世界大戦後の占領下に1946（昭和21）年旧生活保護法で出発し、翌年には児童福祉法が制定される。身体障害者の分野では日本盲人会連合が交通費割引、点字出版、税の減免、生業資金の貸付などを求めて盲人福祉法を準備。これに対して厚生省はより包括的なリハビリテーション法を提示し、時代にあって必要なのは盲人福祉の単独法か、それとも総合的な身体障害者福祉法なのかが問われることになる。大議論の末に日本盲人会連合は身体障害者福祉法を選ぶ。小異を捨てて大同につく判断を下したのは日本ライトハウスの岩橋武夫である。ひたむきに走ってきた岩橋の生涯は現代史の骨格と重なって浮かび上がる。

　岩橋武夫は紀州田辺藩士の末裔である。1916（大正5）年に大阪府立天王寺中学校を卒業して早稲田大学理工科に入学。だが、翌年の正月早々に風邪で高熱に悩まされ、目の変調を訴える。網膜剥離と診断され、5月に失明する。中学では野球部のピッチャーで絵画の才ありと前途を期待された青年は、失意のうちに退学して大阪に戻る。手広く事業を営む実家は世界恐慌の余波を受けて逼迫する。19歳の岩橋は暗澹とした日々を過ごし、その年の大晦日に短刀で自らの命を絶とうとするが、母の機転で未遂に終わる。生かされた岩橋は、やがて「生きるなら生きるらしくせよ」と決意する。

　1918（大正7）年に岩橋は大阪市立盲唖院に入学。橋本喜四郎から点字を学び、イギリスの盲目の詩人ジョン・ミルトン、三重苦のヘレン・ケラーなど盲人世界の先人の無限の可能性を知る。次いで、盲人でクリスチャン、英語の第一人者である熊谷鉄太郎に師事して、英語、聖書の勉強に没頭。関西学院英文科にすすんで岩橋は貪欲に知識を吸収する。

　岩橋の世界観の基礎が完成するのは、スコットランドのエディンバラ大学への留学の時期である。艱難辛苦の果てに学位を取得した岩橋は、1928（昭和3）年に何事にもとらわれない新しい知見を獲得して帰国、関西学院の教職につく。

　1934（昭和9）年に岩橋は渡米。講演旅行を終えてニューヨーク郊外にヘレンを訪ねる。それ以来気高い友情と信仰で結びついた二人は、昭和史に登場するようになる。特に1937（昭和12）年のヘレンの国賓としての日本訪問は、日中戦争を契機に突出する軍部と和平を探る勢力の対抗線上に位置づけられ、当時の

年	年齢	事項
1898年		大阪鉱山監督署官吏の岩橋乙吉とハナの長男として生まれる。父は紀州・田辺藩士の4男
1910年	12歳	大阪府立天王寺中学校に入学、野球と絵画のとりこになる
1916年	18歳	早稲田大学理工科採鉱学科に入学
1917年		正月に風邪にかかり高熱に
		目に変調を覚え網膜剝離と診断される
	19歳	失明する。大学を中退して大阪に戻る
		大晦日に短刀で自殺を図るも母に止められる
1918年	20歳	大阪市立盲唖院に入学。橋本喜郎から盲目の詩人ミルトン、郵便制度の生みの親ヘンリー・フォーセット、ヘレン・ケラーの話を聞き、その足跡や実践のなかに無限の可能性があることを知る
		盲人でクリスチャン、英語の第一級の達人とされる熊谷鉄太郎の講演に感動し、熊谷の自宅で英会話、福音書の英書購読の学習にいそしむ
1919年	21歳	関西学院大学英文科にすすむ
1924年	26歳	母とともに赤沢元造牧師により受洗
1925年	27歳	神戸に支局をもつジャパン・クロムエル社の記者ブレイルスフォードの知遇を得て、スコットランドのエディンバラ大学留学に向かう
1928年	29歳	帰国し、関西学院専門部の教師となり、宗教哲学、英文学を担当する
1928年		『光は闇より』が朝日新聞懸賞小説に入賞
1929年	31歳	社会事業研究誌に「英国に於ける盲人社会立法」を連載開始
		ライトハウス運動の指導者ルファス・グレーグス・マザー女史が来日、通訳にあたる
1933年	35歳	大阪盲人協会が第1回総会を開催、会長に就任する
1934年	36歳	カリフォルニア州日本人教会連盟の招請で渡米、ニューヨーク郊外のヘレン・ケラーの自宅を訪れる
1935年	37歳	ライトハウスを開設。教養学校、盲人の実態調査などを事業とする
1937年	39歳	ヘレン・ケラーが国賓としてルーズベルト大統領の親書を携えて訪日、各地の訪問に同行する
1943年	45歳	戦時下にライトハウスの事業が恩賜軍人援護会大阪支部に移管され、失明軍人会館と改称される
1946年	47歳	ヘレン・ケラーの手紙が届き、訪日の意向を伝える
1948年	50歳	ヘレン・ケラーが来日、岩橋らの盲人福祉法制定活動を支援
		厚生省が盲人福祉単独法ではなく身体障害者全体を包括したリハビリテーション法を構想し、同法制定の準備委員に就任。翌24年12月に身体障害者福祉法が制定される
1949年	51歳	ヘレン・ケラーの招請で訪米、盲人の社会参加、リハビリテーションの先端にふれる
1954年	56歳	永眠

緊迫した情勢を背景にしている。

ヘレンは1948（昭和23）年に岩橋の招請で再び来日。戦争で疲弊した人々は各地で熱狂的な歓迎をし、やがて身体障害者福祉法制定への道が切り拓かれる。

しかし、岩橋は1954（昭和29）年に56歳で病死。ヘレンは翌年に3度目の来日をして大阪の岩橋の墓前に。

關宏之は関西学院大学文学部を卒業して1970（昭和45）年に社会福祉法人日本ライトハウスに勤務。常務理事を経て大阪職業リハビリテーションセンター所長に。博士（心理学）。今は特定非営利活動法人全国就業支援ネットワーク事務局長で広島国際大学教授。岩橋の生涯を丹念に分析して記録した唯一の人物である。

「岩橋武夫は思想家であり、実践家であり宗教家である」。關は、同時代の人々の聞き取りを続け、岩橋の人格形成に紀州田辺藩士である祖父の影響をみる。「何事にも毅然としていた」「いいとこ取りではなく、益がなくても自説を曲げない」。そして「みんなついて来いというあっけらかんとした」意外な性格をあげる。

岩橋はヘレンとともに日中戦争の拡大、日米開戦を避けるべきとの立場をとる。「岩橋はヘレンの来日の際に国際連盟脱退時の外務大臣松岡洋右と会い、以来親交を重ねているが、果たしてどういった動きがあったのか興味深い」と關。昭和史のなかで明らかにされていない部分である。岩橋の文学作品も未発表のものがあるかもしれない。

關らは障害者の就労確保の最前線で活動し、「当事者をベースにした就労支援」を掲げる。その理念のなかに岩橋の事業精神の継承をみることができる。

《引用・参考文献》
※岩橋武夫『私の指は何を見たか』日曜世界社、1931年
①關宏之《〈盲先覚者伝記シリーズ1〉岩橋武夫：義務ゆえの道行』日本盲人福祉研究会、1983年
②日本ライトハウス協会21世紀研究会『わが国の障害者福祉とヘレン・ケラー』教育出版、2002年

灘尾弘吉

社会福祉法制の源流——
その時代精神に宿るもの

　今日の社会福祉は、さまざまな歴史の表層のうえに成り立っている。福祉事務所をはじめとする社会福祉行政の実施体制、社会福祉法人、福祉サービスの利用、地域福祉などの社会福祉関係法に共通する基礎構造を規定した社会福祉法は、1951（昭和26）年社会福祉事業法を原型とする。さらに、同法形成史の一角には1938（昭和13）年社会事業法があり、立法を担当したのは当時の内務省保護課長・灘尾弘吉である。灘尾は、戦前は社会事業行政の担い手として、戦後は政治家となって偉大な足跡を残す。社会福祉法制の源流となる当時の社会状況や官僚の時代精神はどういったものなのか。

　灘尾弘吉は広島の人である。1899（明治32）年に佐伯郡大柿村（現在の江田島市）に生まれ、1924（大正13）年に東京帝国大学（現在の東京大学）法学部を卒業して内務省に入省。1926（大正15）年より社会局に配属され、保険部企画課、社会部保護課を経て1935（昭和10）年社会部福利課長、そして1937（昭和12）年社会部保護課長に就任する。灘尾は終戦の日に内務次官を辞するまで役人生活の4分の3を社会局関係に費やし、また警察行政の経験はないという内務官僚としては異色の経歴の持ち主である。

　灘尾の内務省での仕事を大別すれば、健康保険法、労働者年金保険法などの社会政策と、救護法、融和事業、そして社会事業法制定といった社会事業行政に分けることができる。なかでも、社会事業法は灘尾が最も心血を注いだもので、今日のわが国の社会福祉法制の源流となる。

内務省社会局と社会事業

　1920（大正9）年に中央官庁のなかで巨大な権限をもつ内務省が、社会局を設置して社会事業を所管する。この時期は、日本経済が発展していく過程であったが、その反面では貧富の格差が顕著となり、米騒動などの民衆暴動や労働争議が多発する。農村の窮乏化は昭和恐慌の頂点に向かう。

　社会局創設時の第一課長である田子一民※は、『社会局参拾年』（厚生省社会局、昭和25年）で以下のように当時を回顧している。

　　「…私達は実に真剣に、又熱心に社会的自覚を促すために警鐘を乱打する心組で居た。私達は社会事業を科学化し、経済面、社会生活面にもふ

年	年齢	
1899年		広島県佐伯郡大柿村（現・江田島市）能美島に生まれる
1913年	13歳	広島県立広島中学校卒業（総代、知事より銀時計）
1921年	21歳	第一高等学校卒業
1924年	24歳	東京帝国大学法学部首席卒業
		内務省衛生局調査課入省
1926年	27歳	内務省社会局保険部企画課
1929年	30歳	救護法公布（1932年1月施行）
1931年	32歳	内務省社会局社会部保護課
1934年	34歳	第18回国際労働総会（ジュネーブ）に政府代表委員顧問として出席
1935年	35歳	内務省社会局社会部社会福利課長に就任
1937年	37歳	内務省社会局社会部保護課長に就任
1938年	38歳	厚生省発足により社会局保護課長
		社会事業法公布（7月施行）
	39歳	内務省土木局道路課長に就任
1939年	39歳	内務省大臣官房会計課長に就任
1940年	40歳	『社会事業行政』を刊行
1941年	41歳	大分県知事に就任
1942年	42歳	厚生省生活局長
		厚生省衛生局長
1944年	44歳	内務省地方局長
1945年	45歳	内務次官
		依願免本官
1947年	47歳	公職追放指定
1951年	51歳	公職追放解除
1952年	52歳	第25回衆議院議員選挙に当選、これより連続当選12回
1956年	57歳	石橋内閣で文部大臣に就任、これより第一次・第二次岸内閣、池田内閣、第二次佐藤内閣で文部大臣を務める
1957年	57歳	社会福祉法人中央共同募金会会長に就任（昭和62年5月まで）
1959年	59歳	社会福祉法人全国社会福祉協議会会長に就任（昭和62年5月まで）
1961年	61歳	第二次池田内閣で厚生大臣に就任
1962年	62歳	全国老人クラブ連合会会長に就任（平成6年1月まで）
1965年	65歳	日本身体障害者団体連合会会長に就任（平成6年1月まで）
1966年	66歳	国際社会事業会議（ワシントン）出席
1974年	75歳	自由民主党総務会長に就任
1979年	79歳	第60代衆議院議長に就任
1994年	94歳	永眠

れて根本的に日本の社会事業を建てなおしたい。そして労働問題の解決を図りたいと企図した。（中略）社会局の事務、事業は法規に従って処理するよりは、先づ法規を制定して然る後に事務事業を興す方面は重大であった。紙に書きしるされた法規を解釈する（中略）よりも、白紙に筆を下ろすことが仕事であったのである。（中略）従って、創造し、助長して行かなければならない仕事は多端であり、多難であり、他省と交錯する部分が多く、局にあって事に当る者の苦心は容易ではなかったが、日本社会の改革、改良に鮮かな一線を画することを楽しみとして（中略）その職に当ったものである」

田子の記憶は社会局の役割にふれたものである。官僚として、社会事業を慈善事業といったレベルではなく、堂々と社会に必要不可欠な存在とし、わが国の社会事業を政策として発展させたいと念じていた、と読める。同時に、社会の改革、改良をやり遂げるという内務官僚の矜持(きょうじ)は、社会局のエートス、言い換えれば後世に引き継がれる社会局の時代精神となっていく。社会局はまたイギリスなど欧米の社会・労働問題に関心をもち、最新の情報収集にあたる。

私設社会事業の経営難と社会事業法

田子の後輩としてその薫陶を受けた灘尾は、やがて昭和不況のなかで資金繰りの困難に直面する私設社会事業の窮状を前に、国が積極的に私設社会事業に関与していく重要性を痛感する。だが、どのように私設社会事業を誘導し、育成すべきなのか。そこで灘尾が考えたのは、それまで自助の原理を強調して私設社会事業に依拠し、同時に放置してきた社会事業政策の大幅な軌道修正を図ることである。

その中心に構想されるのが社会事業法で、ねらいは私設社会事業への国庫助成

や税制上の優遇措置などを講じて経営基盤を強化するとともに、不良施設への改善命令など地方長官（知事）の監督権限を確立することである。社会事業法は1938（昭和13）年に制定され、助成と規制という表裏一体の論理で私設社会事業に国が関与していくという、これまでに類例をみない社会事業全般に関する統一的でかつ画期的な法令となる。

とはいえ、灘尾の社会事業法立法の作業は必ずしも順調にすすんだわけではない。内務省内では社会事業理解の濃淡の差から社会事業法立法への疑問が、また一部の私設社会事業関係者からは社会事業への国家統制策だとする批判もあがる。これらに対して灘尾は社会事業近代化の意義を説き、さらに社会事業の概念、社会事業行政の変遷、社会事業法の逐条解説を集大成して1940（昭和15）年に『社会事業行政』（常盤書房）を刊行する。今日の社会福祉法における社会福祉事業の範囲、第1種および第2種社会福祉事業の区分、寄付金規制の規定などの考え方の根拠は、同書を参考にするとよい。

灘尾の社会事業理論と社会事業家像

灘尾の社会事業理論には、興味深いものがある。『社会事業行政』では次のように述べている。

「社会事業の結果は直ちにはっきりと表れず且直接その利益を被るものは所謂社会的弱者であるが故に本人自ら利益を主張したり、陳情する等と云うことは極めて稀である。従ってそれだけに社会事業に関係あるものはこれを代弁する必要があり、又間接に利益を被るべき筈である所の世間一般も社会事業に対して十分の理解をもたねばならぬ…」

社会事業の対象者は声なき民であるから、関係者はそれを代弁しなければならないということである。この考え方は、次元が異なるものの、今日の福祉サービスの利用援助事業に通ずるものがある。灘尾もまた社会局の時代精神の持ち主である。灘尾は続ける。

「世には社会事業は不生産的のものときめてかゝる人もないではない。（中略）社会事業は労働力ある者に対しては労働の機会、労働の方法、労働の精神を与へて生産力を直接に、間接に、増進するものであり、又労働力なきものに対しては将来の労働力を蓄積し、或は又労働力に対する障碍を除去するものであって生産的立場から見ても決して無駄な仕事をしているのではない」

灘尾は、社会的弱者を放置すれば社会不安や問題が形成される。それを除去するのが社会事業であり、その費用は決して冗費ではなく、社会の安寧が生まれることを考えれば、結果として利益をもたらす、とする。社会事業による国民統合、経済理論とでもいえよう。この指摘は、社会保障負担は経済発展の足を引っ張るといった、俗流理論に対する反論として今日でも強い生命力をもつ。

とはいえ、灘尾の社会事業の対象の把握には国による生存権保障といった観点はない。時代の制約である。社会事業法では、経営組織の性格に関する規定もない。よって灘尾が福祉供給の全体像をど

のように描いていたのかは、必ずしもはっきりしない。しかし、行政と社会事業家については、上下の関係でみてはいない。灘尾はことあるごとに留岡幸助や石井十次らの社会事業家を尊敬する。社会局は児童関係立法で留岡、生江孝之らの助力を得るなど、民間の知見を大切にし、社会事業教育も推進する。かつて、灘尾は草柳大蔵との対談のなかで次のように述懐している。

「これははっきりしておきたいのですが、僕は社会事業と関係はしてきましたがね、実際に事業をやっているのは、社会事業家であり、福祉施設で働く人たちであり、多くのボランティアの人たちなんですよ。僕はそういう人たちの、お手伝いをしたにすぎない」

灘尾の人柄を物語る逸話である。

灘尾は『社会事業行政』終章で次のように強調する。

「社会事業家は笛を吹いて人を踊らせるとか、悲しい歌で人を哭かせることを考へてはならない。その自主独往の精神こそ社会事業家の真骨頂である。と同時に行政の立場においては高潔なる心事や犠牲奉仕の精神を以て、世のため人のためあらゆる努力を惜まない社会事業家をして、その志をとげしむべく十分の考慮がめぐらされねばならない…」

膨大な財政赤字の余波をはじめ、今日の社会福祉をめぐる情勢は激しく流動化している。社会福祉関係者は、いま一度灘尾の含蓄のあるこの一節の意味するところを振り返ってみてはどうだろうか。

《引用・参考文献》
※ 田子一民 たごかずたみ 1881〜1963年。岩手県出身。内務省官僚を経て三重県知事。衆議院議員、衆議院議長、農林大臣などを歴任。1951〜1959年まで中央社会福祉協議会会長、全国社会福祉協議会連合会会長、全国社会福祉協議会会長を務める。

① 「私の道―灘尾弘吉」(『中国新聞』1990年7月3日〜8月9日連載)
② 高多清在『広島県名誉県民小伝灘尾弘吉』(広島県、1991年)
③ 草柳大蔵『灘尾先生と語る』(全国社会福祉協議会、1992年)

ドロシー・デッソー

> 米国社会事業家は、日本に一つの大きい問題があることを発見した。すなわち実際に、専門的に訓練された社会事業家が、日本には、ほとんどいないということである

　今日の社会福祉教育の出発点は、第二次世界大戦後の占領期に連合国軍総司令部（GHQ）公衆衛生福祉局のソーシャルワーカーが画したものである。ドナルド・ウイルソン（D.V.Wilson）は、日本社会事業専門学校（現在の日本社会事業大学）、大阪社会事業学校（現在の大阪府立大学社会福祉学科）設立にあたり、フローレンス・ブルーガー（F.Brugger）は学校運営を指導する。ドロシー・デッソー（D.Dessau）は、中国軍政部公衆福祉課長として戦災地・広島の復興をすすめ、次いで近畿民事部福祉担当官となって福祉事務所の前身である民生安定所の創設に取り組む。デッソーは占領終了後も帰国することなく、同志社大学の教員として多くのソーシャルワーカーを育てる人生を送る。

　デッソーは「日本におけるケースワークの母」といわれた人である。

　最初の赴任地・広島では、孤児や母子世帯の保護にあたり、デッソーは地域で活動する民生委員と出会う。当時の民生委員は、戦前の方面委員を引き継いだもので、地元の名士や資産家が名を連らねている。デッソーは、民生委員は温厚な人格をもつ熱意のあるボランティアであるが、対人援助に不可欠な面接技法、ケース記録の方法などの教育をまったく受けていないことを知り、訓練の必要性を痛感する。県庁などの行政職員も社会福祉の知識は皆無である。デッソーは、寸暇を惜しんで県内を回り、講習会を開いて関係者に民主主義と自由の基礎を説き、個人の尊厳と価値を認識させながら、ソーシャルワークの素養を身に着けさせるように腐心する。

　当時、民生委員は1946（昭和21）年制定の旧生活保護法で市町村長の補助機関とされ、保護の決定にあたっている。GHQは、「民生委員制度は日本軍国主義の住民監視装置」という疑義もあって、厚生省に生活保護行政では民生委員を排除して有給の公務員として専門職員を養成して配置すべき、と要求する。このため、厚生省は東京と大阪に社会事業学校を設置。1950（昭和25）年には新生活保護法と抱き合わせで社会福祉主事の設置に関する法を制定する。この一連の過程は、デッソーらによるわが国の福祉専門職養成制度の分析・評価、ソーシャルワーク教育の導入の必要性を反映したものである。もっとも、デッソーは民生委員を一方的に必要悪とみたわけではな

年	年齢	事項
1900年		米国ニューヨークで輸入商を営む親のもと、5人きょうだいの末っ子として生まれる
1922年	22歳	ブリンマー大学卒業
1923年		Community Service Society of New Yorkでケースワーカーとして働き、後にスーパーバイザー、地区責任者となる
1936年	36歳	精神科ソーシャルワークを学んでニューヨーク社会事業大学院卒業
1941年	41歳	Community Service Society of New Yorkを退職
		コロンビア州ワシントンで実務に従事
1944年	44歳	ニューギニアへ米国赤十字より派遣、軍務員のための精神科ソーシャルワークに従事
1945年	45歳	中国へ派遣
1947年	46歳	来日して中国軍政部公衆福祉課長に就任
1950年	49歳	近畿民事部福祉担当官に異動して民生安定所の立ち上げと職員訓練に従事
1951年	51歳	方面委員制度の創設者である元・大阪府知事林市蔵を訪ねる
1951年		同志社大学教員となり、児童発達論、大学院でケースワークとフィールドワークを担当
1953年	53歳	自宅で大学院生の指導を行い、葵橋ファミリー・クリニックを開設
1980年	80歳	永眠

（京都新聞社会賞、勲五等宝冠賞、ゴールデン・ゲイト・チャプター特別功労賞を受賞）

い。むしろ日本の社会福祉の潜在力として着目し、近畿民事部時代には、方面委員制度の創設者である元大阪府知事の林市蔵を訪ねている。

新生活保護法と社会福祉主事の設置に関する法の施行で主要都市には民生安定所が設置され、デッソーは大阪、神戸などの民生安定所の立ち上げと職員研修を行う。民生安定所は、1951（昭和26）年に制定される社会福祉事業法（現在の社会福祉法）で社会福祉行政の実施体制の要となる福祉事務所に発展。今日の社会福祉基礎構造が完成する。その年の春、デッソーは同志社大学に教授として招聘され、児童発達論、ケースワークなどを担当する。

福山和女はルーテル学院大学教授。同志社大学を卒業してカリフォルニア州立大学バークレー校に学ぶ。福山の父親は『雨月物語』などで一世を風靡した脚本家の依田義賢。このため、子どもの頃から「依田の娘」と呼ばれた福山は、デッソーと初めて会った時のことを覚えている。「デッソーは依田のことを知っているにもかかわらず、私を下の名前で呼んでくれました」

デッソーはケースワークを履修する学生には必ず児童発達論の履修を課す。人間の存在を小さい時から個別に丹念に認識することの重要性からである。「理論と実践は不可避」として自宅を開放して葵橋ファミリー・クリニックを開設。福山は初代常勤ワーカーとして勤務する。

デッソーから改めて何を学ぶべきかを福山に問う。「ソーシャルワークでは人間の尊厳の保持が大切だということ。今の現場では、やっているようで、やっていない。援助すべきクライアントの価値、課題を聞いたうえで十分に理解しなければ、それは単なるアドバイスに終わってしまう」

《参考文献》
①小池桂『占領期社会事業従事者養成とケースワーク』学術出版会、2007年
②ドロシー・デッソー顕彰会編『ドロシー・デッソーの人と思想―戦後日本のソーシャルワーク』葵橋ファミリー・クリニック、2004年
③香川亀人編『ミス・ドロシー・デッソー：日本における生活と事業』私費出版、1978年
④D.デッソー著、上野久子訳『ケースワーク スーパービジョン』ミネルヴァ書房、1970年

澤田美喜

ふり返ってみると、今日までの16年間は、山、坂のけわしい旅路でした。暗夜にさまよう海のうえに、見えざる暗礁の数々が待ちうけているような旅路でした

　第二次世界大戦後に日本の女性と連合国軍関係者との間に生まれた子どもは、混血児と呼ばれる。子どもの母親にはアメリカ軍兵士相手に売春をする女性や性的暴行被害者も含まれ、望まぬ妊娠ゆえに、堕胎されたり、出産後に殺されたりする子どもも多かったとされるが、その実相は今日では定かではない。混沌とする占領期に、これまで見たこともない肌の子どもは、人々の好奇心、偏見と差別の的となったことは想像に難くない。が、この逆流に抗し、放置される多くの混血児を引き取り、養育する女性が現れる。澤田美喜。三菱財閥創業者・岩崎弥太郎の孫で、神奈川県大磯町に児童養護施設エリザベス・サンダース・ホームを開設する。1948（昭和23）年の早春、澤田46歳である。

　澤田美喜は、信仰を背景に社会の不条理と闘った人である。1922（大正11）年に外交官澤田廉三と結婚、夫に随行して各国を回る。

　澤田が社会事業に出合うのはイギリス滞在中である。1931（昭和6）年の秋の日、澤田は、イギリス国教会の司祭の紹介でロンドン郊外のドクター・バーナードス・ホームという孤児院を訪問。明るい表情の子ども、職業訓練まで整備された施設を見て、貧しい日本の状況に思いをはせる。ボランティアとして通ううちに、澤田の心には、日本でこの事業に取り組むのが自分の余生の仕事だという強い気持ちが生まれる。外交官の妻として、華やかな社交の裏側にある虚構、狭い日本人社会のなかでの嫉妬やいさかいに辟易していた澤田は、社会事業こそが人のため、世のためのものだという結論にたどりつく。人生の一大転機である。

　小笠原忍は、2003（平成15）年に社会福祉法人エリザベス・サンダース・ホーム第5代理事長に就任。立教大学英米文学科を卒業して、聖公会神学院に。1965（昭和40）年に神奈川県の平塚聖マリヤ教会の牧師となり、毎週日曜日の朝6時に隣町のエリザベス・サンダース・ホームで澤田や子どもたちと祈りをささげる。澤田を知る人物のひとりである。

　小笠原は、澤田の事業の経緯をさかのぼる。「昭和21年に三井家の家庭教師、エリザベス・サンダース女史が死去して遺産を聖公会社会事業に寄付。東京・聖路加病院で混血乳幼孤児収容施設設立発起人会が開かれ、この寄付でエリザベ

年	年齢	事項
1901年		三菱本家・旧男爵岩崎久弥の長女として東京・本郷に生まれる
1907年	5歳	お茶の水東京女子師範学校附属幼稚園に入る。以後、同校附属の小・中学部へ進学
1922年	20歳	外交官・澤田廉三と結婚。12月、夫に同行してアルゼンチンに行く。その後北京を経て昭和2年に帰国
1931年	30歳	夫に随行してロンドン。イギリス国教会の司祭の紹介でドクター・バーナードス・ホーム(孤児院)を訪ね、社会事業に開眼する
1933年	32歳	夫に随行してパリに行く
1935年	33歳	夫に随行してニューヨークに行く。同市第五街聖公会婦人会日本部会長に就任
1936年	34歳	アトランティック・シティ全米聖公会に日本部会長として出席。6月帰国。二世連合会救済部会長に就任(太平洋戦争終結まで在任)
1946年	45歳	三井家の家庭教師だったエリザベス・サンダース女史が死去して遺産170ドルを聖公会社会事業に寄贈。東京・聖路加病院で混血乳幼孤児収容施設設立発起人会、澤田が代表に就任
1948年	46歳	神奈川県・大磯町にエリザベス・サンダース・ホーム創立。理事長兼園長に就任
1952年	51歳	募金募集のため3か月間北米に行く
1953年		学校法人聖ステパノ学園創立。9月募金募集のため3か月間北米、ブラジル、ヨーロッパに行く
1955年	54歳	募金募集のため3か月間北米、ヨーロッパに行く
1959年	57歳	学校法人聖ステパノ学園中学校長に就任。9月募金募集のため3か月間北米、ヨーロッパに行く
1960年	58歳	世界の婦人のなかで人道主義に貢献した人に与えられる1960年エリザベス・ブラックウエル賞受賞のため北米に行く。続いて園児の作品を出品したパリの絵画展覧会の開会式に。9月にパール・バックと韓国を訪問
1962年	60歳	ビルマ(現・ミャンマー)を視察旅行、9月に北米、ブラジル・アマゾン、ヨーロッパを視察旅行
1963年	61歳	昭和37年度朝日賞受賞
1965年	64歳	国際孤児財団世界の婦人賞受賞
1972年	70歳	勲二等瑞宝章受章
1980年	78歳	スペイン領マジョルカ島にて逝去

ス・サンダース・ホームが設立されて、澤田が代表に就任するのです」。

 とはいえ、施設開設までの道のりは平坦ではない。澤田は施設の理想的な候補地として三菱財閥創業者岩崎家の神奈川県大磯町の別荘地に目をつける。が、GHQ(連合国軍最高司令官総司令部)の徹底的な財閥解体により、岩崎家の別荘と財産はその管理下に。「澤田は膨大な借金をしてこの土地を買い戻すのです。決めたことは何がなんでもやりぬく、という澤田の気概には圧倒されます」と小笠原。岩崎弥太郎譲りの意志の強さだろう。「しかし、澤田が身につけているものは子どものミルク代になり、岩崎家の茶室は暖房の薪になって消えていきます」。

 「人々は混血児問題を見て見ぬふりをする。日本政府もGHQも。混血児の世話は私がやるんだという澤田の決意をみると、そこに澤田という人間の、まさに先駆性が浮かびあがってきます」。小笠原は話す。「私たちは、得てして問題に気づかない。気づいても難しい、お金がない、スタートできない、法律の範囲でしか無理となりがちです。が、澤田の生き方に学べば、それを突破していく道筋がみえてくるのではないでしょうか」。

 澤田は戦後の社会福祉関係者のなかにあって、孤高の道を歩んだ人物である。「澤田は何度も渡米して占領下日本で、今何が起きているのか。多くの不遇な子どもが生まれていることを訴える」。同時に「施設では社会的自立、そのための職業訓練を大事にする」。ドクター・バーナードス・ホームでの学びである。

 開設以来60年間に1589人が巣立ったエリザベス・サンダース・ホームは、今日の社会的養護の問題に直面している。かつての混血児問題は歴史の一角に収納されたようにもみえる。しかし、戦争による性暴力とジェンダーという視点から俯瞰すると、澤田の仕事はあせることなく今日的課題に通底している。

《参考文献》
澤田美喜『黒い肌と白い心』日本図書センター、2001年

鈴木修学

単なる学究ではなく、また自己保身栄達のみに汲々たる気風ではなく、人類愛の精神に燃えて立ち上がる学風が、本大学に満ち溢れたいものであります

戦前のハンセン病患者を支援する人々には宗教関係者が多く、海外からのキリスト教宣教師と並んで綱脇龍妙など日蓮宗関係者の活動が知られている。綱脇らは、法華経に基づいて救療活動に取り組み、山梨県の身延深敬病院などの施設は、世間の偏見や差別のなかで苦痛の境遇にある患者に寄り添う貴重な役割を果たす。鈴木修学は、慈悲・至誠・堪忍の三徳を説く仏教感化救済会の杉山辰子の薫陶を受け、1928（昭和3）年に福岡・生の松原のハンセン病療養所に赴任する。この時鈴木は26歳。昭和前期から戦後にかけて信仰、社会福祉事業、そして福祉専門職養成をめざして日本福祉大学を創設する人生のスタートラインに立つ。

鈴木修学は法華経の信仰を深め、法制度が不備な時代に社会福祉事業、社会福祉教育の発展のために縦横無尽に駆け回った人である。

1902（明治35）年に愛知県丹羽郡布袋町（現在の江南市）に生まれた修学は尋常高等小学校を首席で卒業後、家業に従事。菓子パンの製造・販売が軌道に乗り、若くして成功する。が、一方で人生・社会観に悩み、仏教感化救済会の杉山辰子を訪ねる。杉山は法華経を広めて民衆救済を図る指導者で、ハンセン病患者、関東大震災の被災者支援にあたる。1927（昭和2）年、修学は杉山の信仰と事業に帰依して仏教感化救済会に入会。翌年には福岡市生の松原にあるハンセン病療養所に主任として派遣される。

修学は患者と寝食をともにしながら運営費の捻出に奔走、田畑を開墾して施設の維持にあたる。修学の社会福祉事業で特筆すべきは、終戦直後の名古屋市内の戦災孤児・浮浪児の保護・養育、そして1949（昭和24）年からの知的障害児施設、八事少年寮の事業である。修学はこれらを通して福祉専門職の養成・確保の必要性を痛感。1953（昭和28）年には今日の日本福祉大学の前身となる中部社会事業短期大学を創設する。

秦安雄は日本福祉大学名誉教授。名古屋大学大学院で教育心理学を専攻して1955（昭和30）年に中部社会事業短期大学の教員に。修学の印象は、「非常に気さくで、包容力のある人」。修学は、国公立並みの大学をめざし、大学教育の宗教からの分離を含む幾つかの約束を交わして、大学運営の実際を名古屋大学医学部教授、村松常雄に委嘱。秦はそのもとで日本福祉大学の基盤づくりに参加す

年	年齢	出来事
1902年		愛知県丹羽郡布袋町に鈴木徳太郎・さわの長男として出生。修一郎と名づけられる
1908年	6歳	布袋尋常高等小学校入学
1916年	14歳	布袋尋常高等小学校卒業
1927年		仏教感化救済会会長・杉山辰子法尼の教えを受け入信
1928年	26歳	杉山法尼の養女、みつと結婚。直ちに福岡・生の松原のハンセン病療養所に主任として、みつとともに赴任
1930年	28歳	ハンセン病療養所を引き揚げ。名古屋に帰り、臥竜山農場にて青少年の感化・薫育に従事
1932年		社会事業施設・千種寮を開設、被虐待児童および軽度のハンセン病患者を収容
	30歳	杉山法尼が遷化
1934年	32歳	財団法人大乗報恩会設立、常務理事に就任。仏教感化救済会の事業を継承
		名古屋市外の猪高村（現・名東区猪高町）藤森に児童養護施設・明徳寮を開設
1936年		本部事務所を現在地(名古屋市昭和区駒方町)に移転。千種寮と明徳寮を併合、児童養護施設・駒方寮を開設
1941年	39歳	愛知県方面委員に就任
1943年	41歳	宗教団体法違反容疑により特高警察に勾引され、以後58日間拘留される。大乗報恩会は宗教活動の禁止、各地支部の閉鎖、名称変更を命じられて「昭徳会」に改称
1945年	43歳	終戦。戦災孤児・浮浪児がちまたにあふれ、昼夜を分かたず救済。駒方寮で収容・養育に尽瘁
1946年	44歳	明治24年以来、仏教慈悲心により運営されてきた児童養護施設・名古屋養育院の事業を継承する
		日蓮宗に帰属し、得度。修学と改名。泰山院日進と号する
1949年	47歳	昭和12年以来、名古屋大学医学部教授・杉田直樹博士によって運営されてきた知的障害児施設・八事少年寮の事業を継承(現・小原学園)
1952年	50歳	社会福祉事業法の施行にともない、財団法人昭徳会を社会福祉法人に改組
		司法保護施設・光明寮開設(現・小原学園)
1953年	51歳	学校法人法音寺学園立
		中部社会事業短期大学開学
1957年	55歳	中部社会事業短期大学を4年制の日本福祉大学に改組
1962年	60歳	永眠

る。

　秦は修学の社会福祉実践を丹念に分析し、生涯のなかで不退転の決意で事業を完結していく精神は、生の松原時代に形成されたものとみる。「過酷な試練のなかで修学は3つの教訓を得ている。ひとつめは窮すれば通ず。真心をもって社会事業をすれば、助けてくれる人がたくさんあるということ。ふたつめは、社会事業経営は、一方に収入の道を考え生産の道を開いて、その収入に比例して事業を行うことが堅実であるということ。そし

て3つめは、世間の人々の理解と、大きい援助のもとに事業をすすめていくべきということ。これらは制度化されていない時代の民間経営を成り立たせる条件であり、同時に今後の国の財政難を考えると重要な教訓となる」と秦。修学の先駆性である。

　浮浪児や戦災孤児への仕事からも修学の独特な側面がみえてくる。秦は続ける。「修学は戦後の混乱期に子どもの自主性や人格を尊重し、子どもの意欲を引き出す教育的配慮を常に心がけていく。例えば、自治員をつくり、当番の者に食糧の分配を任せる。また、決して軽蔑するような言葉を用いず、○○さんと呼ぶ。よい言葉、よく働く者、正直なものは世の中から選ばれる人になるということを教える」。そして「その子どもの特徴を早く見つけて褒め、しかる後に教える」。修学の子どもに接する態度は、仏子としての可能性を信じる法華経の教えから生まれているのだろう。

　こう話す秦も1969年にわが国で最初の障害者の共同作業所であるゆたか作業所を創設。全国に共同作業所を誕生させる燎原の火となる。

《参考文献》
①西山茂、秦安雄、宇治谷義雄『福祉を築く：鈴木修学の信仰と福祉』中央法規出版、2005年
②星野貞一郎『日本の福祉を築いたお坊さん：日本福祉大学を創った鈴木修学上人の物語』中央法規出版、2011年
③西山茂、小野文珖、清水海隆『大乗山法音寺の信仰と福祉』仏教タイムス社、2011年

長谷川　保

神様、無一物の私どもをおつかわしになって、何十何百の貧しい患者たちを救わせてくださいまして、まことにありがとうございました

　社会福祉法人聖隷福祉事業団（理事長：山本敏博）は、静岡県浜松市を拠点に保育所、特別養護老人ホーム、無料低額診療から、ドクターヘリコプターの高度医療までを展開する保健・医療・福祉・介護の複合事業体である。2010（平成22）年に創立80周年を迎え、職員数は1万人を超えて、100施設、228事業を経営。法人の中期事業計画（5か年）は、「社会福祉法人の使命の追求」とともに、2015（平成27）年度までに2009（平成21）年度比で事業収益130％以上を掲げる。この巨大組織の「大河の一滴」は、1930（昭和5）年に浜松市で始まった長谷川保らキリスト教会青年の結核患者の救済事業。大戦をはさむ苦行のなかで形成されてきた「隣人愛」の理念は、今日の巨大組織をつらぬく通奏低音となる。

　長谷川保は時代の子である。1921（大正10）年春の浜松商業学校（現静岡県立浜松商業高等学校）の卒業なのだが、卒業式には出席せずに、待ってましたとばかりに上京。ブラジルなど海外への移民志願の青年を集めた日本力行会海外学校に入学する。同校はキリスト教を基本に、クリーニング、パンづくり、理髪の職業教育を重視するのが特徴。これらの世界共通の技術を習得すれば、海外で万一の場合にも職には困らないとの配慮からである。

　長谷川は第一次世界大戦後の不景気、失業者の続出のなかで、社会の息苦しさをかぎとっている。南米に渡ってコーヒー園を経営して富豪になるという17歳の長谷川の夢。海外学校の青年たちの日本脱出という共通する目標。長谷川は手始めにクリーニング技術を身につける。が、学校で意気投合した山形春人、浜松伝道所で知り合った大野篁二らと導き出した答えは、海外雄飛とはまったく異なるものに。それは、窮乏化する社会のなかで寄る辺ない者を救済する施設づくり。やがて信仰の道を志す長谷川らは、最後の晩餐でキリストが奴隷の姿で弟子たちの足を洗ったという「新約聖書」の一節にちなんで、聖隷社を立ち上げる。1926（大正15）年、浜松市における聖隷社クリーニング店の創業である。

　収益は、大野らが原野を開墾し、結核患者が住んで働く場所を確保する聖隷社農場開設の原資に回る。長谷川らのビジネスモデルは、今日の社会企業（ソーシャルファーム）の原型といってよい。消費組合浜松同胞社も組織化する。若者

年	年齢	事項
1903年		静岡県浜松市に生まれる
1921年	17歳	浜松商業学校を卒業、上京して日本力行会海外学校に入学。山形春人と出会う
1923年	20歳	日本基督教会浜松伝道所で植村正久により受洗
		浜松連隊に入隊（1年志願兵）
1924年		鳥居恵一が浜松市広沢町（現・広沢）に愛耕園（花園兼合宿所）を開設
1925年	21歳	除隊して東京へクリーニング修行に出る
1926年	22歳	浜松市で聖隷社クリーニング店を大野童二、山形春人、鳥居恵一、安川八重子、市川伊六等と創業
		日本無産青年同盟に加入（1927年12月離脱）
1928年	24歳	消費組合浜松同胞社設立、のちに専従に
		東京神学社神学校に入学（同年10月退学し、翌年1月復学、3月退学）
1930年	26歳	愛耕園を教会青年のカンパで改造。腰椎カリエス患者・鈴木喜代を収容して有志が世話を始める。後に5月1日を聖隷福祉事業団の創立記念日とする
		安川八重子と結婚
1931年	27歳	浜松同胞社を退き、愛耕園で患者の看護に専念
		愛耕園を閉鎖し、入野村大鑪に移転し、「主の家」と命名
		「ベテルホーム」に改称。結核感染を恐れた住民による迫害が始まる
	28歳	満州事変勃発と同時に反戦ビラを全国の教会へ発送
1934年	30歳	御殿場で開かれたイエスの友会全国大会でベテルホーム移転費用のための1坪25銭の寄付を訴える
1936年	32歳	不敬罪の嫌疑で逮捕され、浜松憲兵分隊長宛に「上申書」を書く
	33歳	イエスの友会の寄付金で浜松市三方原に7ヘクタールの土地を入手、聖隷保養農園の創設に着手
1937年		応召されて中国戦線へ（翌年4月に除隊）
1938年	35歳	聖隷保養農園が社会事業として認可される。収容患者数50人、病室30
1939年	36歳	昭和天皇より特別御下賜金、これにより住民の迫害が終焉
1942年	38歳	財団法人聖隷保養農園常務理事・園長に就任
	39歳	聖隷保養農園附属病院の設立・認可
1946年	42歳	衆議院議員に初当選、1967年1月まで7期務める
1952年	48歳	財団法人聖隷保養農園が社会福祉法人聖隷保養園に改組、理事長に就任
1965年	62歳	学校法人聖隷学園が認可され、理事長に就任
1973年	69歳	聖隷浜松衛生短期大学学長に就任
		高齢者世話ホーム浜名湖エデンの園（有料老人ホーム）開設
	70歳	財団法人日本老人福祉財団を設立して副会長に就任。社会福祉法人聖隷保養園を社会福祉法人聖隷福祉事業団に改組
1976年	73歳	ブラジル・サンパウロの希望の家を訪問、帰国後に募金活動
1980年	77歳	社会福祉法人聖隷福祉事業団理事長を退任して会長に就任
1981年	78歳	聖隷三方原病院にホスピス病棟を開設
1994年	90歳	永眠

らは結核という亡国病を広げていると忌み嫌われ、近隣住民の強い迫害を受けるが、たじろぐことなく施設づくりをすすめる。一時期、長谷川は日本無産青年同盟に入る。若い進取の気性が、搾取・貧困に反対する左翼組織の主張に共鳴したのだろう。キリスト教社会運動の大家・賀川豊彦の影響も見逃せない。

長谷川力は保の甥。社会福祉法人聖隷福祉事業団顧問。終戦後、海外からの引きあげ母子世帯を世話する浜名湖の弁天島同胞寮に関わり、社会福祉事業の道に。静岡県給付生に採用されて日本社会事業短大を卒業。1980（昭和55）年に理事長に就任し、病院や福祉施設の整備をはじめ今日の法人の経営基盤の確立にあたる。力は保をどのようにみるのか。

1973（昭和48）年に聖隷福祉事業団は有料老人ホームの経営に乗り出す。当然のことながら前段の役員会では反対意見が相次ぐことに。だが、保は「これからの高齢者は60歳で年金が受給できる。夫婦で入居して、プライバシーが守られる、納得できる老人ホームが必要になる」と、一歩も譲らなかったという。すでに、相部屋、集団処遇の特別養護老人ホームの限界を見極めていたのである。日本初のホスピス設置もそうである。当時の保の持論は「憲法第25条から第13条へ」だったという。これからの社会福祉事業は生存権保障のうえに、幸福追求権を具体化するという考え方。幾節もの岐路を越えてきた保の晩年の信条となる。

《参考文献》
①佐栁文男編『長谷川保（1903—1994）：生誕百年記念誌』聖隷学園キリスト教センター、2003年
②長谷川保『夜もひるのように輝く』講談社、1971年

中城イマ

関東大震災から平成の介護保険まで一気に駆け抜けた人生。

　敗残、慟哭。焼け跡と空腹。1945（昭和20）年。生活に困窮する母子世帯が出現する。誰もが生活するのに精いっぱいの混乱期に私財を投げうって母子寮建設に奔走する気丈な女性がいた。人々の窮状を見て見ぬふりはできない。なんとかできないものか。自らもこの年に夫を、さらに息子を亡くした境遇にありながら、厚生省に母子寮建設をかけあう。のちの社会福祉法人多摩同胞会の創設者となる中城イマである。中城の信念はやがて「私たちは家族を支援します」という今日の法人のアイデンティティに昇華する。多摩同胞会は法人設立50周年を機に組織活性化のプログラムを策定。高齢者介護から子育てまでをサポートする社会福祉事業経営は年々発展している。

　中城イマは忘我の愛の人である。16歳の時単身上京し、働きながら看護婦の資格をとり、鉄道病院に勤務する。1923（大正12）年に関東大震災が発生。中城は特設された東京市立池之端診療所救護班の主任看護婦に命ぜられ、多くの負傷者を相手に不眠不休の活動にあたる。犠牲者の惨状、修羅場。想像を絶する激烈な体験のなかで、全力を尽くす。困っている人を看過できぬという中城の生涯にわたる強い信念が形成される。

　1945（昭和20）年の敗戦の年に中城の夫が、翌年に息子が病死する。自ら幼いひとり娘を抱え、生活に困り果てる母子世帯の苦労を共有する。混乱期にあって、残された母と子の絆をたちきらぬため、生活する場を確保できないか。

　中城は直接厚生省にのりこんで母子寮の必要性を訴える。粘り強い中城の談判に緊急保護施策に取り組んでいた厚生省は助成を約束するが、連合国最高司令部（GHQ）による社会福祉事業の公私分離原則指示で公金注入がご破算となる。それにもめげず、中城は1946（昭和21）年に網代母子寮を開設。同時に経営主体として財団法人多摩同胞会を創設する。衣類など身の周りの物を換金し、大八車を引いて木炭を売り歩き、地を這いながら資金繰りに東奔西走する。

　1951（昭和26）年社会福祉事業法制定で社会福祉法人制度が規定され、多摩同胞会は翌年に社会福祉法人に改組。1954（昭和29）年に第2の母子寮となる白鳥寮を開設。1960（昭和35）年に養老施設・信愛寮（老人福祉法制定で養護老人ホームに）を、1975（昭和50）年には特別養護老人ホーム・信愛泉苑を開設、翌年から入浴サービスやショート

1904年		東京都下西多摩郡に生まれる
1920年	16歳	単身上京し、東京看護婦学校に通う
1922年	18歳	東京、埼玉、神奈川三県の看護婦検定試験に合格し、御成門にあった鉄道病院に勤務
1923年	19歳	関東大震災の際、東京市から召集を受け、「東京市立池之端診療所」に派遣され、負傷者の看護にあたる。この時、家を失った高齢者3名と全盲の女性1名のために、一軒家を借り、世話をする
1924年	20歳	摂政裕仁親王(昭和天皇)ご成婚の際、医師1名、薬剤師1名、看護婦2名からなる救護班の看護婦として選ばれる
大正末期		村上医院の看護婦長となる
1932年	28歳	斎田郁介と結婚。その後、男女2人の子どもに恵まれる
1943年	39歳	阿佐ヶ谷から西多摩郡西秋留に疎開。看護婦、助産婦の経験を活かし、地域で奉仕活動を行う
1945年	41歳	太平洋戦争末期に斎田郁介が病死。翌年長男を満6歳で亡くす。終戦の混乱のなか、多くの人々の悲惨さを前に、母子寮建設に取り組み始める
1945年		財団法人多摩同胞会設立を申請(昭和21年12月13日東京都より認可を受ける)
1947年	43歳	単身で厚生省に乗り込むなど、援助を求め、奔走。昭和飛行場の修練場になっていた西多摩郡増戸村(現・あきる野市)の旧旅館を借用して、網代母子寮を創設
1948年	44歳	中城平八郎と再婚
1952年	48歳	多摩同胞会、社会福祉法人への組織変更が認可される
1968年	64歳	中城平八郎病気療養のため、社会福祉法人多摩同胞会理事長となる
1968年		中城平八郎 没
1975年	71歳	勲六等宝冠章を授章
1990年	86歳	東京都名誉都民、府中市名誉市民として顕彰される
2002年	98歳	永眠

ステイを開始する。介護保険制度開始後はさらに千代田区に拠点が拡大していく。

現在、多摩同胞会は社会福祉事業経営を複合展開し、職員数は700人を超える。大規模な事業体を効率的に経営するために、1995(平成7)年の法人創設50周年を契機に組織運営体制の整備に着手。手始めに中城の信念を凝結して「私たちは家族を支援します」という法人のアイデンティティを確定する。10年にわたる組織活性化プロジェクトは法人本部の主体的な取り組みをすすめ、育成を目的とした人事考課をはじめ、「サービス向上と人材育成の法人システム」を確立する。中城の遺志を継ぐ娘の常務理事鈴木恂子は厳しい経営環境のなかで「利用者のサービスを向上のためにも職員の給与水準を守りたい」と語る。

東京医科大学名誉教授で解剖学の権威である内野滋雄は、中城と社会福祉事業の信念を共有する。内野の父親は、山本周五郎の『赤ひげ診療譚』のモデルとなった「正幸」。内野も退官後に品川区中延で地域医療を担いながら、社会福祉法人三徳会理事長として高齢者福祉サービスを展開する。「中城さんはひた向きにして一途、柔軟にして何事も筋を通す」。「ともかく困っている人を放っておけない」、「忘我の愛だな」。妻の内野京子も薫陶を受けた1人で、中城の信念を引き継いで三徳会の施設管理にあたる。

中城の社会福祉事業への情熱は晩年も変わらなかった。医学の発展にと献体を希望。最後まで人々のためにという信念を貫く。解剖には中城の強い希望で内野が立ち会った

《参考文献》
① 『社会福祉法人多摩同胞会35年史』
② 『社会福祉法人多摩同胞会50年史』
③ 『社会福祉法人多摩同胞会60年史』
④ 『名もなき花を咲かせたい―信念の人 中城イマのあゆみと思い出』(いずれも社会福祉法人多摩同胞会発行)

松島正儀

子どもの問題は政治につながらないという考え方ではいけない。子育ての本当の意義や価値を、もう一度今の指導者が考えることが必要だ

　2008（平成20）年2月の厚生労働省調査では、里親委託児童が約3600人、児童養護施設入所児童が約3万2000人。情緒障害児短期治療施設入所児童、児童自立支援施設入所児童、乳児院入所児童および母子生活支援施設入所世帯の児童の合計は約1万3000人。これらを合算すると、社会的養護を受けている児童数は5万人近くとなり、年々増加の傾向にある。同時にその背景や問題の構造は複雑化している。社会的養護では、子どもを基本に据えて「子どもの権利をきちんと守る」という権利擁護の考え方が重要であり、これらの視点を戦前・戦後にわたって一貫して主張し、実践し、わが国の児童福祉の地平を切り拓いたのが松島正儀である。

　松島正儀は、子どもの幸せのために生涯をささげた人である。自らも不遇な幼少時代を過ごし、4歳で東京孤児院に預けられる。東京孤児院の淵源は、北川波津が1896（明治29）年に発生した岩手県三陸地方の大津波による孤児26人を養護したことに始まる。1907（明治40）年に東京育成園に改称、大正年代の末から東京都世田谷区駒沢に園舎を展開する。

　松島は北川の影響もあり8歳の頃に日本ハリストス正教会の幼児洗礼を受け、青山学院中学部を経て明治大学に進学。1928（昭和3）年に卒業して東京育成園主事を拝命。同時に協調社会政策学院特別研究科に入学してキリスト教社会事業の生江孝之から指導を受ける。協調社会政策の協調とは、急進的な社会主義思想を背景にした社会運動に対する労資協調路線の意味で、同学院は渋沢栄一や法学者・桑田熊蔵、内務省社会局官僚らが主導する研究・教育機関。松島は、社会事業研究をすすめ、磯村英一、牧賢一、福山政一らと研究会・三火会を組織。だが、時代は深刻な昭和不況のなかにあり、翌1929（昭和4）年には世界大恐慌が勃発。わが国で最初の公的扶助の原型となる救護法が制定される。

　当時、私設社会事業の財源は民間の寄付金に依存し、不況のなかでひっ迫していく。このため関係者は国に助成策を求め、1938（昭和13）年に社会事業法が成立。助成と規制という表裏一体の論理のなかで、わが国の社会事業をめぐる公私関係が形成される。しかし、松島は社会事業法を官僚の私設社会事業統制法と

1904年		石川県金沢市に生まれる
1906年		母・松島やいと東京市小石川区の横山源之助方に住む
1908年	4歳	東京育成園に預けられる
1911年	6歳	赤坂区青南小学校に入学
1912年	8歳	日本ハリストス正教会麹町教会で幼児洗礼を受ける
1918年	13歳	青山学院中学部に入学
1921年	16歳	この年、北川波津から園の経営を引き継ぐよう依頼され、思案の末引き受ける
1923年	18歳	青山学院中学部卒業
		明治大学経済科専門部に入学
	19歳	関東大震災発生、東京育成園は臨時預児部を開設して300余名を保護
1925年	20歳	麻布近衛歩兵第一連隊に入営、陸軍三等看護卒。この年までに赤坂区の本園はすべて駒沢分園に移転
1926年	21歳	衛生伍長となって除隊
1928年	23歳	明治大学経済科専門部政治経済学科卒業、翌月に東京育成園主事となり、協調社会政策学院特別研究科に入学して生江孝之の指導を受ける。磯村英一、牧賢一らと研究会・三火会を組織する
1929年	24歳	松島が発行人となって「社会事業批判」を刊行
1931年	26歳	東京府方面委員に就任、全国で最年少
1932年	27歳	森下美枝子と結婚
1938年	33歳	北川波津死去にともない、東京育成園理事兼第二代園長となる
1946年		中央社会事業委員会委員となり児童福祉法制定に参加
1947年	42歳	孤児援護対策全国協議会中央委員に就任
	43歳	児童福祉法制定
1948年	44歳	中央児童福祉委員会(後の中央児童福祉審議会)委員に就任
1950年	46歳	全国養護施設協議会を結成して初代会長に就任する
1952年		この年、東京育成園は社会福祉法人に組織替えし、理事長に就任
1954年	49歳	全国社会福祉緊急大会を開催して予算陳情運動を展開
1955年	50歳	全国社会福祉協議会養護部会長となる
1956年	51歳	「野犬なみの食費」のキャッチフレーズで児童養護施設の食費増加運動を展開
		西ドイツのボン、ミュンヘンで開催された国際児童福祉連合総会と国際社会事業会議に日本代表として出席
1963年	59歳	全養協を中心に措置費増額を求めてハンケチ・デモを実施。
1966年	61歳	人権擁護貢献者として藍綬褒章飾版受賞
1997年	92歳	永眠

批判し、民間の自由な社会事業に価値を見出すなど、独自の社会事業理論を打ち出すことになる。東京育成園のフィールドからつくられた実践論である。

松島の力量がもっとも発揮されるのが、終戦直後の食糧難で窮乏化する時期における戦災孤児、引き上げ孤児、浮浪児の養護である。松島はこの経験を踏まえ児童福祉法の制定に関わる。なかでも、児童福祉法を保護法ではなく、積極的な育成法としたところに松島らの知見がある。1950(昭和25)年には全国養護施設協議会を結成し、措置費の改善を求めてその先頭に立つ。いま児童福祉の世界に残した松島の足跡から何を学び、継承すべきか。

千葉茂明は2010(平成22)年4月に東京育成園の常務理事・統括園長に就任。松島の仕事のエッセンスは「戦前から一貫してきた子ども中心主義」であり、「施設の子どもの声なき声を聞き、見落とさないこと」が肝要とする。

東京育成園は1946(昭和21)年に民家を借りてグループホームを設け、地域住民の支援と交流を重視するなど、今日まで先駆的な事業を展開する。松島の終戦直後に打ち立てた「施設の子どもを地域の子どもと同じ子どもとして育てる」という方針はノーマライゼーションの理念に重なる。倹約家で知られる松島は、社会福祉法人・施設の運営管理にも精通。ともすれば措置制度に安住しがちな業界のなかで、ことあるごとに経営にも子どもの視点が重要であると強調する。

松島の時代と異なる今日の社会的養護をめぐる情勢のなかで何が求められるか。千葉はかつての単純な養護ではなく「複雑多岐な状況だからこそ職員の専門性の開発が必要」、「親を支援するファミリー・ケースワークなどの技術・知識も不可欠」とする。

《参考文献》
千葉茂明編『回想 松島正儀―わが国の児童福祉を育てた生涯』相川書房、2010年

小林亀松

実効が上らないからといって社会福祉の仕事に虚しさを感ずるのは人生の修業の足りなさだと私は考える

　ランドマークタワーがそびえたつ横浜の歴史は、日本の近代化の歩みと重なっている。今日の横浜港では大型船からクレーンでコンテナが荷揚げされるが、かつての高度経済成長期の荷揚げは、沖仲士と呼ばれる日雇い労働者が担ぐ。元町繁華街の反対側の寿町には次々と簡易宿泊所が開かれ、ドヤ街がつくられる。艀による海上輸送が増え、船中で暮らす水上生活者も多くなる。が、これらの活況とは裏腹に、仕事にあぶれ、その日の糧に窮し、路上生活を余儀なくされる人々を黙々と支援する男が現れる。小林亀松。小林は後に全国救護施設協議会会長に就任し、バブル経済の時期に登場する救護施設不要論に対して、救護施設は国民生活の最後の防波堤であると論陣を張る。

　小林亀松は道義心が人一倍強い男である。

　1945（昭和20）年5月、横浜市は白昼にB29爆撃機517機による大空襲を受ける。1万人近い死者を出し、市域は焦土と化す。多くの市民が住まいと仕事を失い、路頭に迷う。他人の不幸を見て見ぬふりをすることのできない小林は、終戦直後から横浜港で船を改造して行き場を失った人々の保護を開始。社会福祉事業家としての第一歩を踏み出す。

　占領期の混乱が一段落すると、日本は本格的な高度経済成長期に入っていく。GHQ（連合国軍最高司令官総司令部）より横浜港の埠頭が返却され、やがて横浜は海外との物流拠点に発展する。だが、この当時の港湾荷役は、艀と呼ばれる平底の船に日雇いの沖仲士が貨物を人力で運び込むのが主流。典型的な労働集約的な業態である。出入貨物量の増大にともない仕事を求めて日雇い労働者が流入してくる。続々と開設される簡易宿泊所だけではなく、小型の艀のなかに寝泊まりする水上生活者も現れる。南区を流れる中村川にはこうした水上生活者が多くなり、小林は支援策として1952（昭和27）年に無料低額宿泊施設を開設する。

　小学校卒業後に港湾荷役の仕事についた小林は、身をもって沖仲士の労働と生活、悲哀を知っている。1956（昭和31）年に財団法人横浜労務者福祉協会を設立、救護施設清明の郷など10を超える社会福祉施設を経営する今日の社会福祉法人横浜社会福祉協会の土台を固める。

　小林は、身体は小柄だが、戦国武将を思わせる迫力のある男である。

年	年齢	事項
1906年		神奈川県横浜市に絵付き職人をしている父のもと9人兄弟の末っ子として生まれる。小学校を卒業後、船の荷役などさまざまな仕事を行う
1938年	32歳	妻・芳と出会い一家を構える
1944年	38歳	戦争の激化にともない新潟に疎開する
1945年	39歳	東京・吉祥寺に住む親せきを頼り一時的に身を寄せる。終戦後に横浜港湾部にて船を改造して行き場を失った人々の保護を行う
1952年	46歳	横浜市南区中村町に宿泊施設を開設
1954年	48歳	宿泊施設を宿所提供施設に変更する
1956年	50歳	財団法人横浜労務者福祉協会を設立する
1959年	53歳	財団法人横浜労務者福祉協会を財団法人横浜社会福祉協会に名称変更し、福祉診療天神診療所を新設する
1962年	56歳	宿所提供施設を廃止し、定員80名の救護施設天神寮を設置する
1967年	61歳	本館を建設し、救護施設天神寮の定員を100名増員して180名とする
1977年	71歳	全国救護施設協議会会長に就任
1978年	72歳	社会福祉法人横浜社会福祉協会が認可され、財団法人の経営を移管する。ただし、天神診療所は引き続き財団法人の経営とする
1981年	75歳	長野県南佐久郡佐久町に身体障害者療護施設(現・障害者支援施設)千曲園を定員50名で設置
1989年	83歳	横浜市鶴見区に精神障害者通所授産施設(現・障害者就労支援施設)鶴見ワークトレーニングハウスを定員20名で開設
1990年	84歳	理事長職を退任
	84歳	永眠

阪中澄子(さかなかすみこ)は、1974(昭和49)年の特別養護老人ホーム天神ホーム開設時に入職。経理課長を経る。今は旭(あさひ)区の民生委員児童委員。傍らでみた小林は「決断が早く、すぐ行動を起こす。そして粘り強い人」「職員を大事にして、私も多くの救護施設の研修会に出してもらい、発表するようになりました」。また、「制度が不十分ななかでも職員の生活を保障した」と話す。福祉は人なりの実践である。小林は施設と地域のつながりも重視。「地域の方々と福祉友の会を組織し、暮れには寝たきりの高齢者に寝間着をプレゼント。交通遺児の奨学金を支援するなど、地域福祉の先駆的な事業を始めていきます」

杉﨑龍一(すぎざきりゅういち)も阪中と同期の入職。18歳で相模原の日赤奉仕団のボランティアに参加。民間企業を辞めて天神ホームに。生活指導員になる。「天神ホームは横浜市で初めての民間の特別養護老人ホームで、小林は横浜市の福祉ニーズを敏感に察知して事業を展開した人」。相談をする時に「こうしたいという案をもたずに、どうしましょうかと聞くと、こっぴどく叱られました」と当時を振り返る。職員の主体性を重んじる小林の性格である。

1977(昭和52)年に小林は全国救護施設協議会の会長に就任。「やがて空前のバブル経済を迎える時代。高齢者が多い救護施設は不要で、高齢者は特別養護老人ホームに移行させてはという救護施設不要論が出てきます。小林はこれに対して身体を張って抵抗します。制度の狭間で援助の手が届かない人々への支援の必要性を明らかにして反論するんです」と杉﨑。小林は国民生活の最後の防波堤を守った男となる。「小林が生きていたら、今日の社会福祉の状況をどうみるのだろうか」という質問に、杉﨑はしばらく考えて答える。「骨太の小林は、制度の拡充はされたが、その半面、福祉が制度にしばられるようになった現状を嘆くのではないだろうか」

植山つる

児童福祉法が国会へ提出されたことは、「20世紀は児童の世紀」と称するにふさわしい出来事であり、わが国における児童の解放と言える悲願の達成であった

　第二次世界大戦直後の混乱のなかで、戦災孤児や街頭浮浪児、栄養不良の乳幼児の出現など児童の環境は劣悪を極める。特に戦争で両親を失った18歳未満の子どもは全国で12万人を超えるといわれ、これらの児童の緊急保護が繰り広げられる。次いで児童保護という限られた児童への事後的な対応から、全児童を対象にした積極的な育成という枠組みで1947（昭和22）年に児童福祉法が制定され、わが国の社会福祉の歴史に画期的な地平を切り開く。これを担うのが厚生省児童局。東京都の地域ケースワーカーであった植山つるは、国の行政官となり、浮浪児対策から児童福祉への転換期に立ち会い、母子福祉課長として保母（保育士）の養成・確保、児童福祉施設の最低基準策定にあたる。

　植山つるは福井の人である。1923（大正12）年に関東大震災が起こり、16歳の女学生であった植山は死者・行方不明者14万人と伝えられる甚大な被害と惨状に強いショックを受ける。後に植山は振り返る。「青春の何にでも感性の強い時期であった。私はこのニュースに地震の振動のように自分の心を揺り動かされ、日々の新聞をくい入るように見つめた。（中略）この無惨な人たちへの同情が私を駆り立てた」と。やがて日本女子大学校社会事業学部を経て社会事業の世界に飛び込んでいく植山の人生の分岐点である。

　植山は日本女子大学校で生江孝之や戸田貞三らの指導を受ける。特に、戸田からは社会調査をもとにした社会事業実践論、救護法の解釈を教授され、1930（昭和5）年に卒業して聖路加国際病院医療社会部に勤務する。この時の社会事業部主任はアメリカで医療社会事業を学んで帰国した浅賀ふさ。植村はここで社会事業の専門技術としてのケースワークを学ぶ絶好の機会を得る。

　翌1931（昭和6）年に植山は東京市社会局保護課に勤務、訪問婦と呼ばれる地域ケースワーカーとして京橋第一方面事務所に配属される。昭和初期の不況の時代に失業者の増大と生活難は深刻であり、1931年の北海道・東北の大凶作、1933（昭和8）年の三陸大津波はさらに国民生活を悪化させる。植山は細民世帯を訪問して世帯更生の相談に駆け回り、欠食児の実態調査を手がける。植山は第二次世界大戦後に厚生省児童局に勤務して児童福祉法の準備作業にあたる

年	年齢	事項
1907年		福井県敦賀町(現・敦賀市)に植村常太郎・りゑの二女として出生
1924年	17歳	福井県立敦賀高等女学校(現・敦賀高校)卒業
1926年	19歳	日本女子大学校社会事業学部入学
1930年	23歳	聖路加国際病院医療社会部ケースワーカーに就任
1931年	24歳	東京市社会局保護課の訪問婦(ケースワーカー)に就任
1936年	29歳	東京市書記(身分変更)
1943年	36歳	東京都となり民政局健民課主事補
1945年	38歳	依願免本官。任東京府民内政部衛生課属
1946年	39歳	依願免本官。厚生省嘱託社会局援護課
1947年	40歳	児童局兼社会局(児童局企画課・社会局福利課・保護課)
1948年	41歳	厚生技官(内閣総理大臣任命)2級に叙せられる。児童局家庭課
1953年	46歳	埼玉県婦人福祉対策協議会委員
1959年	52歳	アメリカ合衆国へ青少年諸事情調査研究のため出発
		児童局母子福祉課長
1960年	53歳	中央児童福祉審議会幹事を併任
1965年	58歳	総理府中央青少年問題協議会専門委員に任命される
		厚生技官を辞職
1966年	59歳	淑徳大学専任講師
1967年	60歳	淑徳大学教授
1971年	64歳	淑徳大学社会福祉学部長
1974年	67歳	中央児童福祉審議会委員
1977年	70歳	勲四等宝冠章を授与される
1978年	71歳	全国社会福祉協議会に植山つる児童福祉研究奨励基金を設立して運営を委託
1999年	92歳	永眠

が、資料を収集して緻密に分析する力は、この時期のフィールド・ワークのなかで培われたものである。

長尾立子は全国社会福祉協議会名誉会長。厚生省社会局長などを歴任後に、第一次橋本内閣で法務大臣として入閣。元参議院議員。元日本社会事業大学理事長。1958(昭和33)年に東京大学文学部を卒業して厚生省入省。公衆衛生局結核予防課を経て1960(昭和35)年に児童局母子福祉課に。植山課長のもとで長尾は「最初は母子寮や保育所を経営する社会福祉法人の認可の仕事。次いで保母の資質の平準化をめざして都道府県の保母試験の内容を高める制度体系づくりに」。今日の保育所の裾野の整備にあたる。

植山の母子福祉課長の業績として特筆すべきは、「児童福祉施設の最低基準をつくったこと。施設の職員の要件を定め、専門的な訓練を受けた者が担当しなければならないとし、専門性のある人を入れていくことになる。建物の構造などもそう」と長尾。最低基準については半世紀前のものという批判もあるが、児童福祉法から福祉6法に波及して今日まで社会福祉施設の質を担保してきたことを忘れてはならない。

女性の行政官が珍しかった時代。「植山さんは、私たち女性の後輩を盛り立ててくれた人。当時の女性運動の指導者であった市川房枝、山高しげりなどにも引き会わせてくれた」と長尾は懐かしむ。植山の生き方を通して何が見えてくるのか。「若い時から恵まれない子どもや女性のために働こうという志の高さ。若い人には、せっかくの人生のなかで何を成し遂げるのかという心をもってほしい」。

昭和前期から第二次世界大戦をはさんで社会福祉に生きた植山の志は、全国社会福祉協議会に設置される植山つる児童福祉研究奨励基金として今日も引き継がれる。

《参考文献》
植山つる『大いなる随縁:植山つるの社会福祉』全国社会福祉協議会、1986年

木村忠二郎

要保ゴ者ニ対シテハsocial worker ニハスベテノ人ニ対シテ丁重ニ扱ウコト…
困窮ニ関係ノナイ個人ノ私事ニハ干与セヌヤウニスルコト、等ニ、特ニ留意シテヰル

　今日の社会福祉法制度の基本的な枠組みは占領下に形成されたものである。1946（昭和21）年にGHQ（連合国軍最高司令官総司令部）が日本政府に宛てた「SCAPIN775」（社会救済）は、国家責任、無差別平等、必要即応を公的扶助の原理とすることを求め、そのうえに生活保護法、児童福祉法、身体障害者福祉法の福祉3法がつくられる。では、これらに共通する土台をどのように組み立てるのか。厚生省社会局長の木村忠二郎（きむらちゅうじろう）は、福祉3法の要となる社会福祉事業の概念、福祉事務所などの社会福祉行政の実施体制、社会福祉法人、社会福祉協議会といった社会福祉の基礎構造の設計にあたり、やがてそれは1951（昭和26）年の社会福祉事業法（現在の社会福祉法）制定で完成する。

　木村忠二郎は膨大なメモを残した官僚である。今日の時点で、占領期にどんな背景で社会福祉が構想され、立法過程にはどのような判断や機微があったのかという史実は、木村のメモを集成した『木村忠二郎日記』（社会福祉研究所、1980年）、日本社会事業大学付属図書館・木村文庫に残された資料などにあたるしかない。

　占領初期の社会福祉の認識については、GHQ公衆衛生福祉局と厚生省社会局との間には同床異夢以上の、決定的なずれがある。第二次世界大戦前に世界恐慌の打開策として社会保障制度構築に到達したアメリカの社会福祉を、つぎはぎだらけの救護法しかもたない敗戦国日本の関係者が理解できないという構図である。当時の社会局庶務課長の安田巖（やすだいわお）は「GHQへ行くとね、ケースワークがどうのこうの、コミュニティ・オーガニゼーションがどうの、ということばかり聞かされましてね。だから、専門家を養わなければいかんということがなんとなくわかりました」と述べ、厚生事務次官の葛西嘉資（かさいよしすけ）も後に「反省してみると、アメリカの言うことが僕ら自身と違いすぎて理解できなかったんだなあ」と回顧している。

　このため社会局長として陣頭指揮にあたっていた木村は、アメリカ社会福祉の全容を理解するためにGHQとの折衝の際に詳細なメモをとる。1950（昭和25）年には自ら渡米、1か月をかけて社会福祉行政の仕組みを徹底的に分析。生活保護にあたる専門職の業務を注意深く観察する。翌年制定の社会福祉事業法に規定

年	年齢	事項
1907年		広島市南竹屋町に生まれる
1914年	6歳	京城中学付属小学校入学
1920年	12歳	広島県立第1中学校入学
1924年	16歳	旧制第8高等学校入学
1927年	19歳	東京帝国大学法学部法律科入学
1930年	22歳	東京帝国大学法学部法律科卒業
	22歳	内務省入省。京都府警部警察部保安課勤務
1937年	29歳	厚生省社会局社会部職業課勤務
1942年	34歳	厚生省厚生書記官、衛生局衛生課長
	35歳	厚生省衛生局薬務課長
1946年	38歳	厚生省大臣官房会計課長
1947年	40歳	厚生省経済安定本部労働局次長労働局長心得
1948年	40歳	厚生省社会局長
1953年	46歳	厚生事務次官
1956年	49歳	国際社会福祉協議会日本国委員会委員
1957年	49歳	厚生事務次官退官。全国社会福祉協議会副会長・常務理事に就任
	50歳	学校法人日本社会事業学校（昭和38年より学校法人日本社会事業大学に名称変更）理事長
1958年	50歳	日本社会事業短期大学・日本社会事業大学（昭和33年4月に4年制へ昇格）学長、日本社会事業学校校長
1961年	54歳	同和対策審議会会長
1964年	56歳	国際社会福祉協議会日本国委員会副会長
1976年	69歳	財団法人社会福祉研究所所長
1977年	70歳	勲一等瑞宝章を授与される
1978年	71歳	永眠

される福祉事務所は、木村が訪れたシカゴ市のwelfare officeを、査察指導員はsupervisorを、そして社会福祉主事はsocial workerを訳したものである。

鈴木五郎は全国社会福祉協議会事務局長、日本ソーシャルワーカー協会会長、国際医療福祉大学教授を歴任。1963（昭和38）年の春、鈴木は日本社会事業学校研究科卒業を前に学監の木田徹郎に学長室に呼ばれ、全社協への就職をすすめられる。「1時間ぐらいでしょうか。木田先生と社会政策について話した記憶があります。学長の木村先生は、言葉を挟まず、私たちのやりとりをじっと聞いていました」

木村が社会福祉に残した遺産は何か。「占領下では関係者が福祉3法を動かす公金注入のために社会事業基本法制定を求め、木村先生はこれを社会福祉事業法へと丹念に仕上げていきます。貧しいなかで、社会福祉を国が8割、地方が2割負担で実施するという、世界でもトップレベルの仕組みをつくったことは、画期的です」。鈴木の座右の書は、いまでも木村の『社会福祉事業法の解説』（時事通信社、1951年）である。

「木村先生は全社協の副会長を務めていましたが、決してああしろ、こうしろとは指示しなかった。むしろ民間社会福祉の発展を後見するような、どっしりした包容力が感じられ、これは会長であった灘尾弘吉先生にも共通するものです。明治生まれの内務官僚の偉大なところです」

では、木村を通じて今後の社会福祉の方向をどう読み取ることができるのか。「例えば、木村先生は第一種社会福祉事業を国家責任とし、第二種社会福祉事業は住民が創意工夫を凝らして参加する場としています。これからは、社会福祉法人がNPOと協働して制度にないサービスを地域で開発する。住民の支持を集める。そのうえで、寄付の文化をつくっていくことが戦略的に大事になるのでは」と鈴木は考える。

《参考文献》
①木村忠二郎『木村忠二郎日記』社会福祉研究所、1980年
②『社会事業研究所年報』第8号、日本社会事業大学、1968年

大須賀忠夫

いわば実践の集積が福祉の学問だろう。だから、「俺の言うことは、本には書いていないぞ」と自慢して話すことができる

　第二次世界大戦前、旧制中学校卒業後に愛知県吏員となった大須賀忠夫は、民生委員の前身である方面委員とともに地域を駆け回り、人々が抱える生活問題にふれながら農村保育所設置や結核療養所建設などに携わる。なかでも今日の社会福祉法人名古屋厚生会の起点になる隣保施設平野町共存園での活動家との出会いは、大須賀が社会事業を生涯の仕事とするきっかけとなる。終戦直後の困難な時期の社会福祉施設整備をてがけ、大須賀はやがて全国の民間社会福祉経営改善の予算対策運動に参画。さらに、授産施設の大同団結を図り、全国社会福祉協議会・全国社会福祉施設経営者協議会創設など時代の先頭に立つ。

　大須賀忠夫は信念を原動力とした人である。

　1925（大正14）年に愛知県吏員を拝命して現在の一宮市にあった葉栗郡役所に勤務するものの、郡役所廃止にともない翌1926（大正15）年に愛知県総務部社会課に異動。社会事業主事補の辞令を受け、福利係として同和地区の改善、低利資金貸し付け、無料宿泊所、公設市場、公益質屋などの地域・経済保護事業に従事する。大正から昭和不況に入っていく時代。名古屋の広小路や鶴舞公園には路上生活者が増え、炊き出しや無料宿泊所設置などの緊急保護が大須賀ら社会課の若手の現場となる。

　社会事業との接点をもった大須賀は、地域で救済活動にあたる方面委員と連携しながら、社会問題、貧困、政治に開眼していく。大須賀が22歳の1929（昭和4）年には、わが国の公的扶助の原型となる救護法が制定される。方面委員の活動は多方面に広がり、大須賀もこれらを支える募金活動の組織化、農村保育所の設置や結核療養所建設に携わる。

　大須賀が社会事業を生涯の仕事とする転機は、1938（昭和13）年の平野町共存園勤務でやってくる。今日の社会福祉法人名古屋厚生会の起点となる隣保施設である。大須賀は寝食を忘れて活動する方面委員と出会い、仕事を共有していく。徐々に戦時国家体制に移行する時期である。後に大須賀は回顧する。貧困状態におかれている人々のために働くことこそが、「自分の進む道だ。私利私欲を忘れて相手の幸せを念じつつ思う存分働くのが天命だと信じた※」と。

　戦後、大須賀は中部社会事業短期大学（現在の日本福祉大学）の設立準備をは

年	年齢	事項
1907年		愛知県葉栗郡葉栗村（現・一宮市）富塚に生まれる
1925年	17歳	愛知県立第六中学校（現・愛知県立一宮高等学校）を卒業
		愛知県葉栗郡役所に勤務
1926年	18歳	愛知県総務部社会課に異動
1928年	20歳	愛知県社会事業主事補判任官四等待遇を被任。愛知県学務部社会課に勤務
1929年	21歳	国立名古屋高等工業学校（現・名古屋工業大学）夜間部を卒業
1933年	25歳	西三河聯合方面駐在となり、その後尾西聯合方面駐在・名古屋市西区聯合方面駐在として地域・経済保護事業に従事
1938年	30歳	名古屋市西区の平野町共存園に就任
1943年	35歳	名古屋厚生会館（平野町共存園改称）館長に就任
1947年	39歳	愛知県民生部社会課長に就任
1948年	40歳	愛知県民生部児童課長に就任
1952年	45歳	中部社会事業短期大学（現・日本福祉大学）設置申請（4月より申請事務に関わる）
1953年		一宮市社会福祉主事に就任し、仲好寮兼名古金母子寮長に
1954年	46歳	一宮市社会福祉事務所所長兼民生課長に就任
1967年	59歳	全国社会福祉協議会・授産事業協議会副会長に就任
1971年	63歳	全国社会福祉協議会・母子寮協議会副会長に就任
1973年	65歳	全国社会福祉協議会・授産事業協議会会長に就任
1977年	69歳	全国社会福祉協議会・授産施設協議会会長に就任
1981年	73歳	全国社会福祉協議会・全国社会福祉施設経営者協議会副会長に就任
1989年	81歳	日本福祉大学客員教授に就任。勲三等瑞宝章を授章
1993年	85歳	学校法人法音寺学園顧問
1994年	86歳	永眠

じめ、全国の授産施設の一本化などをすすめていくが、この原動力は平野町共存園時代に培われたものである。

関祥男（せきよしお）は名古屋厚生会館クリーニングセンター（生活保護授産）・名古屋厚生会館セルプ（就労継続支援事業B型）施設長。社会福祉士。中京大学文学部で心理学を学び、安定志向で郷里・長野の金融機関に就職。が、仕事になじめず、迷い、学生時代に子どもの臨床データ収集で出入りしていた名古屋厚生会に大須賀を訪ねる。最初の大須賀の印象は、「声が大きく、手の大きいおじいさん」と関。関は金融機関を1年で辞し、1982（昭和57）年4月名古屋厚生会に入職。障害者の授産施設に配属される。

クリーニング事業の経営環境は厳しい。洗濯機の多機能化、廉売衣料品の影響で仕事が減っている。

打開策は何か。関は「生保授産の強みを活かして大規模店舗でセルプ商品の販売に力を入れる。他府県の商品も取り扱うことで、商品のバリエーション化も図れます」。地域活動による人脈ネットワークづくりは大須賀の手法に重なる。

最近は「廃棄されるシーツなどのウエスへの再生、流出原油吸着材のはぎれを活用した浴槽製品『アカパックン』も好調」。関はクリーニング配送と配食サービスの結合など、新規事業を考えるためにメモ帳を離すことがない。攻めの経営の姿勢は、大須賀の既存の枠にとらわれない社会福祉経営の理念を踏襲する。

関は語る。「大須賀先生は徹底した現場主義。そこから学ぶのは、誰かに任せるのではなく、当事者意識を高めることが大切になるということ」と関係者の主体性の形成を重視する。

《引用・参考文献》
※大須賀忠夫『想いで　福祉の道一筋に―大須賀忠夫自叙伝』社会福祉総合研修センター、1991年
①『全授協十周年記念誌　働くよろこび』全国社会福祉協議会授産施設協議会、1988年
②大須賀忠夫『福祉の原点を歩いて七十年　大須賀忠夫遺稿集』社会福祉総合研修センター、1994年

上田政治

子どものために強く生きよ、額に汗して働いて自立せよ、少しのお金でも無駄にするな、貯金せよ

近鉄奈良線・新大宮駅から北に向かうと10分ほどで佐保川の河畔にさしかかる。この一帯は、いにしえの万葉歌人たちの崇敬、憧憬の地で、佐保山東稜にはわが国の社会福祉史の端緒で悲田院・施薬院をひらいた光明皇后（701～760年）が葬られている。光明皇后の時代よりはるか1200年後の1947（昭和22）年春の佐保山の地。その前年に旧満州（現在の中国東北部）から九死に一生を得て帰還した上田政治は、戦争未亡人が働く授産施設を開設。産休明け（生後57日）の乳児から100歳過ぎの高齢者まで2000人を超える人々が利用する、今日の社会福祉法人奈良社会福祉院（上田裕巳理事長）の社会福祉施設群の起点となる。

上田政治は敗戦と捕虜生活のなかで人生観を変え、社会福祉事業に邁進した人物である。

大阪・難波でスポンジを扱う事業をしていたが、戦況の悪化にともない40歳を前に出征する。だが、旧満州で終戦を迎えてソ連軍の捕虜に。上田は高齢のためシベリアでの強制労働を免れて、1946（昭和21）年に帰還。

九死に一生を得た上田は悟る。「もらった命を大切に100歳まで生きる」と宣言し、「世のお役に立ちたい」と。終戦直後の混乱のなかで人々は疲弊の極みにあり、特に社会的立場が弱い子どもと母親が生活に困窮する。母子家庭で育った上田は、母と子が路頭に迷う姿を見過ごすことができない。法制度の不備のなかで1947（昭和22）年2月に私財を差し出して戦災母子の救済援護、自立、更生を掲げて戦争未亡人7人による通所授産作業所を開設する。今日でいう社会的企業の立ち上げである。

作業所の仕事はさまざまな手内職。雨合羽の縫製、米軍家族のストッキングの再生加工、化粧品の製造販売などを行うものの、いずれも長続きせず失敗の連続に。

杉岡千代は、社会福祉法人奈良社会福祉院理事を務める。1955（昭和30）年に入職。生活保護授産施設である働く広場・佐保の前施設長。長く上田の傍らに立つ。「私が配属された当時の授産施設ではガチャン、ガチャンと鋲の製造をしていました。が、しばらくしてクリーニングを取り扱うようになっていきます」。上田は奈良市や宇治市の戦争未亡人会の切実な要望を受け止め、大口受注の開拓に走り回り、苦労の末に自衛隊の売店、部隊からクリーニングを受注。仕事が軌道に乗ってくると授産施設は忙しくな

年	年齢	事項
1908年		奈良県斑鳩町法隆寺に生まれる
1922年	14歳	大阪へ丁稚奉公、厳しい商道を教えられる
1933年	25歳	大阪で自立、一家を構える
1936年	28歳	次男、裕巳(奈良社会福祉院現理事長)誕生
1945年	37歳	大阪大空襲により奈良へ疎開、化粧品会社シャベトニック奈良を起業
		徴兵により出征。一兵卒で中国大陸へ
		ソ連と満州の国境でソ連軍の捕虜になり、そのまま敗戦を迎える
1946年	38歳	夏、旧満州(現中国東北部)より九死に一生を得て帰還
1947年	39歳	実兄(当時、奈良県厚生課長)の勧めもあり、戦災母子の救済援護、自立、更生を掲げ、自宅の土地と建物の一部を提供し、戦争未亡人7人の通所授産作業所として奈良社会福祉院を個人経営で創立。初代理事長に斑鳩・中宮寺門跡尼一等尊昭尼、自身は常務理事に就任
		倉庫を作業場に改修。佐保授産場(現 働く広場・佐保)の土台となる
1950年	42歳	奈良県知事の認可を受け財団法人に
1952年	44歳	社会福祉事業法制定にともない、社会福祉法人に。奈良県初の生活保護授産施設佐保授産場(現 働く広場・佐保)設置
1953年	45歳	一条高校、奈良警察署の建て替え時の廃材で奈良県初の母子寮佐保山荘(現 母子生活支援施設 佐保山荘)設置
1957年	49歳	クリーニングとの出合い、以後作業の中心種目に
1962年	54歳	奈良県初の乳児保育所・佐保山乳児保育所(現 佐保山保育園)設置
1973年	65歳	全国母子寮協議会(現 全国母子生活支援施設協議会)会長に就任(昭和54年まで6年間)
1978年	70歳	勲四等瑞宝章受章
1980年	72歳	永眠

　子生活支援施設である佐保山荘の施設長。「施設は保育所との合築による複合施設としてのメリットがあり、緊急一時保護、ショートステイをはじめ24時間対応可能な保育機能と連携しています」。住む場所としての母子生活支援施設、子どもを育てる保育所、そして働く場所である授産施設という三位一体の展開が社会福祉法人奈良社会福祉院の特徴。

　だが、創立から半世紀以上を超え、家族の変容、社会の流動化のなかで利用者が変化している。母子生活支援施設では外国人も増え、「時には英語でのやりとりも珍しくありません」「不安定な社会を反映して心療内科に通院する人も多く、昨年から臨床心理士を採用して対応しています。何とか施設を安全、安心、安定の場所にしたい」と花岡。

る。
　その頃の上田は「朝6時には出勤していた」という。上田は「納期に間に合わせねば」と声をかける。上田が先頭になって「徹夜でのアイロンがけ作業も珍しくなかった」と杉岡は懐かしむ。「ともかく前へ前へが上田先生のモットー。福祉の情熱にあふれ、厳しい父親のような存在」。口癖は「みんなの笑い顔が見たい」。
　上田は名古屋厚生会の大須賀忠夫らと生活保護授産施設関係者の交流を図るとともに、1973(昭和48)年には全国母子寮協議会(現在の母子生活支援施設協議会)会長に就任して関係者の結集に尽力する。
　花岡陸子は1964(昭和39)年に入職。社会福祉法人奈良社会福祉院評議員。母

《参考文献》
① 『General Survey Nara Social Welfare Center』奈良社会福祉院、2007年
② 『奈良日日新聞』2007年9月15日「『和』の心受け継ぎ創業60周年：奈良社会福祉院・上田裕巳理事長に聞く」

深津文雄

底点を見落とした福祉、底点を見たがらない福祉、底点を優先することのない福祉——これは福祉とはいえない

　千葉県の南房総地方は、東京湾の入り口を挟んで神奈川県の三浦半島と対面する。その中心地である館山市郊外・大賀のうっそうとした植生を切り開いた急坂を上り詰めたところに、静かな内海を見下ろす長期婦人保護施設・かにた婦人の村の施設群がある。売春防止法による婦人保護施設は全国で50ほどあるが、長期を冠にした施設は、かにた婦人の村のみ。長期のゆえんは重度の障害のある入所者の終の棲家というところに。設立の中心になったのは牧師の深津文雄。深津は社会福祉法人ベテスダ奉仕女母の家を創設し、聖書研究のなかで到達した底点志向という独自の概念を打ち立て、見落とされたり、見て見ぬふりをされて社会から排除されてきた女性たちに寄り添う人生を送る。

　深津文雄は、聖書研究と社会事業に没頭した男である。

　牧師の息子として生まれ、父の伝道活動にともなって旧満州（現在の中国東北部）に移動するも、途上で兄、母を亡くし、11歳で父と死別する。大連から帰国して明治学院神学部予科英文科に進学し、自らバスを歌って四重奏団を結成。多磨全生園のハンセン病患者の見舞いなどにあたる。在学中にはまた、全盲で東京女子大学に入学して日本最初の盲人女子大生となった齋藤百合の書記となる。齋藤は女性の視覚障害者組織である陽光婦人会を結成した人物。深津の社会事業のフィールドの一角は学生時代につくられる。

　若い深津は神学と教会に疑問を抱く。キリスト教はその弟子パウロによる神学にすぎず、イエス・キリストそのものとは関係がない。こう考える深津は牧師への道を拒否して独自の聖書解釈に傾斜していく。1935（昭和10）年に活動の拠点を東京・板橋の茂呂に移して、児童を相手に茂呂塾児童団（日曜学校）を開く。

　終戦直後の混乱し疲弊する社会のなかで、深津がたどり着いたのがディアコニッセの組織化。ディアコニッセとはドイツ語で奉仕女という意味。19世紀にドイツのプロテスタントが始めた社会の底辺、不条理のなかで呻吟する者への医療福祉援助。深津の仕事は清貧への憧憬を背景に、社会の底辺からさらに最も下にあるいと小さき貧しき者の救済、すなわち「底点志向」をめざすことになる。1956（昭和31）年に売春防止法がつくられ、婦人保護施設が誕生する。深津は

年	年齢	
1909年		福井県敦賀町(現・敦賀市)に日本基督教協会敦賀伝道所牧師・深津基一、隆子の二男として生まれる。幼少の頃、兄、母が亡くなり、父の仕事の関係で金沢、台北、旧満州、島根県などを転々とする
1927年	17歳	大連第二中学校を卒業。その後明治学院神学部予科英文科に入学。東京・牛込教会で日曜学校教師を務める
1929年	19歳	東京市外高田本町(現・東京都豊島区高田)で編み物教室を開き、全盲で初めて東京女子大学生となる齋藤百合の書記となる。齋藤は、後に盲女子の教育と保護を目的とする陽光婦人会を創設
1933年	23歳	日本神学校を卒業。教職を辞し、既成教会に入ることを拒み、牛込教会長老のまま自宅で聖書を講義
1934年	24歳	東京大学石橋智信教授のもとで旧約学を専攻し、日本宗教学会員となる
1935年	26歳	東京・板橋茂呂町(現・板橋区小茂根)に茂呂塾日曜学校を開設。後に児童団となる
1937年	27歳	ヘレン・ケラーが来日、講演を聞く
1947〜48年にかけて上冨坂教会を拠点に募金を集め、生活困窮者の救済活動などに取り組む		
1949年	40歳	天羽道子がディアコニッセ(奉仕女)を志願する
1950年		日本聖書学研究所創立。主事となる
1954年	44歳	埼玉県加須市の日本基督教団愛泉教会で天羽道子ら4名のディアコニッセの着衣式が行われ、ベテスダ奉仕女母の家(ムッターハウス)を創設。深津が館長に
1956年	46歳	売春防止法制定(昭和32年4月施行)。茂呂塾を寄付して社会福祉法人ベテスダ奉仕女母の家となる
1958年	48歳	東京都練馬区に婦人保護施設・いずみ寮を開設して施設長に
1961年	51歳	全国社会福祉大会でコロニー施設整備を決議
1965年	55歳	千葉県館山市に婦人保護長期収容施設かにた婦人の村を開設して施設長に(平成24年4月、婦人保護長期入所施設に)
1980年	70歳	「朝日福祉賞」を受賞
2000年	90歳	永眠

社会福祉法人ベテスダ奉仕女母の家を創設し、東京都練馬区にいずみ寮を開設。その後、千葉県館山市にかにた婦人の村を設置し婦人保護の仕事を本格化する。

天羽道子は、前かにた婦人の村施設長。1949(昭和24)年の秋、深津の説教のなかでディアコニッセの話を聞き、志願する。銀行員をやめて聖路加病院の看護学校にすすみ、以来社会福祉事業の道に。半世紀にわたって深津の傍にいた人物である。

深津の人生のなかで、社会福祉に接近する決定的な契機は何か。天羽は齋藤百合との出会いとともに、1937(昭和12)年のヘレン・ケラーの来日をあげる。「『目の見える方がいらっしゃいましたら、どうか目の見えない人のお友達になってください』という講演の結びの言葉を聞いて、深津はそれまでの利己主義を恥じるとともに、必ず生涯弱いものの味方になろうと誓ったと、後年まで縷々(るる)述懐(じゅっかい)しています」

なぜ婦人保護事業なのか。「売春は日本社会の問題であるにもかかわらず、日本人自らが気づかない。教会こそ、これを否定すべきである。しかし教会は、己が清きに誇り、この大いなる汚れに目をくれようとしない。であれば、明治からの婦人矯風会や救世軍の血のにじむような運動をディアコニッセが受け継ぐべきと」「施設の利用者には知的障害や精神障害があって売春を強要されたり、家庭環境が不遇で社会に居場所のない、社会復帰が困難な人が多いのが特徴です」

かにた婦人の村には現在、17の都道府県から69人が生活する。利用者は36歳から90歳にわたり、高齢化、障害の重複・重度化がすすむ。婦人保護施設の最低基準は、利用者の重介護などを想定していない。そのために措置費は低い。「国に職員の加配を要望したら、障害者施設に変更すればと提案されました。しかし、深津はこれをはねのけるのです。やはりこの事業は日本社会における婦人保護が原点なのです」。天羽の信念も深津と同様に「社会に向けて声をあげていかなければならない」である。

《参考文献》
①深津文雄『いと小さき貧しき者に:コロニーへの道』日本基督教団出版局、1969年
②深津文雄「底点の発見」『信徒の友』1983年3月号、日本基督教団出版局

登丸福寿

「この脱出は私自身の安穏のためではない。敗戦日本をどうにかしなければならない。祖国日本を価値ある国にして子孫に渡さなければならない」という考えが私の心から消えたことはなかった

　1945（昭和20）年8月に対日参戦したソ連軍は満州（現在の中国東北部）に攻め込み、旧日本軍は敗走する。満州国関係者は逮捕され、逃げ遅れた満蒙開拓団などの邦人は苦境に陥る。満州国の若き官僚であった登丸福寿も新京市（現在の長春市）郊外の収容所にとらわれ、シベリア送りを待つ身に。が、ロシア10月革命記念日の翌朝、登丸は決死の脱出を試み、苦労の末に郷里・群馬にたどり着く。群馬県児童福祉司となった登丸は、知的障害児・者の施設づくりに専念。1958（昭和33）年には「精神薄弱児・者総合施設コロニーはるな郷」を設立し、1960（昭和35）年知的障害者福祉法制定の原動力となる。登丸はまた、関係者の組織化を図り、日本知的障害者福祉協会の活動に力を尽くしていく。

　「事実は小説よりも奇なり」とは、このことである。登丸福寿は収容所の鉄条網を、たまたま拾った小さなペンチで切断し、革命記念日で泥酔して寝込んだ監視兵を尻目に脱出に成功する。登丸が抱いていたのは、単なる望郷の念ではない。傷つき倒れたはるか離れた祖国に想いを寄せ、一刻も早く再建することこそが自分の任務だという強い気持ちである。

　群馬県同胞援護会課長を経て、1949（昭和24）年に群馬県児童福祉司を拝命した登丸は、桐生市などの東毛地区を担当。浮浪児などの事案に関わるが、ほどなくして放置され行き場のない知的障害のある子どもたちが取り残されていることに気づき、施設づくりに乗り出す。1951（昭和26）年、関係者の念願かなって、群馬県が前橋市にしろがね学園を開設、初代園長となる。

　登丸が次に直面するのは、18歳になると子どもを退所させなければならないということ。当時は入所希望児童が多く年齢制限は厳格で、もう少し職業訓練を続ければ就労できる子どもも退所となる。知的障害者の受け皿となる法律は未整備。そこで登丸が考えたのは自由契約の成人施設の設置。学園のそばに私財を出して授産施設こがね寮を開設する。とはいえ、無認可施設のこがね寮の運営は多難を極める。数少ない施設には関東一円から入所希望者が集まる。この隘路の打開をめざし、登丸は群馬県精神薄弱児・者総合施設コロニー設置同盟を結成する。

　1958（昭和33）年、お年玉付き年賀はがきの寄付を原資に、財団法人はるな郷を設立。1960（昭和35）年には待望

年	年齢	出来事
1909年		群馬県勢多郡大胡町(現・前橋市)の農家の次男として生まれる
1936年	26歳	京都帝国大学文学部哲学科卒業
		満州国民生部属官、満州国大同学院を卒業する
1940年	30歳	勲七等青色桐葉賞を受賞する
1941年	31歳	吉林省長春県高等官試補に就任
1945年	35歳	首都警察庁理事官経済保安科長に就任
1947年	37歳	群馬県同胞援護会援護課長に就任
1949年	39歳	群馬県児童福祉司となる
1951年	41歳	群馬県立しろがね学園長となり、県下の知的障害児施設運営の先駆者の役割を担う
1952年	42歳	群馬県精神薄弱者保護協会が設立される
1956年	46歳	自由契約成人施設こがね寮が設立される
1958年	48歳	群馬県衛生部参事に就任
		お年玉付き年賀はがきの寄付金を受けて財団法人はるな郷を設立。常務理事に就任
	49歳	精神薄弱児施設みのわ育成園を開所、園長に就任
1960年	50歳	はるな郷の法人格が社会福祉法人となる
		日本初の知的障害者援護施設あすなろ荘を開所し、荘長に就任
	51歳	群馬県精神薄弱者福祉審議会委員に就任
1965年	55歳	日本精神薄弱者愛護協会(現・日本知的障害者福祉協会)副会長、理事、評議員となる
1968年	58歳	郷長(総合施設長)職が創設され、はるな郷長に就任
		厚生省中央児童福祉審議会委員、国立心身障害者コロニー建設推進懇談会委員に就任
1970年	60歳	群馬県知事表彰(総合表彰)を受ける
1971年	61歳	全国社会福祉協議会理事に就任
		厚生大臣表彰(社会福祉功労)を受ける
1975年	65歳	藍綬褒章受章
1976年	66歳	精神薄弱者更生施設ひのき荘を開所、荘長に就任。ひのき荘に高齢者棟やまぶき寮を設置
1977年	67歳	内閣府中央心身障害者対策協議会委員に就任
1979年	69歳	朝日社会福祉賞を受賞
1980年	70歳	全国に先駆けてはるな郷福祉ホームを開所し、ホーム長に就任
1981年	71歳	勲四等旭日小綬章を受章
1984年	74歳	群馬県精神薄弱者愛護協会会長
1992年	82歳	はるな郷顧問
1995年	85歳	永眠

の知的障害者福祉法が制定され、わが国で最初の知的障害者援護施設あすなろ荘が開所。榛名山の南山麓に展開するはるな郷の広大な敷地は箕郷町(現在の高崎市箕郷)松之沢地区の有志が無償提供し、施設建設には群馬県民の浄財も当てられる。関係者が「はるな郷は群馬県民立」と評するゆえんである。登丸が打ち立てたコロニー論は、国立コロニー設置をはじめ、国の社会福祉施設整備緊急5か年計画などに大きな影響を与えていく。

登丸寿一は、登丸福寿の長男。はるな郷で育つ。早稲田大学法学部を卒業して、日本社会事業学校研究科で仲村優一、石井哲夫に学ぶ。施設勤務を経て天理大学人間学部教授。退官後はタイでJICA(国際協力機構)の障害者支援プログラムに参加し、施設づくりに。

登丸福寿の満州国建国と戦後の知的障害児・者のコロニー設立に通底するものは何か。「登丸は当時の五族協和による新しい満州国建国の理念に燃え、中国に渡ったことが推測される」と寿一。「登丸のなかには、本来的にユートピア、つまり理想郷の建設というものがあったように思う。それが戦後、障害者福祉の道に入り、苦闘しながら行き着いたものが、理想郷としてのコロニーというかたちに結実したのではないか」。登丸は武者小路実篤を訪ね、生活共同体の「新しき村」にも傾倒している。

しかし半世紀以上を経て、知的障害者福祉のパラダイムは脱施設へと転換する。「コロニー的支援がなくなった時に私たちは、それに変わる新しい支援のかたちをつくっていかなければなりません」と寿一。登丸の唱えたコロニー論は、新たな次元での継承・発展が求められていくことになる。

《参考文献》
①『回想録―大同学院六期生』大同学院六期生会、1972年
②登丸福寿『精神薄弱文庫2 施設の標語』日本精神薄弱者愛護協会、1970年
③『コロニーはるな郷三十年の歩み―生活共同体をめざして』はるな郷、1989年
④登丸寿一「紙上最終講義 当事者中心主義の視点から読み直すコロニー論―日本で最初にコロニーをつくった登丸福寿の理論と実践を通して」『天理大学社会福祉学研究室紀要』第11号、2009年

鈴木とく

もろもろの学問をひっくるめて、人間が人間らしく成長していくための方法を探っていく、人がどう育つのかを追及していく…そこに保育学の難しさがあり、醍醐味もある

　保育士は、児童福祉法で保育士の名称を用いて専門的知識及び技術をもって児童の保育及び児童の保護者に対する保育に関する指導を行うことを業とする者と規定され、変化し、流動化する家庭、地域のなかで子育てを支援する専門職として今日ほどその役割が期待されている時はない。この保育士の養成・実践を支える保育学の全体像を第二次世界大戦前より自ら保育者として模索し、専門性を支えるために保育研究と保育者論の確立に関わり、半世紀以上にわたって後継者育成に力を入れてわが国の保育を支えてきたのが、鈴木(すずき)とくである。事後的で保護主義的な保育の処遇を、第二次世界大戦後に子ども主体の保育に転換していく鈴木の軌跡は、広く保育関係者に共有され、継承されている。

　鈴木とくは時代に育てられ、時代を拓いてきた人である。1932（昭和7）年に日本女子大学を卒業した鈴木は、ふとしたきっかけで東京帝国大学の関係者による東京の下町・本所(ほんじょ)のセツルメント活動に関わり、託児部を手伝うようになる。セツルメントとは隣保館事業ともいわれ、都市部の労働者街で取り組まれる社会事業。仕事が忙しい親が面倒を見切れない子どもたちの保育や勉強、授産や医療相談、法律相談などを実施して人々の生活改善を図る活動。学生や教員などの参加者のなかには、進取(しんしゅ)の自由な気性が流れている。

　鈴木は、母親の会の組織化に関わりながら、手探り状態のなかで保育内容の改善を始める。まずは、子どもたちの食事に注目して、忙しい母親に代わって給食を始める。次いで、それまでの年長、年少の年齢別組み分けから、地区別、異年齢グループによる保育を試みる。これらの保育実践はわが国で最初のもので、託児部の保育者の間では方針や効果をめぐる議論を交わすことが通例となる。鈴木の視点には、母親への支援を通した地域づくり、住民のつながりづくりが形成されるようになる。

　従来の形式にとらわれない保育が生み出される下地には自由闊達(かったつ)なセツルメントの環境があり、参加する学生のなかには、日本福祉大学教授としてわが国の戦後の児童福祉・保育に大きな影響を与える浦辺史(うらべひろし)がいる。ちなみに、今日の保育所で使われている「キリン組」「ゾウ組」

年	年齢	事項
1910年		宮城県石巻町に10人兄弟の末っ子として生まれる
1928年		日本女子大学国文科に入学
1932年		日本女子大学卒業、出版社に勤務
1934年	24歳	東京帝国大学セツルメント託児部保母となる
1935年	25歳	異年齢保育を試みる
1937年	27歳	東京市・方面館託児所保母となり、独自の音感教育を試みる
1940年	30歳	初めて3歳以上の午睡を取り入れる
1941年	31歳	恩賜財団母子愛育会に入り愛育隣保館主任保母となる 家庭と保育所が子どもの様子を報告し合うかたちの連絡帳を発案
1944年	34歳	幼児疎開に奔走する
1945年	35歳	埼玉県平野村(現・蓮田市)の疎開保育園の庭で終戦を知る この頃よりチャイルド本社、小学館などの絵本の企画に携わる
1947年	37歳	都本庁の児童部にて児童福祉法に基づき保育所の認可に携わる 秋田美子と保母の研修制度をつくる
1949年	39歳	墨田区江東橋保育園園長となる 保母資格を取得　異年齢グループ保育を実践
1952年	42歳	厚生省「保育指針」の3歳児について執筆 フレーベル館「幼児の教育」に1年間連載
1954年	44歳	都立高等保母学院に異動、講師となる
1958年	48歳	「新しい保育計画」(『月刊保育カリキュラム』編集委員会)に執筆
1960年	50歳	都庁に係長として戻る
1961年	51歳	目黒区立中目黒保育園に転勤　改築にあたり子ども中心の設計を行う
1964年	54歳	練馬区立練馬保育園に転勤
1967年	57歳	再び都立高等保母学院常勤講師となり、定年後は70歳まで非常勤講師を務める
1975年	65歳	『感傷 ほいく野 迷いあるき』(全国社会福祉協議会)を出版
1990年	80歳	『戦中保育私記—昭和十六年から昭和二十二年』(チャイルド本社)を出版
2012年	102歳	永眠

といった区分けは、当時のセツルメント託児部で地区別の子どもたちが自分たちのグループにつけた名前が広がったものである。

鈴木は1937(昭和12)年に東京市の方面館託児所保母となり、引き続いて浅草や江東方面の下町を担当。ここでは独自の音感教育を試みるとともに、1940(昭和15)年には初めて3歳以上の午睡を取り入れる。方面館とは低所得層を対象にした社会事業施設で、鈴木は「こうした地域で働いたことが、保育へのエネルギーを培ってくれた」と回顧している。

鈴木は、1941(昭和16)年には恩賜財団母子愛育会に転じ、愛育隣保館主任保母となり、初めて家庭と保育所が子どもの様子を報告し合うかたちの連絡帳を発案して普及する。これらの保育実践をみるだけで、鈴木が保育の歴史のなかで先駆けとして重要な役割を果たしてきたことがわかるだろう。

菅田栄子は松山東雲短期大学を卒業して保育者となる。その後、母校の教員に就任。長く保育と保育士養成の道を歩む。研究会などを通じて鈴木の傍らにいた菅田は、2000(平成12)年に鈴木の半生をインタビューして『保育は人間学よ—激動の20世紀、ありのままの子どもとともに』を刊行。保育関係者にとって貴重な共有財産となる鈴木のオーラル・ヒストリーを取りまとめる。

その動機について菅田は、「保育の歴史を学生に教えるのはなかなか難しいなかで、若い鈴木が保育の世界に飛び込み実践する姿を通して学んでいきたい」。保育、保育者とは何か。菅田は、授業で学生が自らの学びの意味や将来の姿を鈴木の人生に重ね合わせて考えるように、と工夫を凝らす。保育実習を開始する学生には、鈴木の「失敗はチャンスだ。どんどん思ったことをやりなさい」という一節で激励する。では、菅田が最も印象に残る鈴木の言葉は何か。しばらくして出てきたのは「鈴木とくを評価・批判してほしい」である。

《参考文献》
①鈴木とく、聞き役・菅田栄子『保育は人間学よ—激動の20世紀、ありのままの子どもとともに』小学館、2000年
②『新保育士養成講座 第12巻保育者論』全国社会福祉協議会、2012年

若月俊一

わがいのちきわまれるともこの街のこの雑踏はながくのこらむ

甲武信ヶ岳に源を発する千曲川は、佐久市臼田でその姿を整えて日本海に向かう準備をする。この千曲川河畔の一角にあるのが長野県東信地方の高度医療と健康福祉の一大拠点となるJA長野厚生連・佐久総合病院。農村医学と地域医療の先進地として国際的に知られる歴史は、1945（昭和20）年3月に長野県農業会・佐久病院へ1人の外科医が赴任することから始まる。若月俊一、34歳。前年に治安維持法違反のかどで警視庁に逮捕され、1月まで1年もの間拘禁されていた人物である。若月は、半世紀以上にわたってこの地で農民とともに格闘しながら、徹底的な予防を基本においた健康管理の仕組みを構築する。

若月俊一が東京府立第一中学校を卒業して旧制松本高等学校に入学する時期は大正天皇の崩御による昭和の始まりである。翌1928（昭和3）年には普通選挙制による初の衆議院議員選挙、共産党員の大量検挙、山東出兵、張作霖爆殺事件、治安維持法改正などが続く。

若月は激動する時代を背景にして急速にマルクス主義に傾斜し、1931（昭和6）年に東京帝国大学医学部医学科に入学するや社会医学研究会に参加、共産主義青年同盟に所属する。満州事変勃発の年である。

しかし、若月は厳しい弾圧の連続のなかで転向を余儀なくされ、しばらくは「激しい反動のあらし、せまり来る戦争の危機に、絶望的な敗北感にさいなまれる」。後にこの時期について「戦争反対といっても大衆は全くそっぽを向いていたといってもいい」「子どもっぽいエリート意識は批判されても仕方がない」と胸のなかを吐露するが、そのなかで身につけた洞察力、行動力、組織力、そして文学の力は確実に佐久病院の発展の推進力となる。

医事評論家の川上武は、「戦後医療史の注目すべき人物」として武見太郎・元日本医師会会長と若月の名をあげる。「医学史研究者としてみたとき、武見元会長は"時流に乗った人"であり、若月は"時代を切り開いた人"」とする。では、若月の先駆性はどこにあるのか。

川上は、佐久病院建設と並行した農村医学の自立から国際的連帯を志向した活動をあげる。ついで、その全行動の根底にあるセンチメンタル・ヒューマニズムである。医療の原点を模索する多くの青年医師が若月を訪ねる。

松島松翠は佐久総合病院名誉院長。1952（昭和27）年東京大学医学部を卒

年	年齢	事項
1910年		東京で生まれる。生家は芝神明町で洋品店を商う
1922年	11歳	小学校5年から、東京府立第一中学校にすすむ
1927年	16歳	東京府立第一中学校を卒業
		旧制松本高等学校理科乙類(医学志望)に入学
1928年	18歳	社会的思想にめざめ、急速にマルクス主義に傾斜。ヘーゲル『小論理学』、デボーリン、ブハーリン『唯物史観』などを耽読
1931年	20歳	東京帝国大学医学部医学科に入学。直ちに社会医学研究会に参加、共産主義青年同盟に所属する
1932年	22歳	学生運動に参加したかどで無期停学処分を受ける
1933年	23歳	転向して復学
1936年	25歳	東京帝国大学医学部を卒業するが、どの医局からも入局を断られ、分院外科教授の大槻菊男に拾われる
1937年	26歳	第一師団麻布歩兵三連隊第6連隊に入隊して満州チチハルに出征
	27歳	内地に帰還して見習い医官として軍医学校に学ぶ
1938年	27歳	肺結核再発で第一陸軍病院に入院
	28歳	退院と同時に除隊。東京帝国大学分院外科医局に戻る
1939年	28歳	石川県小松市の春木病院に勤務。小松製作所で工場災害の多発原因の統計的観察を行う。「工場災害」、工場労働者の調査研究に取り組む
1944年	33歳	工場労働者の調査研究が治安維持法違反とされて警視庁に逮捕され、12月下旬まで目白警察署に拘禁される
1945年	34歳	大槻教授のすすめで、長野県農業会・佐久病院に外科医長として赴任
	35歳	出張診療活動を始める
1946年	36歳	従業員組合の決議により院長に推薦される
1947年	36歳	農村移動演劇脚本「くらやみ」を発表。演劇活動を盛んに行う
1952年	42歳	日本農村医学会を創立、初代会長として第1回総会を長野市で開催
1954年	44歳	この年から翌年にかけて「冷え」「農夫症」の研究、「農民の保健に関する調査研究」など農村医学の多面的な研究に取り組む
1957年	47歳	第2回国際医師会議(フランス・カンヌ)に出席。その後国際農業医学会のマツツフ会長に会い農村医学会の国際的連携を約す
1959年	49歳	国保の窓口現金徴収反対の共同闘争のなかから、八千穂村の全村健康管理を始める
1961年	51歳	第1回農村医学夏季大学を開講
1967年	57歳	日本農村医学会に農薬中毒研究班を組織し、農薬被害の実態を訴える
1969年	59歳	第4回国際農村医学会議を臼田町で開催、26か国600人が参加
1971年	60歳	『村で病気とたたかう』(岩波新書)刊行
1976年	65歳	第29回アメリカ農村医学会議から招待を受けて渡米
	66歳	マグサイサイ賞(フィリピン)を受賞
1981年	70歳	農村医学の発展と地域医療実践の功績により勲二等旭日重光章を受章
1982年	72歳	老人保健法制定にともない厚生省公衆衛生審議会委員に就任
1993年	83歳	佐久総合病院・総長に就任
2006年	96歳	永眠

業し、東大分院外科から「2〜3年で戻るつもりで佐久病院へ」「最初に若月先生に会った時の印象は怖い顔をした人だった」。

が、若月による啓発書『健康な村』(岩波書店、1953年)を読んで、平易で丁寧な解説に驚く。やがて若月らとともに巡回検診隊など地域医療に奔走し、信州の人になる。

佐久病院歌「農民とともに」は、若月の詞に、松島が曲をつけたもの。若月を最も近い位置で見てきた松島は、『若月俊一の遺言:農村医療の原点』(家の光協会、2007年)の編集など丹念に若月の思想や仕事を整理して継承する。

松島は語る。「佐久病院は若月を父に、昭和という激動の時代を母として生まれた子どもであり、多くの人たちの手によって育てられてきた」。若月は当初は「農民のために」だったが、それを「農民とともに」へと発展させたところに「若月思想」の端緒があり、「与えられる健康」から「獲得する健康」という言葉も「若月思想」の基本となると指摘。

「どんな正しい理論も、それが民衆と結びつかなければ、物質的な力になりえない」という若月の言葉は、「どんな運動も、民衆がその気になって立ち上がらなければ成功しない。民衆の自覚こそが最も基本」だと諭す。

《参考文献》
①南木佳士『信州に上医あり:若月俊一と佐久病院』岩波新書、1994年
②JA長野厚生連佐久総合病院『農村医療の原点Ⅲ 若月俊一の人と思想を語る』2006年
③若月俊一『信州の風の色:地域農民とともに50年』第2版、旬報社、2010年

高山照英

よく難問題をのりこえて処理を全うし、聊か民生安定のために寄与し得たのは関係者一同の努力の賜物といえよう

　第二次世界大戦後に軍人援護や罹災者援護の組織は恩賜財団同胞援護会に統合され、引揚者や母子世帯の支援、医療、生業、物資、住宅確保などの事業をすすめる。1949（昭和24）年厚生省（当時）はGHQ（連合国軍最高司令官総司令部）と「6項目原則」を作成。生活保護法、児童福祉法、身体障害者福祉法の3法に共通する実施体制構築に入る。その過程で恩賜財団同胞援護会、財団法人日本社会事業協会、財団法人全日本民生委員連盟の民間3団体は、1951（昭和26）年に今日の全国社会福祉協議会の前身である中央社会福祉協議会に解消・発展する。この戦中・戦後の社会福祉事業の要諦に登場する人物のひとりが後の社会福祉法人恩賜財団東京都同胞援護会のリーダーとなる高山照英である。

　高山照英は、終戦直後の混乱の時期に恩賜財団同胞援護会東京支部職員として外地からの引揚者、孤児、夫を亡くした女性、母子世帯、戦災者の援護に尽瘁した人である。

　引揚者住宅の設営に不眠不休で取り組み、その数は東京都内で130か所に及ぶ。高山らは1日に数百人もの引揚者の相談にあたり、1件ごとに処置・判断する煩雑さ、困難さは想像を絶するものとなる。住宅の修理、改善に加え、極度に窮乏している引揚者の日々の食料、衣料の確保・配分も急を要する。困難な事態に直面した時の高山の不撓不屈の精神はこの時期に形成される。

　引揚者と罹災者援護が一段落した1951（昭和26）年2月に、恩賜財団同胞援護会、財団法人日本社会事業協会、財団法人全日本民生委員連盟の民間3団体は統合されて、今日の全国社会福祉協議会の前身となる中央社会福祉協議会が誕生する。厚生省とGHQの、単一の全国的な民間社会福祉の連合体を設置すべきという方針によるものである。

　恩賜財団同胞援護会東京支部は翌年の1952（昭和27）年に社会福祉法人恩賜財団東京都同胞援護会となり、老人、障害者、児童、母子の施設、病院・診療所を整備して東京都内の社会福祉事業の一大拠点に発展。高山はその中心で経営手腕を発揮する。

　品川卓正は現在の社会福祉法人村山苑理事長。高山は1960（昭和35）年より同法人理事長にも就任。品川は1966（昭和41）年に救護施設・村山苑に事務職として入職。高山の仕事を間近でみてき

年	年齢	事項
1910年		広島県安芸郡矢野村(現・広島市安芸区矢野)に生まれる
1932年	21歳	早稲田大学専門部政治経済学科卒業。在学中に満州(現・中国東北部)に渡り、現地レポートを『山陽新報』に連載
1934年	24歳	財団法人帝国軍人援護会の嘱託に就任
1938年	28歳	財団法人帝国軍人援護会、大日本軍人援護会および振武育英会が統合して恩賜財団軍人援護会設立。恩賜財団軍人援護会東京府支部の嘱託に
1943年	32歳	恩賜財団軍人援護会東京都支部板橋寮長を兼務
1946年	35歳	恩賜財団軍人援護会と恩賜財団戦災援護会が統合して恩賜財団同胞援護会設立
		恩賜財団同胞援護会東京都支部課長
1949年	39歳	厚生省社会局とGHQが「6項目原則」を取りまとめ、厚生行政の実施体制、民間社会福祉経営組織の確立など昭和25年度までに整備すべき目標を設定
1950年		東京都同胞援護会万世母子寮長
1951年	40歳	恩賜財団東京都同胞援護会常務理事心得に就任
		「6項目原則」に従って恩賜財団同胞援護会、財団法人日本社会事業協会および財団法人全日本民生委員連盟の民間3団体が統合して中央社会福祉協議会を設立。同協議会は昭和30年に社会福祉法人全国社会福祉協議会に改組
1952年	41歳	財団法人から社会福祉法人恩賜財団東京都同胞援護会に組織替え
	42歳	社会福祉法人恩賜財団東京都同胞援護会常務理事に就任
1957年	46歳	全国社会福祉協議会・更生福祉事業協議会(当時)医療部会委員
1959年	49歳	全国社会福祉協議会・社会福祉予算対策委員会副委員長
1960年		社会福祉法人村山苑理事長に就任
1965年	54歳	全国社会福祉協議会・更生福祉事業協議会(当時)会長
1968年	57歳	厚生省(当時)中央社会福祉審議会委員
1969年	58歳	全国社会福祉協議会・老人福祉施設協議会(当時)会長
1970年	59歳	社会福祉法人恩賜財団東京都同胞援護会会長に就任
1975年	64歳	全国社会福祉協議会副会長に就任
1981年	70歳	勲三等瑞宝章を受章
	71歳	全国社会福祉協議会・全国社会福祉施設経営者協議会初代会長に就任
1987年	77歳	永眠

た証人である。採用面接での初対面の高山は、「ずいぶんと恰幅がよく、貫禄があり、何となく威圧感を受けたのが第一印象」。

その高山の社会福祉事業界に残した功績は何か。「ひとつは1963(昭和38)年に老人福祉法ができると同胞援護会でいち早く特別養護老人ホームを設置したこと。当時はモデル的な施設で、時代の要請に応じる発想が高山らしい。やがて、ゆりかごから墓場までの実現が高山の目標となる」と品川。1969(昭和44)年に高山は全国社会福祉協議会・老人福祉施設協議会(当時)会長となり、さらに老人福祉施設の整備に腐心する。

「もうひとつ忘れてならないのは、民間社会福祉施設賃金の改善。高山は全国社会福祉協議会と東京都社会福祉協議会の予算対策委員会の責任者となり、多年の懸案であった民間社会福祉施設の給料の公私格差是正を実現する」「社会福祉施設の退職手当制度もつくり、民間社会福祉施設職員の不安解消の成果も」。

品川は「僕は政治家や役所勤めよりも、社会福祉の現場があっている」という高山の言葉を記憶している。「今にして思えば、社会福祉事業の最前線からの発信に強い使命感をもっていたのではないだろうか」。高山らしい生き方である。

社会福祉関係者にとって巨星ともいえる高山から何を学ぶことができるのか。品川は続ける。「終戦直後の引揚者援護などの仕事をみると、大事にしなければならないのは先見性ではないか。高山はいち早く老人福祉に力を入れるなど時代を先取りした事業を創出している」。

社会の流動化や東日本大震災などで、制度の狭間にあって援助の手が届かない人々が増えている。高山の残した教訓は、社会福祉関係者に一層の奮起を促している。

《参考文献》
『東京都同胞援護会のあゆみ』恩賜財団東京都同胞援護会、2004年

太宰博邦

> われわれの行く道は遠い。それを覚悟のうえで歩み出した以上、どんなことがあっても歩みを止めてはならない。ひたすら前進するのみである

　わが国の社会福祉行政の歴史には、地方改良運動を主導した井上友一、内務省社会局設置の田子一民、1938（昭和13）年社会事業法制定にあたった灘尾弘吉など多くの官僚が登場する。これらの内務官僚に共通するのは、「声なき民」を代弁し、社会に警鐘乱打して社会問題を解決したいという情熱であり、この内務官僚の矜持ともいうべきエートスを継承して福祉6法や社会保険制度の整備を手掛けるのが太宰博邦である。国際障害者年の前年の1980（昭和55）年、太宰は100を超える障害者団体の大同団結を図り、後に全国社会福祉協議会会長として民間社会福祉事業に生涯をささげる。太宰は「我われ福祉行政に身をおいた者は、ここに光が当たるまでは、一人でも旗を振るべき」と自らを律する人生を歩む。

　太宰博邦は、眼光鋭い容貌と、歯に衣を着せぬ言い回しで、ただひたすら社会福祉に取り組む生涯を送った人物である。なぜ、これほどまで、社会福祉なのか。いったい何がその契機となったのか。そのひとつは、1945（昭和20）年8月に広島で被爆したことである。1983（昭和58）年夏、NHKはテレビ番組「爆心地の夜」を放映。太宰は出演して当時の状況を、こう証言する。

　広島県特高警察課長の任にあった太宰は、「じつは、私はあの日の直前まで東京に呼ばれて行っていたのです。『いよいよ本土決戦になると、中央との連絡が絶えるだろうから、それぞれ覚悟してそれぞれにやってくれ』という命令を受けて、自宅に帰り着いたのが、ちょうど被爆の1時間前なのですね。それで横川（爆心地から約1.5キロ）の家で被爆し、県庁のある東のほうは真っ暗なので、比較的明るい北の可部のほうに向かって逃れていきました」

　壮絶な体験を経て、太宰は決意を固める。「原爆により一度は失ったはずの生命を永らえて、余生を国のためにささげることこそが喜びであり、誇りである。そのためには、おのれの信ずるところに従って、たとえ千万人といえども一歩も退かず」と。弱い立場にある人々には限りない愛情を注いでいくという強い信念が、それ以降の太宰の生き方のなかに貫かれることとなる。

　太宰の生涯のなかで社会福祉への関わりは、前・後と2つに区分することができる。前段は、官僚としての仕事である。高度経済成長の序盤で、社会局長として

1910年		現在の岩手県水沢市に生まれる
1936年	25歳	東京帝国大学法学部法律学科卒業
		内務省入省
1945年	34歳	赴任先の広島市で被爆する
1953年	42歳	厚生省児童局長
1955年	44歳	総理府社会保障制度審議会事務局長
1957年	46歳	厚生省官房長
1958年	47歳	厚生省保険局長
1960年	49歳	厚生省社会局長
1961年	50歳	厚生事務次官
1963年	52歳	厚生省退官
1964年	53歳	財団法人厚生団理事長、日本肢体不自由児協会理事長、財団法人日本障害者リハビリテーション協会副会長に就任
1968年	57歳	財団法人社会保険福祉協会理事長に就任
1969年	58歳	社会福祉法人日本心身障害児協会会長に就任
1975年	64歳	全国社会福祉協議会副会長に就任
1976年	65歳	全国老人クラブ連合会副会長を兼務
1978年	67歳	特殊法人社会福祉事業振興会会長、財団法人日本障害者リハビリテーション会長に就任
1980年	69歳	国際障害者年日本推進協議会代表を務める
1981年	70歳	財団法人日本児童福祉給食協会理事長に就任
1982年	71歳	勲一等瑞宝章授章
1983年	72歳	財団法人社会保険福祉協会会長に就任
1987年	76歳	全国社会福祉協議会会長、中央共同募金会会長に就任
1994年	83歳	永眠

立ち遅れていたわが国の社会福祉行政の整備にあたり、1961（昭和36）年の国民皆保険の創設、施行では保険局長として重要な役割を果たし、後に事務次官としてこれらの総仕上げを図る。

後段では、退官後もなお引き続いて民間社会福祉事業に粉骨砕身して発展にあたる。とくに太宰が心血を注いだのが障害者福祉である。

それまでわが国の障害者福祉は、児童福祉法、身体障害者福祉法、知的障害者福祉法が高度経済成長期までに制定されて分野別の施策が登場するものの、これらに共通する理念や国の役割が不明瞭で、総合性、一貫性にかける。このため、太宰らは障害者の当事者団体を糾合して1970（昭和45）年、心身障害者対策基本法制定にこぎつける。今日の障害者基本法である。この過程はさらに完全参加と平等をスローガンにした「国際障害者年」に向かうこととなり、太宰は日本推進協議会代表として関係団体を取りまとめる。わが国の社会福祉関係者がノーマライゼーションの理念を認識する決定的な転機である。

金田一郎は全国社会福祉協議会副会長などを経て、公益財団法人日本社会福祉弘済会理事長。1952（昭和27）年厚生省入省の金田は、採用面接を今でも覚えている。「面接官は3人でした。大山正人事課長、小山進次郎総務課長、そして太宰会計課長です」。金田は太宰に直接仕えたことはないが、太宰が切り開いてきた道を厚生官僚として拡充し、退官後に障害者福祉分野や全国社会福祉協議会の活動における仕事のなかで交流が深まる。「とても怖い印象の太宰先生ですが、接してみるとあたたかい、清廉潔白な方です。曲がったことが嫌いで内務官僚の矜持をもつ人です」

太宰の業績を社会福祉関係者の記憶にとどめるため、全国社会福祉協議会中央福祉学院の講堂は、太宰の名前を冠にして、太宰ホールとする。

《参考文献》
①『ヒロシマはどう記録されたか～NHKと中国新聞の原爆報道』NHK出版、2003年
②『太宰博邦先生　所感・論文集』全国社会福祉協議会、1995年

田内千鶴子

これからは社会事業を専攻する人を育て、研究させ、
孤児が少ない社会をつくってください

　朝鮮の人々は日韓併合の歴史のなかで弾圧、殺戮、差別の連鎖に緊縛され、民族間の分断と戦争による軋轢は同時代史に引き継がれている。第二次世界大戦をはさんで激動する社会。反日運動の高まりのなかで、1人の日本人女性が、朝鮮半島の西南部・全羅南道（チョルラナムド）の木浦市（モッポ）で黙々と児童養護施設・木浦共生園を運営する。後に3000人の子どもを育て、「韓国孤児のオモニ（母）」と呼ばれる田内千鶴子（尹鶴子）（ユンハクチャ）である。田内の深い思いは、さらに息子の尹基（ユンギ）（田内基）（もとい）が受け継ぐ。尹基は社会福祉法人こころの家族を設立して、関西で在日コリアンと日本の高齢者が利用する施設群を展開。新たな多文化共生時代の福祉サービスを切り拓く。

　田内千鶴子は民族間の分断のなか孤児の保護に献身した人である。千鶴子の出生の前に日本は1912（明治45）年に大韓帝国を併合。民衆はこれに反発して1919（大正8）年に三・一（さんいち）独立運動が蜂起するなど、反日運動も高揚する。くしくもこの年に田内の父が朝鮮総督府の官吏となり、一家は全羅南道の経済の要である木浦市に移住。田内の青春は、日本の植民地統治のなかで始まる。

　他方で、1928（昭和3）年にキリスト教伝道師である尹致浩（ユンチホ）が木浦共生園を開く。貧苦の苫屋（とまや）で孤児を収容、その愚直でひたむきな姿は地元民から「コジテジャン」（こじき大将）と揶揄（やゆ）される。

　田内が20歳の時に父が病死。母は助産婦として生計を立てる。田内は女学校の教師のすすめで共生園を訪れ、尹致浩と出会う。2つの青春の軌跡が重なるのは偶然である。やがて2人は結婚し、生活苦のなかで子どもたちの養護にあたる。

　日本統治時代は、尹は支配される側にあり、支配する側の国民である田内は人々の怨嗟の的となり、また日本人社会からは貧しい朝鮮人の妻として軽蔑される。ついで、日本敗戦後は、夫は戦勝国の国民となり、田内は敗者へと立場が逆転。さらに、朝鮮戦争時に尹夫婦は「北」軍からスパイ嫌疑をかけられ、巻き返してきた韓国軍には共生園の名称から共産主義シンパとして厳しく査問される。尹は戦火のもと子どもたちの食料調達のため光州（クァンジュ）に向かうが、その後行方不明に。夫婦は激動する歴史に翻弄される。が、残された田内は、夫の意思を引き継ぎ、たじろぐことなく困難に立ち向かう。

　しかし、志なかばで1968（昭和43）年の誕生日に田内は56歳で病死。田内の仕事と生涯を知る木浦市は市民葬を行

年	年齢	出来事
1912年		日本、大韓帝国を併合して朝鮮統監府(後の総督府)を設置、植民地統治を開始する
1912年		父・徳治、母・はるの長女として高知市若松町に生まれる
1919年	6歳	朝鮮独立をめざす三・一独立運動が蜂起。この年、千鶴子の父が朝鮮総督府官吏となり、一家で渡韓する
1928年		この年尹致浩が孤児収容を開始し、木浦共生園を開園
1929年		この年朝鮮総督府が民謡「アリラン」の歌唱を禁止
1932年	19歳	満州国建国
1936年	23歳	ベルリンオリンピックで孫基禎がマラソン日本代表として優勝、東亜日報は孫の胸の日章旗を抹消して報道。東亜日報が弾圧される
1938年	25歳	朝鮮陸軍、志願兵令公布
	26歳	尹致浩と結婚
1939年	27歳	朝鮮総督府「朝鮮人の氏名に関する件(創氏改名)」を公布
1945年	32歳	日本敗北により朝鮮が解放される
1948年	35歳	大韓民国が建国され、李承晩が初代大統領に就任
1950年	37歳	韓国戦争(朝鮮動乱)が勃発する
		北軍が木浦に侵入
1951年	38歳	尹致浩、光州へ子どもたちの食料調達に向かうが、その後行方不明となる
1952年	39歳	韓国大統領・李承晩、日本に軍事境界線を設定した李承晩ラインを宣告。日本漁船の拿捕が始まる
1960年	47歳	学生革命により李承晩政権が倒れる
1961年	48歳	朴正熙・陸軍少将らがクーデターを起こして政権を奪取、国家再建最高会議を創設
1963年	50歳	国家再建最高会議議長・朴正熙将軍が木浦の民情を視察、千鶴子を激励する
		韓国政府より「大韓民国文化勲章国民賞」を授与される
1964年	51歳	日本の岸信介首相が木浦共生園を訪問
1965年	52歳	日韓基本条約正式調印(両国国交正常化)
1967年	54歳	木浦共生園と大阪博愛社が姉妹結縁を決める
1968年	56歳	永眠
		木浦市において市民葬

い、3万人が参加。朝鮮日報は社会面トップで「この日、木浦は泣いた—尹鶴子女史の市民葬」と報じる。

2012年の10月31日は田内の生誕100周年。木浦市は記念式典を開催し、日韓などの関係者が集まって「国連　孤児の日」制定推進宣言を行う予定である。

尹基は田内の長男。社会福祉法人こころの家族の理事長。ソーシャルワーカー。中央神学校(現在の江南(カンナム)大学校)社会事業学科を卒業し、後に母校より「名誉社会福祉学博士」の称号を受ける。幼い頃は周囲から日本人の蔑視語である「チョッパリ」とからかわれ、いじめられる。多くの孤児と一緒に暮らした幼心には、母親への反抗心も生まれる。「彼女の身体から生まれた分身なのに、どうして、大勢の孤児のなかに放り込んで、特別な愛情をくれないのか」と悩んだという。26歳で園長となり母の事業を受け継ぐ。

基は語る。「母はその人生を、韓国語を話し、チマチョゴリを着て韓国人として生きてきました」。しかし、亡くなる寸前の病床で突然日本語で「基、もとい……」と呼び、「梅干がね、梅干が食べたい……」とつぶやく。「その時の私が受けた衝撃といったら、とうてい言葉では言い表せない、気が遠くなるような驚きでした」と振り返る。

「母の言葉は、私の人生の方向を180度変えました」。基は「母にとって、おいしい食べ物は日本料理で、話しやすい言葉は日本語であったことに初めて気づいた」のである。母の晩年の心境を理解した経験が、関西で在日コリアンが多い地域で老人ホーム「故郷の家」を運営する動機となる。国を越えて高齢者がともに生活する光景から、新たな時代の多文化共生の福祉サービスのモデルをみることができる。

《参考文献》
①사진이 이야기하는 80년, 사회복지법인공생복지재단, 2008.
②M・Tヒューマンサービス、映画『愛の黙示録』を世界におくる会『愛の黙示録—尹鶴子の生涯』1995年

黒木利克

最近アメリカ社会事業の視察研究をすることが出来たので、ここにその報告書ともいうべきものを発表することにした

　1953（昭和28）年12月、大蔵省（現在の財務省）は、次年度予算案で医療扶助費増を理由に生活保護費の国庫負担率の5割への引き下げを示す。これに対し厚生省（現在の厚生労働省）では山縣勝見大臣、安田巌社会局長、黒木利克保護課長らが協議、国民の生存権を守る保護費の国庫8割負担は当然と、断固反対を確認する。年明けに山縣は「厚生大臣の主張が通らぬのなら」と予算閣議を前に辞任。自ら経営する海運会社の社長室を提供して、黒木らに反対運動を指示。黒木は保護課員を引き連れて社長室を拠点に論陣を張る。マスコミはこの次年度予算をめぐる事態を「大砲かバターかの戦い」と報道。全国社会福祉協議会も緊急大会を開催し、「国庫負担8割遵守」は社会福祉関係者の合言葉となる。

　黒木利克は、「ミスター・ウエルフェア」と呼ばれた男である。1948（昭和23）年9月に渡米、8か月を費やしてアメリカの社会福祉行政、ソーシャルワーク理論を調査・研究して帰国する。

　1949（昭和24）年11月に厚生省社会局とGHQ（連合国軍総司令部）公衆衛生福祉局は、生活保護法、児童福祉法および身体障害者福祉法の3法に共通する実施体制の原案として「6項目原則」をまとめる。この「6項目原則」のたたき台をつくったのが黒木。黒木は、占領下で社会福祉の土台を構築するにあたり、社会福祉行政関係者が先進モデルとしてアメリカ社会福祉の全容を理解することが不可欠と考え、1950（昭和25）年に『Welfare from U.S.A.』を著す。国と地方の関係、民間社会福祉組織、ケースワークの技術などを詳細に紹介した同書は、関係者必読の書となり、1951（昭和26）年の社会福祉事業法（現在の社会福祉法）の制定・施行の布石となる。

　1952（昭和27）年に黒木は保護課長に就任。直面する問題は、医療保険制度の谷間におかれた医療扶助費が突出して増嵩したことである。大蔵省は歳出抑制のため厚生省に保護の引き締めを求め、1954（昭和29）年度予算案では国庫負担率5割を内示。これに対して厚生大臣は抗議の辞任をし、関係者は猛反発。結局8割負担が維持される。次いで黒木が取り組んだのは、保護基準の算定作業とケースワーカーの現任訓練である。

　苅安達男は、現在の日本障害者フライングディスク連盟理事長。1952（昭和27）年に厚生省に入省し、1954（昭和

1913年		父・寛敬、母・一夫の長男として東京・小石川に生まれる
1926年	12歳	宮崎県・妻尋常高等小学校卒業
1931年	17歳	宮崎県立妻中学校(現・宮崎県立妻高等学校)卒業
1934年	20歳	第五高等学校卒業
1939年	26歳	高等文官試験行政科合格
1940年		東京帝国大学法学部卒業
		厚生省属に命ぜられ衛生局保健課勤務
1941年	27歳	地方事務官に任じられ秋田県経済部産業課長に着任
1942年	28歳	秋田県経済部農政課長
1943年	29歳	厚生事務官に任ぜられ、衛生局防疫課兼医務課勤務
1946年	32歳	厚生省大臣官房総務課勤務
1947年	33歳	厚生省社会局庶務課勤務
1948年	34歳	厚生省社会局更生課長
		アメリカ出張を命じられる
1949年	35歳	帰国
		厚生省社会局生活課長を兼任
	36歳	厚生省社会局庶務課長
1952年	38歳	厚生省社会局保護課長
1956年	42歳	厚生省参事官(大臣官房企画室長併任)
1959年	45歳	厚生省医務局次長
1961年	48歳	厚生省児童局長(後に法改正により児童家庭局長)
1964年	51歳	厚生省児童家庭局長依願免官
1965年		参議院議員選挙に全国区より立候補して当選
1968年	54歳	社会保障制度審議会委員(昭和48年8月まで)
1971年	57歳	株式会社福祉新聞社社長に就任
1972年	59歳	衆議院選挙に宮崎1区から立候補するも次点で落選
1978年	64歳	永眠

29)年4月に保護課へ異動。黒木より「君を基準・調査係に配属する。小沼(こぬま)課長補佐のもとで貧困問題に専念しろ」と訓示を受け、「社会調査のために計算機を使いこなせるように」と言われる。小沼とは、後に貧困研究の大家となる小沼正(こぬまただし)。黒木の狙いは、保護基準の算定方式をより理論化、客観化することで、保護費を予算折衝の際に政治の駆け引きや経済の影響に翻弄されることなく、必要に応じて確保することにある。

苅安の記憶はさかのぼる。「貧困をどのように把握するのか。ブースやラウントリーの貧困調査の勉強から始めました。主流は英国の公的扶助研究です」。ブース、ラウントリーは19世紀末にイギリスの都市で貧困調査を実施、その後の労働党結成のなかで形成されるナショナル・ミニマム論の源流となる。「そのうえで動態調査を通じて落層の原因を明確にし、防止策を考えろ、というのが黒木の命題」

では、「制度創設以来の被保護人員数を更新し、生活保護費抑制の議論が出ている今日、黒木だったら何と言うだろう」と苅安に問う。「生活保護は生存権保障の要。制度のうえに落層防止の国策的仕組みを張りめぐらせ、というのでは」

黒木がもうひとつ力を入れたのが、ケースワーカーの養成。特に、福祉事務所の社会福祉主事については、「黒木は生活保護主事ではなく、よりプロフェッショナルなワーカーを考えていました」「黒木の持論は、児童相談所や身体障害者更生相談所を専門的・治療的な機能に特化させ、生活支援の措置は福祉事務所の質の高いワーカーが総合的に担当するというもの。福祉事務所の家庭児童相談室は黒木がつくったのです」。半世紀以上も前に、次元は異なるとはいえ、黒木が包括的な自立支援の仕組みを模索していたことは興味深い。

《参考文献》
①『黒木利克追想録』黒木利克追悼録刊行会、1980年
②黒木利克『Welfare from U.S.A.』財団法人日本社会事業協会、1950年

潮谷総一郎

営利のために働くことは、貧しい人々のために働く
経験をしてからは興味がなくなりました

　1920（大正9）年の春、熊本駅に1人の若いアメリカ人女性が降り立つ。ルーテル教会宣教師のモード・パウラス（Maud O. Powlas／1889〜1980年）。彼女のミッションは熊本に社会事業施設をつくり、孤児や不遇な女性、高齢者を救済すること。1922（大正11）年の4月に高齢者住宅が、翌年には婦人、子どもの入所施設が完成し、今日の社会福祉法人慈愛園の施設群が立ち上がる。その後の困難を抱えながら事業を展開していく過程に合流する青年が、潮谷総一郎。潮谷はハンセン病患者や免田事件の支援活動をはじめ、アイ・バンク設立、老人福祉法制定試案、ホスピタル論争における「家庭的処遇論」など、戦後社会福祉史のなかに縦横に軌跡を残していく。

　潮谷総一郎は肥後・八代の人である。八代聖愛幼稚園でキリスト教にふれ、教師を志望して九州学院中学校に学ぶ。当時の学院長は「熊本バンド」の海老名弾正と親交のあった遠山参良。「熊本バンド」とは、1875（明治8）年開校の同志社英学校に学ぶ熊本洋学校関係者で、国家主義的なキリスト教に傾倒する学生集団。同志社英学校第一期の卒業生としてわが国のプロテスタントの源流の一角となる。

　遠山の薫陶を受けながら、潮谷は在学中に熊本市内の貧窮者救済活動に関わる。卒業後はやむなく家業の本屋に従事するものの、もっぱらの関心は賀川豊彦、山室軍平、石井十次ら先人の信仰と慈善事業にあり、「熊本バンド」の研究に没頭。そのなかで潮谷が至った境地は、「父の本屋で営利のために働くことは、貧しい人々のために働く経験をしてからは興味がなくなりました」というもの。やがて潮谷は1934（昭和9）年に慈愛園の児童養護施設で働くこととなる。

　慈愛園の戦前史に登場するのは、創始者モード・パウラスによる貧窮者、ハンセン病患者への地を這うような救済活動である。特に彼女は公娼制度を日本社会の後進性と不道徳による最悪の仕組みととらえ、貧困ゆえに売春宿に売り飛ばされ、不条理、不遇のなかで絶望する女性の救出を図る。潮谷も教会の青年会活動を組織しながら、九州救癩協会を設立。差別され、排除され、行き場所を失ったハンセン病患者の支援にあたる。

　第二次世界大戦の勃発でモード・パウラスは帰国を余儀なくされ、潮谷も召集されて南方戦線に従軍。慈愛園の戦後史は1947（昭和22）年にモード・パウラ

年	年齢	事項
1913年		熊本県八代市に生まれる
1918年		女性宣教師モード・パウラスがアメリカから来日、東京着
1920年		日本福音ルーテル教会新憲法による第1回総会が熊本で開催され、社会事業施設を熊本に設置することを決議。モード・パウラスが責任者となる
1920年		モード・パウラスが熊本に着任。遊郭に売られる寸前の娘2人を宣教師館に収容、これより廃娼に取り組む
1921年		北米一致ルーテル教会が社会事業施設創設費として2万円を寄贈
1922年		飽託郡健軍村神水(現・熊本市神水)に老人収容所、賎業婦収容所、子どもホーム着工
1922年		施設が竣工し、慈愛園と命名。モード・パウラスが園長に就任する
1925年	11歳	九州学院中学校に入学、キリスト教の布教と「敬天愛人」を唱える遠山参良院長の影響を強く受ける。熊本市内の貧民救済活動に参加
1930年	16歳	九州学院中学校を卒業して家業を継ぐ。キリスト教社会事業に触発され、「熊本バンド」研究に着手
1934年	20歳	慈愛園に勤務する
1936年		ロンドンで開催された第3回国際社会事業大会にモード・パウラスが日本代表として出席
1937年	24歳	九州救癩協会を設立して理事に就任、患者の集落で支援活動を展開
1940年	27歳	慈愛園の施設長に就任するが、後日陸軍第6師団歩兵第13連隊への召集令状が届く
1941年		日米関係の悪化のためモード・パウラスがアメリカに帰国。アメリカ在留邦人の保護活動に取り組む
1946年	32歳	南方戦線より復員する。八代市の委託を受けて戦災孤児の保護を行う
1947年	33歳	モード・パウラスらとともに慈愛園を再開する
1948年		熊本県人吉市で4人が殺傷される白福事件が起きる。翌月、免田栄が容疑者として逮捕される
1949年	35歳	昭和天皇が慈愛園に行幸、「永い間社会事業のために尽くして下さって有難う」と御会釈される
1950年		熊本地裁八代支部が免田栄に死刑判決
1951年	37歳	日本社会事業学校研究科に入学
1952年		最高裁で免田栄の死刑確定
	38歳	日本社会事業学校研究科を卒業
		社会福祉法人慈愛園を設立。モード・パウラスが理事長に、潮谷が常務理事・第4代慈愛園園長に就任
		免田栄が熊本地裁八代支部に第1次再審請求するも棄却される。これより昭和47年まで6次にわたって再審請求
1953年	39歳	福岡市藤崎拘置支所に教誨師として訪問、免田栄との手紙のやり取りが始まる
		盲ろうあ児施設熊本ライトハウスの設置が認可される
1974年		福岡高裁が免田栄の再審開始を決定。検察が特別抗告するが、翌年最高裁が特別抗告を棄却。再審開始が確定
1983年	69歳	熊本地裁八代支部が免田栄に無罪判決。死刑囚としての34年が終わる
2001年	87歳	永眠

スと潮谷の再会で始まる。

九州ルーテル学院大学教授の潮谷愛一は総一郎の長男。愛一の妻は前熊本県知事の潮谷義子。愛一は「総一郎の仕事は4つにわたる」と話す。ハンセン病患者の支援活動、老人福祉法制定試案、アイ・バンクの設立、そして死刑囚免田栄の支援である。老人福祉法制定試案は、「児童福祉法があるのなら、老人福祉法があって当たり前」との持論による。老人福祉の理念とあり方を書きつけて社会福祉協議会関係者に示し、後に「老人福祉法九州社協試案」として立法化の気運を高める。1963(昭和38)年の老人福祉法制定より、はるか10年前のことである。

免田事件は1948(昭和23)年に熊本県人吉市で起きた殺傷事件をめぐる冤罪。免田栄は最高裁で死刑が確定。が、拘置所で教誨師として免田に面会した総一郎は、「この男はやっていない」と直感。以後、免田の6次にわたる再審請求を支援して、1983(昭和58)年に無罪判決を勝ちとる。34年間の死刑囚の無実の叫びを共有し、人権擁護、司法福祉を切り拓く先駆けとなる。

《参考文献》
①モード・パウラス著、稲富いよの訳『愛と福祉のはざまに』慈愛園、1979年
②潮谷総一郎『死刑囚34年—不屈の男・免田栄の歳月』イースト・プレス、1994年
③『慈愛園の歩み—慈愛園90周年を記念して』慈愛園、2009年
④『現代人の伝記(1)—人間てすばらしい、生きるってすばらしい』致知出版社、2003年

小山進次郎

国民が権利として保護を要求し得る生活保護制度を樹立せんとするのが、政府の本法案提出の理由であります

不況のなかで生活保護を受給する人々の数は200万人を超え、制度創設以来の記録を更新している。かつての第二次世界大戦後の辛く貧しい時代。日本国憲法第25条で国民の生存権が規定されるが、では、それはどんな仕組みで実現されるのか。厚生省社会局保護課長の小山進次郎(こやましんじろう)が準備した国民生活の最後の防波堤となる生活保護法は、1950（昭和25）年5月に可決・成立。その際小山がまとめた『生活保護法の解釈と運用』は、関係者必携の書となる。小山は続いて、高度経済成長下で生活保護制度に社会保険制度を架橋。国民皆年金・皆保険制度を実現して、社会保障制度の全体像を描いていく。「ミスター厚生省」と言われたゆえんである。

　小山進次郎は、国民の生存権保障のために命をかけた官僚である。

　わが国の公的扶助の法律には1929（昭和4）年制定の救護法があったが、第二次世界大戦後の混乱期に機能しなくなる。餓死者が続出する状況のなかで連合国軍総司令部（GHQ）は、日本政府に公的扶助のあり方を覚書「社会救済」（SCAPIN775）で示し、「国家責任」「無差別平等」「最低生活保障」を原理にして、取り急ぎ1946（昭和21）年に旧生活保護法が誕生する。

　だが、旧法は、日本国憲法より前に制定されたために第25条の生存権規定と整合性がなく、最低生活保障や保護請求権の概念が不明。不服申し立ての条文にも欠け、実施を市町村長と民生委員に課するなど、制度上の不備が問題になる。

　小山は1948（昭和23）年5月に厚生省社会局保護課長に就任。SCAPIN775を最高規範に、旧法の限界を分析して生存権保障のあり方を研究する。しかし、社会局に与えられた課題は旧法の見直しだけではない。社会福祉行政の国と地方の役割分担、民間の社会福祉経営組織、社会福祉協議会、専門職員の整備・確保策などが必要となる。1949（昭和24）年秋に社会局は対応策をGHQ公衆衛生福祉局と「6項目原則」として確認。これを受けて小山は生活保護法案作成に全力をあげる。

　生活保護法は1950（昭和25）年5月に可決・成立。ただちに施行。「この法律は、日本國憲法第25条に規定する理念に基き、國が生活に困窮するすべての國民に対し、その困窮の程度に応じ、必要な保護を行い、その最低限度の生活を保障するとともに、その自立を助長する

1915年		26日、新潟県柏崎市に父藤吉・母芳の二男として生まれる。父は呉服商を営む
1930年	14歳	宇都宮中央尋常小学校、栃木県立宇都宮中学校を経て宮城県立仙台第一中学校に転学
1932年	16歳	第二高等学校文科乙類入学
1935年	19歳	東京帝国大学法学部政治学科に入学
1937年	22歳	高等文官試験行政科合格
1938年		厚生省に採用、社会局勤務
1939年	23歳	山口県経済部企画課長
1941年	25歳	千葉県経済部企画課長、9月農務課長
1942年	26歳	東京府勤務・総力戦研究所研究生
1943年	27歳	厚生省勤務。人口局、健民局、大臣官房総務課を経る
1944年	29歳	滋賀県警察部特高課長(地方警視)
1945年	30歳	山口県警察部特高課長。10月に休職
1946年		厚生省に復帰。社会局物資課、浦賀引揚援護局援護官
1947年	32歳	引揚援護院援護局業務課長、11月庶務課長
1948年	33歳	社会局保護課長
1951年	36歳	大臣官房総務課長
1956年	41歳	保険局次長
1958年	42歳	国民年金準備委員(国民年金準備委員会事務局長)
	43歳	大臣官房参事官
1959年	44歳	年金局長
1962年	47歳	保険局長
1965年	50歳	厚生省退職。社会福祉事業振興会理事
1966年	50歳	東京大学経済学部講師(社会保障概論、9月まで)
	51歳	経済審議会臨時委員(昭和43年1月まで)
1967年	51歳	国民年金審議会委員
		厚生年金基金連合会理事長
1968年	52歳	国民生活審議会委員、2月、社会保障制度審議会委員
1969年	54歳	経済審議会臨時委員
1972年	57歳	永眠

ことを目的とする」(第1条)。世界最高水準の生存権保障の具体化である。次いで「6項目原則」は、翌1951(昭和26)年春の社会福祉事業法制定で結実。社会局は福祉事務所、社会福祉主事、社会福祉法人などの実施体制構築を加速する。

板山賢治は、社会福祉法人浴風会顧問。日本社会事業大学名誉博士。1950(昭和25)年3月に日本社会事業専門学校を卒業して、厚生省社会局更生課に勤務。5月に保護課へ異動となり、小山課長より訓示を受ける。「法令、通知を正確に理解して、説明できなければ保護課の職員たりえない」と。いまでもその時の緊張感が記憶に残る。

当時23歳だった板山は振り返る。

「社会局は燃えていたと思います。不眠不休、徹夜で仕事する人々を眺め、こんな情熱を生み出すものは何なのか。それは、この新しい制度が戦後の混乱した社会、貧乏な日本を支えるという創造への意気込み、使命感だったと思うんです」

板山は、保護課の日々を再現する。保護課には30人を超す職員がいて省内随一の貫録ある大所帯。部屋では課内会議が続く。

「連日、課長補佐、係長が説明して、侃々諤々と議論が繰り広げられるんです。小山さんは夜更けまで続く議論を聞いて、最後に丹念に結論をとりまとめる。それで次の道が開けていくんです」

「小山さんは、僕たち若手にも容赦なく質問をして発言させるんですね。チームで仕事をすることを重視して、部下や後輩の教育を人一倍大事にされた」

課長補佐には、戸沢政方、瀬戸新太郎、石田忠、高橋三男ら気鋭がそろい、小山が主導する議論は、いつしか厚生省内で「小山学校」と言われるようになる。

《参考文献》
①小山進次郎『改訂増補生活保護法の解釈と運用』中央社会福祉協議会、1951年
②小山進次郎氏追悼録刊行会『小山進次郎さん』、1973年

本間一夫

失明したればこそ、点字図書館の一筋道を歩み続けることができた

　紙媒体から音声、映像、そしてインターネットと、国境を越えて多岐にわたる情報が大量に伝達されるなかで、視覚障害者の情報格差の広がりが指摘されている。視覚障害者にとって読書への依存は健常者以上に高く、「自由に読書できる喜び」は至宝のものである。法律による社会福祉事業が存在しなかった困難な時代に、何とか点字図書を収集して視覚障害者に普及できないものだろうか。失明した少年は、やがて多くの岐路をたどりながら日本点字図書館を設立・運営する人生を歩むことになる。本間一夫が端緒を切り拓いた視覚障害者への情報提供事業の課題はグローバリゼーションのなかで多様化しており、もう一段の支援策が望まれている。

　本間一夫は北海道・増毛町の人である。町の丘に立てば日本海に広がる海岸線を見渡すことができるが、その記憶は本間にとっておぼろげな遠い過去のものにすぎない。5歳で脳膜炎による高熱で失明したからである。小学校にすすまなかった本間は、家人の読み聞かせで『日本児童文庫』（アルス社）、『少年倶楽部』（講談社）などを次々と読破。とくに当時の最高傑作とされた『日本児童文庫』は、全巻を暗記するほどで、少年・本間の知識と未知なるものへの好奇心は人一倍のものとなる。

　1929（昭和4）年に14歳で函館盲唖院に入学。新しい世界と人々との出会い、学びのなかで本間は成長する。なかでも当時盲人運動の先頭に立っていた岩橋武夫の講演や著書などにふれ、本間は旧い因習や枠組みを超えた盲人の世界の新しい可能性を知る。岩橋は大阪に日本ライトハウスを開いて盲人の権利や自立のために奔走する人物である。岩橋の生き方に自分の未来を重ね、やがて本間はイギリスにあると聞かされてきた点字図書館の設置を夢みるようになる。生涯の仕事としては、決して不足ではない。世界はどうなっているのか。常に新しい知識を渇望してきた本間は、この社会で盲人への情報提供がいかに貧しいものかを身をもって痛感してきたからである。

　1933（昭和8）年の第1回東北・北海道盲学校弁論大会で、本間は「聞け、黎明に高鳴る響きを」を熱弁して優勝。この勢いをかって大学めざし受験勉強にむかう。点字図書館についてイギリスに学ばなければならない。当時盲人に門戸を開放していた大学は関西学院大学のみで、教授陣には本間の人生の岐路に影響

1915年		北海道増毛郡増毛町に生まれる
1920年	5歳	脳膜炎による高熱のため失明
1929年	14歳	函館盲唖院に入学
1936年	21歳	関西学院大学専門部英文科に入学
1939年	24歳	同大学卒業後、盲人福祉施設「陽光会」に月刊誌「点字倶楽部」主幹として勤務
1940年	25歳	東京都豊島区雑司ヶ谷に「日本盲人図書館」を創立(点字図書約700冊)、館長に就任
1941年	26歳	同館が淀橋区諏訪町(現在の新宿区高田馬場)に移転
1942年	27歳	後藤静香を団長に「大日本点訳奉仕団」を結成
1943年	28歳	藤林喜代子と結婚
1944年	29歳	戦火を逃れて茨城県結城郡総上村の三月寺に点字図書2300冊を疎開
1945年	30歳	北海道増毛町に再疎開
		空襲で図書館(本部)「一物も残さず」全焼
1948年	33歳	疎開先より上京
		諏訪町(高田馬場)の焼け跡に木造15坪の建物完成
		来日したヘレン・ケラーと面会
1950年	35歳	財団法人設立認可。常務理事・館長に就任
1952年	37歳	財団法人を社会福祉法人に組織変更。常務理事・館長に就任
1953年	38歳	朝日新聞社表彰・朝日社会奉仕賞を受賞
1954年	39歳	厚生省予算による図書館本館工事着工
1955年	40歳	東京で第1回アジア盲人会議開催。「日本の点訳奉仕と点字出版」を英語で講演
1958年	43歳	「声のライブラリー」発足(テープレコーダー1台、テープ50巻)
1964年	49歳	9月まで加藤善徳理事と第3回世界盲人福祉会議参加のため渡米。アメリカ、ヨーロッパを回り欧米の点字および録音図書事業の実態を視察。盲人用具150点を収集して帰国。盲人用具販売斡旋事業開始のきっかけとなる
1966年	51歳	日本点字図書館に用具部創設。点字タイプ、白杖などを陳列
1974年	59歳	妻・喜代子死去
1978年	63歳	日本点字図書館理事長・館長に就任
2003年	87歳	永眠

を与えていく岩橋がいる。

　本間は関西学院大学卒業後の1940(昭和15)年に、東京都豊島区雑司ヶ谷で念願の「日本盲人図書館」創立にこぎつける。この時25歳、点字図書約700冊での出発である。

　大戦の空襲で建物は焼失する。が、本間の情熱は決しておとろえることはない。1949(昭和24)年には身体障害者福祉法が制定される。立法を担当した厚生省社会局更生課長は松本征二。同法は更生援護施設として点字図書館を規定するものの、松本は『身體障害者福祉法解説』(中央社会福祉協議会、1951年)で「点字図書館も点字出版施設も官公立のものは現在なく(盲学校の場合を除く)、私人の設置するものも極めて少なく、不十分」と指摘。国庫補助金を捻出して、社会福祉法人日本点字図書館の出発を支援する。

　今は岩上義則が常務理事・館長として本間の志を引き継ぐ。岩上は1952(昭和27)年に郷里の石川県で本間の講演を聞き、感激して上京。本間のもとに通い詰めて職員となる。「本間先生は向学心が強く、文化人だったんです」と述懐する。求心力の強い本間の生涯には宗教者、作家、放送・出版関係者、さらに点訳奉仕者、社会局官僚など幾多の人々が往来する。

　このなかにあって後藤静香(1884～1971年)は異彩を放つ。社会教育家で希望社運動を起こした後藤は、1942(昭和17)年に本間と大日本点訳奉仕団を立ちあげ、本間の生涯にわたる後見人となる。今日まで読み継がれるベストセラー『権威』(善本社)の印税は後藤の意向で日本点字図書館に帰属する。

《参考文献》
①本間一夫『指と耳で読む』岩波新書、1980年
②本間一夫『我が人生「日本点字図書館」』日本図書センター、2001年
③社会福祉法人日本点字図書館『本間一夫略歴』1993年

川崎満治

人の処遇に関する福祉の行為は法規、条文では大綱を示すにとどめ、その運用は福祉の心のあつい人にゆだねることがのぞましい

　　JR横須賀線の下り電車は、横須賀駅の手前でトンネルを抜けると減速を始める。車窓の左に目を向けると、停泊している海上自衛隊の護衛艦と構造物が視界に飛び込んでくる。そのなかの白い建物群は、社会福祉法人湘南アフタケア協会が運営する神奈川後保護施設・重度神奈川後保護施設、神奈川後保護施設附属診療所。創立者は川崎満治（かわさきみつはる）。川崎は戦時中に結核に感染、戦後の混乱の時期に仲間と苦心の果てに社会に受け皿のない結核回復者の入所施設を設立。後に国へ陳情を繰り返し、1958（昭和33）年に社会福祉事業法（現在の社会福祉法）に結核回復者の社会復帰施設を第1種社会福祉事業として位置づけ、1967（昭和42）年には身体障害者福祉法に内部障害を規定する原動力となる。

　川崎満治は、厚生省の役人にひどく煙たがられた男である。連日、朝から社会局に詰めかけて結核回復者の社会復帰施設整備の重要性をとうとうと訴え、話を聞いてもらえない時は取り合ってくれるまでその場に座り込む。梃子（てこ）でも動かぬとはこのことで、夜になっても帰らない。

　かつて死亡率が高く、亡国病と恐れられた結核は、第二次世界大戦後にアメリカから効果的な薬物療法が導入されて患者数が減少するが、逆に回復者の働く場所、住む場所の確保は切実となる。特に治療が終わった重症患者は心肺機能が著しく低下し、問題は複雑化する。

　元陸軍中尉であった川崎は、旧軍人の回復者と横須賀市で畑を借りて耕し、豚を飼って生計を立て、1950（昭和25）年に当事者団体である湘南アフタケア協会を設立。仲間とともに結核回復者に対する社会の受け皿がない状況を打開するため、国に向けて行動する。

　川崎らの要望を受け止め、やがて国は1958（昭和33）年に社会福祉事業法を改正。結核回復者の社会復帰施設の経営を第1種社会福祉事業とする。さらに、当時の『厚生白書』は、「結核回復者の後保護と社会復帰は結核対策を締めくくるもので、予防医療の対策と並んで今後の重要な課題である」とし、ようやく1967（昭和42）年になって身体障害者福祉法に新たに心肺機能の低下などを内部障害として位置づける。

　川崎は柔和な顔つきながら、鋭い論客である。大阪自彊館の吉村靫生（よしむらゆきお）らと措置委託費・人件費の改善、費用負担のあり方について発言し、筆をふるう。

1917年		山梨県に生まれる
1939年	21歳	官立山梨高等工業学校電気工学科卒業
		満州電信電話株式会社技術研究所職員
1940年	22歳	現役入隊のため休職
1941年	24歳	満期除隊即日召集任官
1944年	26歳	召集解除(予備陸軍中尉、外地勤務なし)
	27歳	肺浸潤のため入院療養
1949年	31歳	結核アフタケア施設設立代表委員会が国立久里浜病院で開催され、名称を湘南アフタケア協会と定める
1950年	32歳	湘南アフタケア協会設立に従事。湘南アフタケア協会久里浜施設設置(定員30名)
		湘南アフタケア協会横須賀施設設置(定員40名)
1951年	33歳	湘南アフタケア協会が財団法人の認可を受ける。
		生活保護法の更生施設設置(定員70名)
1952年	34歳	社会福祉法人に変更認可。久里浜施設を横須賀施設に統合し、神奈川後保護施設と改める(定員変更70名→120名)
1954年	36歳	診療所を設置
1962年	44歳	全国結核後保護施設連絡協議会を結成して、初代会長に就任
1967年	49歳	身体障害者福祉法改正により心臓・呼吸器系の内部障害者の更生施設となる
1970年	52歳	重度神奈川後保護施設(定員50名)新設
1980年	62歳	重度内部障害者リハビリセンター設置
1985年	67歳	神奈川後保護施設の定員変更(120名→100名)
1989年	72歳	勲四等瑞宝章を受章
1996年	79歳	永眠

　川崎の仕事を傍らでみていたのが髙橋眞澄生活支援員。利用者と野菜を育て、給食の材料にする。川崎はどんな人物だったのか。「朝8時には出勤していて、仕事に厳しい人。怒鳴られるのはしょっちゅう。しかし今になって考えると、川崎は利用者目線を大事にしていました。暖房温度の調整に口うるさく、利用者の誕生会では、横須賀で評判の店のうなぎや寿司を振る舞うのです。本人自身が利用者だったので、利用者の内面や気持ちがよくわかるのです」と髙橋。今日では利用者も変化している。「内部障害者が減り、肢体不自由の利用者が増えて、多様化しています。施設ではバリアフリーなど、住みやすい空間づくりが大事になってきました」

　鈴木妙子は管理栄養士。「職員に厳しい半面で、利用者を大切にする人」と髙橋と異口同音に答える。「上司からは、川崎によくご飯の炊き方が悪いと注意されたと聞いています」。こう話す鈴木も利用者に透析患者が多くなり、食事の管理に気を配る日が続く。「魚の骨とり、ミキサーなど大変ですが、美味しいものを出そうとスタッフ一同がんばっています」

　川崎の生き方を通じてみえてくるものは何か。国による法律だけが社会福祉のすべてではない。法律に基づかない民間の社会福祉が有用性をもつと、法律はそれを追認して制度化がすすむということがある。法や制度がないからと、拱手傍観していても問題は解決しない。社会福祉関係者は先駆けとして行動しなければならない。草の根の自由な社会福祉こそが、「社会福祉全体の自己改造の原動力として評価されなければならない」とは、社会福祉学者・岡村重夫の指摘である。

　髙橋は、晩年の病床にある川崎に最後まで寄り添う。「葬儀には厚生省の幹部が駆けつけ、参列してくれました」

《参考文献》
①『湘南アフタケア協会60周年記念誌』湘南アフタケア協会、2010年
②岡村重夫『社会福祉原論』全国社会福祉協議会、1983年

寺尾フミヱ

私のところでは、25年から進駐軍の子どもを厚生施設のほうで預かっていましたよ。進駐軍の子どもがずーっと来てました。多い時、7、8人ぐらい来とったかね

　1945（昭和20）年の原子爆弾投下で広島の街は灰塵に帰す。旧海軍の戦略的要所である呉も爆撃を受け、海軍工廠が解体されて、多くの人が住居と職を失う。終戦直後に広島県内では、路傍にたたずみ、飢えと渇きにさらされる孤児が12万人を超えたとされる。この混乱のなかで立ち上がった人々のなかに広島県の保育関係者の先人がいる。浄土真宗の信仰で育った寺尾フミヱもそのひとり。広島県の保育のまとめ役となった寺尾はやがて全国保母会の活動に参加。組織強化を図りながら、保育の質の引き上げ、保育士資格の確立に力を入れ、その願いは、保育士資格を位置づけた2003（平成15）年児童福祉法改正に向かう。

　寺尾フミヱは、子どもの幸せと保育士のために情熱を燃やした人である。

　終戦直後の広島では、親と死別した子どもたちが放置される。生活基盤が破壊された人々は、糧を得るために働きづめの日々のなかで、子どもの面倒をみることができない。GHQ（連合国軍総司令部）は、こうした広島の惨状を前に、戦争孤児対策と保育の必要性を重視。これに応えて関係者は手分けをしながら施設整備にあたる。

　1947（昭和22）年制定の児童福祉法は、児童の健全育成を理念に掲げ、市町村長は保育に欠ける児童を保育所に措置しなければならないとする。画期的な児童福祉法ではあるが、肝心の担い手については、省令で保育にあたる女子を保母と規定するのみ。専門性に関する規定が未整備のため、世間の人々は、保母の仕事は単なる子守りや家事にすぎないと考える。保育の内容や質についても言及がない。限られた貧しい資源を措置制度で配分する、サービスの質よりも量の確保が優先される時代の限界である。

　保母となった寺尾は、親が失業し、過酷な状況におかれる子どもたちと過ごす。教材も歌も何もない状況にあって、子どもの目線に立って手探りで教材を作り、歌や踊りを考え、保育に取り入れていく。保育の内容と保育士の資質の向上が決定的に重要と考える寺尾の姿勢は、この時期に子どもから学んだものである。

　寺尾の保育所がある呉には連合国軍兵士が続々と駐留を開始し、保育所にはアメリカ兵の子どもが預けられる。寺尾は

年	年齢	事項
1920年		広島県呉市に生まれる
1936年	16歳	呉市土肥女子商業学校卒業
1950年	30歳	私立徳風保育所保母となる
1953年	33歳	保母資格取得第760号
1955年	35歳	私立徳風保育所主任保母
1958年	38歳	呉市保育連盟副会長・保母会長
1970年	50歳	広島県保育連盟連合会保母会長
		NHK幼稚園・保育所放送教育研究協議会研究委員長
1973年	53歳	全国保母会調査部長
1975年	55歳	全国保母会予算対策部長
1976年	56歳	広島県社会福祉協議会会長賞受賞（社会福祉功労）
		全国社会福祉協議会保母会長より感謝状受彰
1977年	57歳	全国保母会副会長
1979年	59歳	広島県知事表彰（社会福祉功労）
1980年	60歳	厚生大臣表彰（社会福祉功労）
1981年	61歳	全国保母会育児相談・電話相談の相談員となる
1983年	63歳	NHK厚生文化事業団よりNHK賞受賞
1984年	64歳	広島県保育連盟連合会会長
1985年	65歳	黄綬褒章受章（社会福祉功労）
		全国保母会会長・全国保育協議会副会長
		全国社会福祉協議会評議員
1986年	66歳	広島県幼児教育振興会副会長に就任
1988年	68歳	広島県保育連盟・広島県標準カリキュラム委員会委員長
1989年	69歳	広島県社会福祉協議会理事
		広島県放送教育協議会副会長
2007年	87歳	永眠

振り返る。「日本の子がひっかいて、アメリカの子がみみずばれになったこともあって、この時はすぐ断わりにいったけど、親が絶対怒らんかった。怪我させたゆうことでね、日本では大変じゃったが、笑うて、すましよった」。人種や国籍、宗教にとらわれない、子どもを子どもとしてありのままに理解する寺尾の感覚は、この時代に培われたものである。

終戦後の広島では多くの寺院が保育所を引き受ける。小川益丸は庄原市高野にある浄土宗本誓寺住職。立命館大学法学部を卒業して佛教大学大学院でインド哲学を専攻。大学教員になるものの、やがて辞して帰省、保育の世界に。前全国保育協議会会長。

新参者の小川は、広島県保育連盟連合会で寺尾に出会う。「寺尾先生は私たちに仕事を与え、若者を引き上げるんです。そこには男も女も関係ありません」。子ども同様に、誰にでも光るものがあるという考えからだろう。小川が寺尾にみたものは「成事は説かず、遂事は諫めず、既往は褒めず ――後から責めを負わせない器の大きさ」である。

寺尾は1985（昭和60）年に全国保母会（現在の全国保育士会）会長に就任する。「寺尾先生は主任保母の講座を開設して保母の専門性を高めようとします」。寺尾は、保育所保育指針の改定に対応して保育内容に関する研究会を設置。主任ハンドブックの作成、研究紀要の発行などを手がけ、保育内容の開発から、担い手の社会的地位の向上、専門職資格の確立に組織の活動の重点を移していく。保母（保育士）の力量が保育では決定的であるという、かねてからの寺尾の見立てである。「こうした寺尾先生の仕事の集大成が2003（平成15）年の児童福祉法改正につながったのではないか」と小川。

が、課題は引き続き山積している。寺尾だったらどうするだろうか。「何で外から言われる前に、中からやらないのか。気づきが遅い、現場の力を出せ、と言われるのでは」

《参考文献》
『三十五周年記念誌』広島県保育連盟連合会、1985年

山村三郎

名誉や地位がほしいのではない。血が騒ぐ、じっとしていられないほど男の血が騒ぐのだ

　有効な治療法がない時代に結核は不治の病と恐れられた。感染した者は家族からも遠ざけられ、おのれの不遇を嘆いて死を待つしかない。運よく回復したとしても、社会への復帰は容易ではない。であれば、何とか自分たちで力を合わせ、励ましあって働き、住む場所を確保できないものか。終戦直後の静岡は遠州・天竜の地。結核療養所の一角で、肩を寄せ合いながら、夢を話し合う8人の男たちが立ち上がった。土地も資産もない。あるのは、現状を何とか変えようという情熱。そのリーダーの1人が山村三郎。原野を開墾する。牛、豚を飼育する。ありとあらゆるものに挑戦する。想像を絶する困難を乗り越えた仕事は、社会福祉法人天竜厚生会に発展していく。

　山村三郎は遠州の人である。18歳で浜松陸軍飛行学校整備課に勤務。が、在職中に結核に感染、国立療養所天竜荘に入所する。山村は若さもあって回復をとげ、傷痍軍人の職業指導を実施する三重県宇治山田のホマレ工業・紡績工場に勤務。しかし、終戦直後の1945（昭和20）年秋に、連合国軍総司令部（GHQ）指令で軍事保護院が解体される。連動して保護工場も閉鎖。徹底した非軍事化政策により、多くの傷痍軍人の療養生活の保障が打ち切られる。

　混乱のなかで天竜荘には社会復帰できない人々が足止めされて増えていく。山村は天竜荘に戻り、自らも結核回復者でありながら傷痍軍人救済のために作業指導員の仕事に就く。しかし、このままでは事態は好転しない。結核回復者を守るためにはどうしたらよいのか。天竜荘の一角にいつしか8人の若者が集まる。共通するのは敗戦という重い事実、さらに結核という不治の病を共有すること。夜を徹して議論を重ねながら、やがて同志となる8人の想いはコロニー建設をめざすことになる。

　とはいえ、弱者が互いに助け合うコロニー建設の道は、果てしなく遠い。文字どおりゼロからの出発である。なかでも肝心なのが資金づくり。山村らは虚弱の身でありながら天竜荘周辺の原野を開墾。養豚、乳牛飼育、畑作と無我夢中であらゆるものに手をのばす。統制品である木炭。月明かりの山道を牛車を引いて農家から集め、明け方までに売りさばく。闇商売も、不自由している療養者からは歓迎される。

　当時、結核患者が療養回復に利用できる社会福祉施設は旧生活保護法の更生施

年	年齢	事項
1920年		静岡県浜松市に生まれる
1938年	17歳	静岡県立浜松工業学校卒業
1939年	18歳	浜松陸軍飛行学校整備課に召集される。在職中に結核に感染
1943年	22歳	療養のために同校を退職し、国立療養所天竜荘に入荘
1945年	24歳	傷痍軍人の保護工場である三重県宇治山田の宇治山田ホマレ工業に勤務
		国立療養所天竜荘事務職員となる。結核回復者が療養する外気小舎の作業指導員として開墾、家畜飼育などにあたる
1946年	26歳	結核回復者コロニー準備会を設立
1947年	27歳	大石かな(準備会メンバーのひとり、大石勝馬の妹)と結婚
1950年	30歳	天竜荘入荘患者大石勝馬、沢口政次ら「8人の同志」で財団法人天竜厚生会を設立
1951年	30歳	厚生寮を設置して初代寮長に。生活保護法の更生施設を廃材で建築、収容人員29名、対象は結核回復者
1952年	31歳	財団法人天竜厚生会が社会福祉法人天竜厚生会に改組、理事・評議員に就任
1962年	42歳	救護施設・清風寮を開設。知的障害者、精神障害者が入所
1964年	43歳	静岡県社会福祉協議会評議員に就任
		特別養護老人ホーム・百々山寮を開設
1966年	46歳	富士宮市に特別養護老人ホーム・白糸寮を開設
		社会福祉法人天竜厚生会事務局長となる
1969年	48歳	浜北市に小松保育園設置。これより今日まで12保育園を設置
1970年	49歳	知的障害児施設・あかいし学園設置
1972年	52歳	身体障害者福祉工場・天竜福祉工場を設置。全国3施設のひとつ
1975年	54歳	この年入所施設8施設(定員700名)、保育所6施設(定員660名)となり、職員数は500名を超す
	55歳	黄綬褒章を授与される
1976年	55歳	静岡県総合計画審議会委員に就任
1977年	56歳	社会福祉法人天竜厚生会常務理事に就任
1980年	59歳	厚生省身体障害者福祉審議会委員に就任
1986年	65歳	厚生省中央社会福祉審議会臨時委員に就任
1988年	67歳	永眠
		勲五等双光旭日章を授与される

設だけ。山村らは苦心の末に1951（昭和26）年に施設を建設、財団法人天竜厚生会を設立する。建物は廃材利用、収容人員21名での立ち上げである。1952（昭和27）年には社会福祉事業法制定に伴い財団を社会福祉法人に組織替え。社会福祉事業経営の基盤が完成する。山村の社会福祉事業経営の要諦は、静岡県や周辺市町村の協力を得ること。地域密着型の事業展開は、実直な人柄で裏書きする。

遠州はホンダやスズキといったグローバル企業の発祥の地である。ヤマハ、河合楽器もそうだ。医療福祉コングロマリットを展開する聖隷福祉グループは浜松が拠点。いまや社会福祉法人天竜厚生会は、事業数145で職員数は2千人を数える。

在宅サービスの拠点も拡大。雇用をはじめ地域への循環・波及効果は極めて高い。山村の長女・山本たつ子は副理事長として8人の同志の想いを継ぐひとり。

なぜ、遠州ではこうした先端的な仕事が生まれるのか。山本は「それは、やらまいかの気概があるからではないか」と言う。「やらまいか」とは、遠州弁で「さあみんなでやろう」という意味。山村の次女・渡邉房枝は法人の医療保健事業部長。時代が要請する社会福祉の発展に努める。

山村睦は長男で日本社会福祉士会の会長。3万人を超える組織を牽引しながら「ソーシャルワーカーの活動領域拡大が当面の課題」と語る。多忙なスケジュールのなかで東奔西走する姿に山村三郎のDNAをみることができる。

《参考文献》
①社会福祉法人天竜厚生会『天竜厚生会五十年のあゆみ』2001年
②山村かな『温かな手』静岡県詩をつくる会、2001年

吉村靫生

ソーシャル・インクルージョンの目標は、
人権の尊重、人間の自立と社会的存在の尊重にある

2001（平成13）年9月の韓国・ソウル。市内を見下ろす高層ビル・63ビル会議室のスクリーンに、大阪・あいりん地域で青いビニールシートを張って生活する人々、うずたかく積まれた段ボールの山が映し出される。つめかけた聴衆は息をのんで見入る。次々と画面が変わるたびにどよめきが起こる。社会福祉法人大阪自彊館理事長の吉村靫生は甲高い声で、しかし確かめるようにゆっくりと報告を続ける。豊かな国日本で、果たして何が起きているのか。第29回国際社会福祉協議会（ICSW）アジア・太平洋会議の参加者は、日本で進行する路上生活者の増大が、やがて経済のグローバリゼーションを背景にしていることを知るようになる。

吉村靫生は奈良・大和高田の人である。父敏男は、大阪府中河内郡八尾の由義神社の神主を務めながら、村役場で国政調査の業務に従事。すぐれた仕事ぶりを、当時の中河内郡長の中村三徳が高く評価。その後敏男は中村らが創設した大阪自彊館の運営に専念して、大阪の社会事業の発展をはかる人物のひとりとなる。

吉村は1941（昭和16）年に大阪府立八尾中学校を卒業し、東京・市谷の陸軍予科士官学校に入学。太平洋戦争勃発の翌年1942（昭和17）年には陸軍士官学校本科に進学、1944（昭和19）年4月に同校卒業。7月に20歳で任陸軍少尉。ただちに中国大陸に移動して、天津、南京と南下、武昌、楽昌を経て第40師団松山連隊主力に合流、小隊長となる。が、1945（昭和20）年8月の敗戦で中国国民党軍に降伏、武装解除されて南京で捕虜生活に。1946（昭和21）年5月復員指令を受け、博多港から自宅に戻る。22歳の帰郷である。

その後吉村は財団法人大阪自彊館に指導員として勤務し、やがて路上生活者支援を生涯の仕事とする。吉村の社会福祉のなかで特筆すべきは、ソーシャル・インクルージョンの実践である。排除ではなく、住む場所、働く機会を提供して社会のなかに一人ひとりの定位置を確保する。明治時代からその先駆けとなってきた大阪自彊館は、今日ではあいりん地域を中心に救護施設を7か所展開するほか、特別養護老人ホーム、身体障害者施設、デイサービスなどを運営する。

吉村は1983（昭和58）年に全国社会福祉協議会社会福祉予算対策委員長、全国社会福祉施設経営者協議会会長に就

年	年齢	事項
1923年		奈良・橿原神宮の近在に生まれる
		9月1日に関東大震災
1941年	17歳	大阪府立八尾中学校卒業
		東京・市谷の陸軍予科士官学校に入学
1942年	19歳	陸軍士官学校本科入学
1944年	20歳	陸軍士官学校卒業
		任陸軍少尉。中国大陸に移動し、天津、南京、武昌、楽昌を経て第40師団松山連隊主力に合流、小隊長となる
1945年	21歳	敗戦を迎え中国国民党軍に降伏、馬鞍山で武装解除されて南京で捕虜生活
1946年	22歳	復員の指令を受けて博多港に上陸、自宅に帰る
		財団法人大阪自彊館に指導員として勤務
1951年	27歳	財団法人大阪自彊館理事に就任。財団法人大阪自彊館は昭和27年5月に社会福祉法人に改組
1957年	33歳	大阪府社会福祉協議会従事者部会長
1958年	35歳	社会福祉法人大阪自彊館常務理事に就任
1961年	37歳	財団法人大阪民間社会福祉事業従事者共済会副会長
1962年	38歳	大阪府社会福祉協議会近代化研究委員会副委員長
1983年	59歳	全国社会福祉協議会社会福祉予算対策委員長および全国社会福祉施設経営者協議会会長に就任
1987年	63歳	全国社会福祉協議会厚生事業協議会会長に就任
1989年	65歳	全国社会福祉協議会副会長、全国救護施設協議会会長に就任
1992年	69歳	厚生省中央社会福祉審議会臨時委員(人材確保専門分科会)に就任。毎日社会福祉顕彰を受賞
1993年	69歳	日本社会福祉士会初代会長に就任、同会は平成8年4月に社団法人の認可を受ける
1995年	71歳	日本経営者団体連盟常任理事
1999年	75歳	勲三等旭日中綬章授章
2001年	78歳	第29回国際社会福祉協議会(ICSW)アジア・太平洋会議(韓国ソウル市)でTHE SOCIAL SAFETY NET AND SOCIAL WELFARE PRACTICSを報告
2003年	79歳	永眠

任。低経済成長の福祉見直し期に民間社会福祉の予算確保に奔走する。この時期は第二臨時行政調査会が設置され、社会福祉予算にもシーリング(天井)がつけられるなど、順当にすすんできた戦後社会福祉の転換点となり、吉村は関係者の興望を担う。その活動のひとつが担い手の待遇条件改善。公私の賃金格差解消をめざし、社会福祉施設における民間施設給与等改善費(民改)の特別加算を実現するなど、現場主義にこだわる。

高岡國士は、2001(平成13)年から全国社会福祉施設経営者協議会会長。大阪府社会福祉協議会で吉村の後輩として多くの知見を得る。高岡は身近な視線で語る。「吉村さんの持論は、おんぶに抱っこの経営ではだめだということ。行政の過保護はよくない、経営は自立しなければ」が口癖だったという。

吉村にとって護送船団方式の社会福祉経営の構図ほど、歯がゆいものはない。行政からの一方通行の措置委託では経営者の裁量を発揮する余地はないからだ。吉村はかねてより、戦後措置制度の枠に固定されてきた社会福祉法人の経営の自由度を高め、経営努力で生じた剰余は社会福祉事業経営の拡大再生産のために投入すべし、と主張。この考えは社会福祉基礎構造改革を通じて2000(平成12)年の社会福祉事業法改正に反映される。

「吉村さんは路上生活者と野宿を経験するなど、体を張って仕事をする」「旧軍人の性格なのか、判断の物差しが違うんだな」と高岡。

その吉村は、「社会福祉士及び介護福祉士法」が施行されると養成施設に入学。68歳で国家試験に合格し、日本社会福祉士会を立ち上げて初代会長に就任。

率先垂範の人生を貫き通す。

《参考文献》
①小室豊允『小室豊允が聞く② 吉村靫生—朗らかな福祉スピリットで戦後日本の福祉を支える』筒井書房、2002年
②Yukio Yoshimura : "THE SOCIAL SAFETY NET AND SOCIAL WELFARE PRACTICS", 29th Asia and Pacific Regional Conference of ICSW, 4-7 September 2001 Seoul, Korea.

渡辺義男

地域福祉に貢献できるサービス機能と入所者の変化にともなう新たなニーズに対応する母子寮機能の整備を急がなければなりません

　福岡・博多駅からJR福北ゆたか線で西に転じ、山を越えて50分ほどで筑豊の中心である飯塚に着く。が、まちの風景には、ここがかつて日本経済のエネルギーを支えた炭鉱地帯の歴史をもっていたという痕跡はない。筑豊の全盛期は昭和30年代だったからである。渡辺義男は終戦直後に炭鉱の労務係に就き、その後上京して大学にすすむ。帰郷して嘉穂郡福祉事務所職員となり、生活保護の仕事にあたる。やがて地域の民生委員とともに、深刻な状況にある戦争未亡人の母子寮（現在の母子生活支援施設）運営に参画。昭和から平成にかけて全国母子寮協議会（現在の全国母子生活支援施設協議会）会長に就任し、転換期のなかでドメスティックバイオレンス（DV）など変化する母子寮の新しい役割を模索していく。

　渡辺義男は眼光鋭く、腕っ節が人一倍強い男である。終戦直後に三井山野炭鉱の労務係に就く。20歳そこそこで、荒くれの炭鉱作業員を相手に賃金・勤怠管理をこなすのだから、相当なものである。

　渡辺は、どのような脈絡のなかで社会福祉の世界に入るのか。最初のきっかけは、仕事を辞し、上京して法政大学に入学することである。なぜ大学なのか。混乱する社会と人生観。渡辺の未知なるものへの激しい渇望は、当時の青年に共通する。東京での学びは、渡辺に、より客観的に時代をみる素養を与える。

　卒業後に渡辺は再び炭鉱の労務係に戻るが、傍らでその仕事ぶりをじっとみていた人物がいる。当時、生活保護担当の適任者を探していた稲築町長である。渡辺の実直で物おじしない性格。社会福祉主事に必要で当時は希少な大学卒業資格もあるから、うってつけである。やがて渡辺は嘉穂郡福祉事務所の職員となり、地域でケースワーカーとして活動をはじめる。

　第二次世界大戦が終わり、多くの戦争未亡人が残される。その数は全国で130万人ともいわれ、筑豊でも戦場に出征した夫が帰らぬまま、幼い子どもを抱えて途方に暮れる母子世帯が深刻な問題となる。夫が巻き込まれる落盤やガス爆発などの炭鉱事故も相次ぎ、母子の生活は悲惨を極める。渡辺や民生委員は胸を痛め、何とか住む場所が確保できないかと奔走する。この願いが届いて、1955（昭和30）年4月社会福祉法人嘉穂郡社会福祉協会が設立され、後に渡辺は事務局長に推されて、母子福祉の道に傾斜してい

年	年齢	事項
1924年		福岡県直方市に渡辺祝蔵・チヨノの第3子として生まれる
1945年	21歳	三井鉱山株式会社山野鉱業所労務課に勤務
1949年		嘉穂母子寮が児童福祉法による母子寮として認可
1952年		嘉穂地方民生委員連盟がつぼみ保育園を開設
1955年	31歳	法政大学社会学部卒業
		三井鉱山株式会社山野鉱業所労務課に再度、勤務。児童養護施設嘉麻学園開設。嘉穂母子寮、つぼみ保育園が社会福祉法人嘉穂郡社会福祉協会に移管
1957年	33歳	嘉穂婦人寮開設
1960年	36歳	社会福祉法人嘉穂郡社会福祉協会事務局長に就任
1966年	42歳	嘉穂母子寮を老朽化により嘉麻市漆生に移築
1967年	43歳	福岡県母子寮協議会会長に就任
		九州社会福祉協議会連合会理事に就任
1972年	48歳	つぼみ保育園を飯塚市に移転
1973年	49歳	特別養護老人ホーム松寿園開設(定員50名)
1975年	51歳	松寿園を定員100名に増築
		社会福祉法人嘉穂郡社会福祉協会理事に就任
1976年	52歳	福岡県特別養護老人ホーム協議会会長に就任
1980年	56歳	全国母子寮協議会会長に就任。嘉麻学園を嘉麻市漆生に移転改築
1982年	58歳	福岡県社会福祉施設経営者協議会会長に就任
1984年	59歳	九州社会福祉協議会連合会副会長に就任
1987年	63歳	福岡県老人福祉施設協議会会長に就任
1991年	67歳	松寿園デイサービスセンター事業開始
1992年	68歳	藍綬褒章を受章
1993年	69歳	全国母子寮協議会会長を退任、顧問に就任
1998年	74歳	嘉穂母子寮を「かほの森」へ施設名変更
2000年	76歳	永眠

く。

渡辺英秋は義男の長男。第三代理事長。福岡大学人文学部を出て民間企業に勤めるものの、児童福祉にひかれて現場に。果たして、義男はどんな人物だったのか。波乱万丈の生涯を振り返る。間をおいて、「典型的な川筋もんです。筑豊では曲がったことを嫌い、言いだしたら聞かない気質をこう呼ぶのです。気迫、言葉遣いは、その形相もあって、息子の私でも怖いと感じたほどです」と英秋。

「義男は、母子寮に加え児童養護施設、保育所と母子福祉関連の施設を次々と開き、昭和40年代には福岡県で2番目の特別養護老人ホームを設置します。特養は、母子寮の入所者の働く場所の確保と いう判断があり、事業を広くみるところは、さすがだと思います」

母子寮をめぐる動きは高度経済成長期を経て、さらに変化していく。1980(昭和55)年に、渡辺は全国母子寮協議会会長に就任。英秋は「この時期には戦争未亡人の受け皿対策としての母子寮の役割は終わったという議論が出てきます。これに対して、義男はDVやサラ金問題など母子世帯を生み出す複雑化する新しい動きを指摘し、時代が求める母子寮への転換を図っていきます」。渡辺会長に副会長の八尾母子ホームの坂江靖弘。

「このふたりの絶妙な取り合わせは、保護的な母子寮の性格を見直して、今日の自立支援の拠点としての母子生活支援施設への模索を始めていくのです」

では、義男が生きていたら、英秋は今日の嘉穂郡社会福祉協会の何をアピールするのか。「母子生活支援施設を卒園した数名の若者が大学で社会福祉を学び、児童養護施設に勤務しています。子どもたちにとって、自分の未来や希望を重ね合わせて考えることができる職員は貴重です」

《参考文献》
全国社会福祉協議会・全国母子生活支援施設協議会編『全国母子生活支援施設協議会50周年記念誌』2006年

調　一興

過ぎ去ってみれば、人生は一瞬だった

　終戦後に肺結核を発病した調一興は、回復者の働く場を確保するため1959（昭和34）年に東京コロニー協会を設立。あらゆる障害者を受け入れて、障害者雇用の先進モデルである今日の社会福祉法人東京コロニーに育てあげる。法制度の不備のなかで調は内部障害者への身体障害者福祉法の適用、福祉工場制度制定で授産施設の拡充を図り、1960（昭和35）年には全国コロニー協議会（現・社団法人ゼンコロ）を創設。1981（昭和56）年の国連・国際障害者年に向かって、障害者団体の大同団結を図り、「国連障害者の10年」「アジア太平洋障害者の10年」をけん引する。障害者運動の当事者団体の力量を高め、今日の障害者制度改革の契機をつくる。

　調一興は山口県宇部市の人である。1954（昭和29）年に東京で肺結核に倒れ、左肺葉切除手術を受けるも、術後の処置が不十分だったため3年間に10回の手術を受けて肋骨を7本切除。

　が、調には悲壮感はない。患者運動を組織し、やがて「この体で社会で生きてみると啖呵を切って」退院、故郷に戻り図書館に通いつめる。終戦直後の価値観の動揺と欠乏のなかで「この戦争はなんだったのか」「私には納得できないことがあふれるようになった。私はその答えを知りたくて、手当たり次第に本を読」み、「外国の文学や評論などを読んで、人間の生活、価値観の違い、その多様性に目を開かされ[※1]」る。

　調の行動力、本質を見抜く力、のちの障害者の雇用制度の国際比較の観点などはこの時期に形成される。

　調の人生の転機に登場する人物が日本福祉大学名誉教授・児島美都子。調が入院していた病院のMSW。東京に結核回復者の働く場であるコロニー創設の必要性を痛感し、調をその立役者と見込んでいたのである。30歳を迎えた調は1959（昭和34）年2月に上京する。

　1949（昭和24）年に身体障害者福祉法が制定され、立法を担当した松本征二厚生省社会局更生課長は「身体障害者問題がこの法律を1つの基盤として、将来更に大きくとりあげられて行くであろうという見透しについては極めて明るい期待がかけられる[※2]」とする。とはいえ、その後の施策の基調は保護主義的な枠にとどまり、障害者の労働権の確立、所得保障、社会参加といった視点は、長い間曖昧なまま放置される。調はこの不備に対峙し、ねばり強く運動を展開して、踏

1926年		山口県宇部市に生まれる
1942年	15歳	山口県立長門工業学校(現・山口県立宇部工業高校)卒業、その後旧海軍志願兵として入隊
1945年	18歳	南方より復員
		帝国燃料宇部営業所入社
1952年	25歳	国鉄・運輸問題研究所に入社
1954年		結核罹患、東京・清瀬市の織本病院に入院。暮れに左肺葉切除手術を受けるも、術後の処置が不十分だったため気管支ろう膿胸となり、肋骨を切除、昭和33年春に山口に帰る
1959年	32歳	織本病院のMSW・児島美都子より結核回復者の働く場所づくりの立ち上げを要請されて、上京
		東京コロニー協会発足とともに常務理事兼事務局長に就任
1960年	34歳	全国コロニー協議会(現・社団法人ゼンコロ)発足とともに常務理事兼事務局長に就任
1981年	55歳	内閣総理大臣賞表彰
1983年	56歳	藍綬褒章受章
1989年	62歳	全国授産協議会会長就任(平成10年退任、顧問に就任)
1992年	65歳	社団法人ゼンコロ会長および社会福祉法人東京コロニー理事長に就任(平成13年退任、顧問に就任)
1993年	67歳	日本障害者協議会代表に就任(平成13年退任、顧問に就任)
1999年	72歳	第3回糸賀一雄記念賞を受賞
2004年	78歳	ヤマト福祉財団賞特別賞を受賞
2005年	78歳	永眠

みこんでいく。そこには大胆にして、豪放磊落な性格をみることができる。

鈴木清覚は、社会福祉法人ゆたか福祉会参事。全国社会就労センター協議会(SELP)副会長で、きょうされん顧問。かつての高度経済成長期の後半から名古屋市南区で障害児の親と無認可作業所づくりの草の根の運動に関わる。1977(昭和52)年に全国授産協、きょうされんが設立されて、鈴木はきょうされんの初代事務局長に就任。やがて全国会議で調と邂逅して、障害者運動の道を重ねていく。

いわば硬派として生きてきた調の原点は何か。鈴木はそのひとつが「人権だ」とする。「調さんは苦労のなかで障害者へのさまざまな不条理を経験したわけで、人権については人一倍敏感な人」。

1970(昭和45)年に東京コロニーはハンセン病回復者を受け入れようとするものの、内部からは強い反対の声が。が、調はねばり強く説得する。

「この問題は偏見の問題であるから妥協してはならない。もし妥協すれば障害者に対する偏見を是認することになり、私たちの事業の存在そのものを問われる※3」と。譲れないものは譲れないのである。

もうひとつは「平和」。「兵役で南太平洋のトラック島まで行き、九死に一生を得て帰還した人。それだけに平和への思いは強い」。

調らが種をまいた障害者の当事者団体の力量は障害者自立支援法以降さらに高まっていく。政府は2009(平成21)年に障がい者制度改革推進本部を設置。2011(平成23)年に障害者基本法改正を図り、2012(平成24)年度には障害者総合福祉法の制定を目標とし、さらに2013(平成25)年度には障害者差別禁止法制定へと続く。

鈴木は語る。「この過程に調さんの人権と平和への思い、そして障害者の労働と所得保障という半世紀追いかけてきた課題をどこまで反映することができるのか、今まさに関係者の奮起が求められる」。

《引用・参考文献》
※1 調一興「随想 私の実践・研究を振り返って(60) 私の歩んだ道」『社会福祉研究』88:82、2003年10月、鉄道弘済会
※2 松本征二編『身體障害者福祉法解説』中央社会福祉協議会、1951年
※3 調一興「らい予防法の裁判によせて」『コロニーとうきょう』115、2000年1月
① 『明日をひらく言霊—調一興著作選集—』ゼンコロ、2011年

髙江常男

われら 明日を信じる われら 明日に生きる

　北海道の中央に炭鉱で栄えた赤平市がある。最盛期に人口は6万人近くを数えたが、いまでは1万2000人と過疎化と高齢化がすすむ。多くの労働者でにぎわった繁華街には廃屋が残り、人通りが絶えた静かな風景では、もはやこのまちのかつての栄華を語ることもできない。だが、これより1ブロック離れたところに動力音と熱を発し、人々が出入りして活況を呈する一連の白い建物群がある。道内に事業を複合展開する社会福祉法人北海道光生舎の創業拠点・赤平クリーニング工場である。グループの創設者は髙江常男。失明、両腕切断、そして戦中・戦後に数奇な運命をたどった髙江は「企業授産論」を掲げ、「炎の経営者」の異名をとる。

　髙江常男は芦別市の炭鉱社宅で生まれ、小学4年生の時に竹とんぼが右目に刺さり失明。義眼を入れる。そして髙江は奥尻島に養子に出され尋常高等小学校を卒業。函館市の公証役場に勤め、人生の入り口で高利貸しの債務契約をみて、商売と契約の厳しさを学ぶ。

　その後、赤平住友炭鉱で働くが、理不尽な差別を経験。電気工事士の資格を取って転職し、1944（昭和19）年に根釧原野で空港建設に従事中、3300ボルトの高圧電線に感電。両腕を切断、九死に一生を得る。

　髙江は口で字を書く練習をし、文学に生きる道を模索する。そして、1953（昭和28）年に文学仲間の紹介で空知タイムス社赤平支局に勤務。ローカル紙の「口にペンを咥えた記者」として多くの知己を得て、髙江には新しい世界での使命感、地域の発展への精神的奉仕の念が形成される。

　やがて、炭鉱で負傷した障害者が社会から排除され、仕事もなく貧しい状況を打開するために赤平身体障害者福祉協会を設立。自らも差別を経験した髙江は、障害者の自立のために人生を賭けようと決意する。法制度が十分でない段階で「自分たちのことは自分たちで解決するより仕方がない」という開き直った考え方は、授産事業に向かう。1956（昭和31）年光生舎赤平クリーニング工場が操業を開始。髙江29歳である。

　髙江は、授産事業を経済保護事業にとどめることなく、猪突猛進で事業拡大をすすめる。特に零細で個人事業が主たるクリーニング業で一挙に機械化体系を導入すれば収益は倍増し、障害者の労働負荷を軽減して生産性があがる。これこそが髙江の「企業授産論」の原理であり、自ら弁証法的に発展する経営戦略とす

年	年齢	事項
1927年		北海道芦別市の三菱芦別炭鉱社宅で生まれる。父・権蔵はその後昭和不況で失業、行商など転々とする
1937年	10歳	小学4年生の時に竹とんぼが右目に刺さり失明、義眼を入れる
1941年	14歳	北海道奥尻郡青苗村青苗尋常高等小学校を卒業
		函館市会所町浅野公証役場に就職
1942年	15歳	赤平市大谷沢炭鉱電気課に勤務、1943(昭和18)年6月同鉱廃山
1943年	16歳	根室市三立電気商会に勤務
1944年	17歳	中標津付近の空港建設に従事中、3300ボルトの高圧電線に感電。両腕を切断、以後療養に入る
1946年	19歳	赤平文学懇話会を設立して「文炎」を発行、代表者となる
1953年	26歳	空知タイムス社に就職、赤平支局に勤務。NHK通信員併任
1954年	27歳	赤平身体障害者福祉協会を設立、事務局長に就任
1955年	28歳	空知タイムス赤平市局長に就任
1956年	29歳	鈴木美穂子と結婚
		光生舎赤平クリーニング工場操業
1959年	32歳	厚生大臣表彰を受賞
		社会福祉法人北海道光生舎が認可される
		身体障害者授産施設の指定を受ける(定員30名)
1963年	36歳	歌志内で基準寝具業務開始
		広島村(現・北広島市)に北海道身体障害者福祉総合センター・リハビリーを設立、10万坪の土地に60億円を投資して障害者の楽園をつくる構想に発展
1966年	39歳	月商1千万円を突破
		営業部門を独立させて有限会社光生舎ボランタリー設立
1967年	40歳	光生食品工業株式会社設立。産炭地誘致企業第1号
1968年	41歳	『企業授産論』刊行。「この道」作詞
1970年	43歳	リハビリーの資金繰りが危機に陥り「経営安定5カ年計画」策定
1971年	44歳	舎是制定、「企業授産達成宣言」発表。月商4千万円を突破
1976年	49歳	社会福祉法人北海道光生舎創立20周年記念式典
1986年	59歳	創立30周年記念式典。沖縄コロニーと姉妹施設盟約を結ぶ。双頭の鷲をグループのシンボルマークに制定
1992年	65歳	35年史「炎」刊行、社歌「われら双頭の鷲」作詞
1995年	68歳	「福祉の里」構想発表
1999年	72歳	勲五等瑞宝章を授章
2007年	80歳	永眠

る。営業部門を分社化して拠点を広げ、剰余は事業の複合展開の原資となる。髙江は企業経営者から「炎の経営者」として評価も高い。

近年の社会福祉法人北海道光生舎の事業規模は、授産事業部門で23億円、社会福祉事業18億円で合計41億円。就労する障害者が300人で職員280人。関連会社と営業社員500人。サービスを利用する重度障害者と高齢者が330人で合計1410人の大所帯となる。

佐藤勝彦は障害者支援施設を運営する社会福祉法人はるにれの里の理事長。社会福祉士。大学を出て初仕事は札幌市の福祉事務所のケースワーカー。その後は民間社会福祉施設運営や国会議員の秘書などに携わる。北海道社会福祉史研究会の会員。大学で教鞭をとりながら、北海道の福祉を切り拓いた人たちの生きざまを伝える。

佐藤は、髙江をどうみるのか。終戦後に髙江は労働運動に参加、多面的な世界観にふれる。貧しいが、心騒ぐ青春時代である。まずは髙江の特性として「寸暇を惜しんで知識を吸収して、『百科事典』といわれるほどに負けず嫌いの性格」をあげる。

次いで、この数奇な運命をたどる人生の最大の岐路は、多くの人や社会の動きに接する「新聞記者になったこと」。地域を走り回る新しい仕事で「髙江は自分の心のなかに必死になって生きようとする姿勢が生まれ、他人の不幸や悲しみ、社会の矛盾、不公平な制度に関心をもち、自分だけのことから他人に目を向けることができるようになる」。

20代に急成長する髙江の目標が、やがて障害者の自立に収束していくのは時間の問題となる。

《参考文献》
①髙江常男『無常忍道』北海道光生舎、2003年
②北海道光生舎『光生舎50年の歩み』2006年

長沢　巌

人間の価値は、その能力にあるのではなくて、存在そのものにあるのだ、ということを私たちは園児・寮生たちから教えられてきました

　南アルプス・赤石山脈に源を発する大井川は、駿河湾に注ぎ込む直前に遠州(えんしゅう)・島田で牧の原台地に突き当たり、流れを東に変える。見渡す限り茶畑が広がるこの地で、榛原(はいばら)教会の牧師・長沢巌(ながさわいわお)は地域の障害児をもつ親の総意を集めて、重度障害児施設・やまばと学園設立の先頭に立つ。昭和40年代の高度経済成長期の最終盤である。ともに生きる共同体づくりが発展する1983（昭和58）年、長沢は髄膜腫摘出手術を受けるものの重度障害者となり、これより自宅療養、入退院を24年間繰り返す。病床の長沢の周りには絶えることなく人が集まり、愛され、ひとりの人間として尊重される人生を送る。

　長沢巌は学生時代より「セイント（聖人）」と呼ばれた人である。第二次世界大戦中から終戦後にかけてあらゆる糧が枯渇し、価値観が混沌とする時代。長沢は、旧制静岡高校生として思想的彷徨の日々を送り、カナダ人宣教師A・メイ・マクラクランの薫陶を受けて東京大学文学部哲学科に入学。が、その年の暮れに盲腸炎と腹膜炎、結核を併発して、長期入院へ。生死をさまよう苦痛の果てに医師から「余命3日」とされるが、奇跡的に好転する。

　長沢は、もう一度生かされた自分を神にささげようと考える。東京大学を中退して東京神学大学に入学。痩せた体で目立つことなく、清貧の姿で勉学に打ち込む長沢のニックネームはいつの頃からかセイントとなる。

　長沢には姉がいる。1歳年上の知的障害のあるみぎはである。長沢は、幼少の日からみぎはに寄り添うが、「自分とほぼ同じ年齢なのに、精神年齢は3歳のままの姉を受け入れるようになるまでには、長い葛藤の時期」がある。「なぜ自分ではなくて姉が障害者に？」という問いかけは、障害者は健常者の身代わりとして障害を負っているのであり、健常者が障害者の苦しみを共有し、その幸せのために努力するのは当たり前である、という結論に達する。

　牧師としての長沢は、教会は神の言葉を述べるだけではなく、地域になくてはならぬ存在として現実の問題を解決しなければならないとする。障害者の問題を解決するためには社会全体が変わらなければ、という抽象論ではない。変わるまでこの子どもたちのために何もしないわけにはいかないし、そのためにやまばと

年	年齢	事項
1927年		27日、長沢才介、多美の長男として東京都大田区大森に出生
1947年	19歳	旧制静岡高校入学。結核にかかり、伊豆大島の療養所へ。1年間休学、復学後、静岡市内でバイブルクラスを開いていたカナダ人宣教師、アニー・メイ・マクラクランと出会う
1950年	22歳	東京大学文学部哲学科に入学。この年の暮れ、盲腸炎と腹膜炎、結核を併発して国立横浜病院に入院。「余命3日」と宣告されたが、奇跡的に回復
1951年	23歳	回心を経て、牧師になる決意。東京大学を中退。日本キリスト教団井草教会で洗礼を受ける
		東京神学大学入学。3年次に編入
1955年	27歳	東京神学大学大学院を修了。5月、静岡県浜松市にある遠州教会に副牧師として就任
1958年	30歳	静岡県榛原郡榛原町(現在の牧之原市)にある「日本基督教団榛原教会」に赴任。教会は貧窮状態で教団の援助を受けていた
1959年	32歳	マクラクラン宣教師、静岡県・吉田町片岡に無料の農繁期委託児所を開設。後に榛原教会婦人会が受けつぎ、昭和43年まで継続
1967年	39歳	教会再建のめどが立ち、今後は「地域に仕える教会」をめざす。「手をつなぐ親の会」を結成し、会長に就任(昭和58年まで)
1968年	40歳	榛原教会総会で、知的障害児施設建設を決議
1970年	42歳	社会福祉法人聖隷保養園の名前を借りて、重い知的障害児の入所施設「やまばと学園」開設。定員30名。実質的な責任は、牧ノ原やまばと学園運営委員会が担っていた
1973年	45歳	重い知的障害の大人のための入所施設「やまばと成人寮」開設
1974年	46歳	健常者と障害者とが10名前後でともに暮らすラルシュ共同体の創設者ジャン・バニエに招かれ、カナダ、イギリス、フランスのラルシュホームを見学。底抜けの明るさと祈りの生活に感銘
1977年	49歳	栗原道子と結婚。自宅を開放し、障害者4〜5名と共同生活
1979年	51歳	社会福祉法人聖隷福祉事業団から分離独立し、社会福祉法人牧ノ原やまばと学園を設立。初代理事長に就任
1983年	55歳	髄膜腫摘出手術を受ける。成功率95%と言われ楽観視していたが、予期せぬ深刻な結果に。身体、視力、意識に重い障害を負い、全面的介助を必要とする身となる
2007年	79歳	16日朝、24年間にわたる療養生活を終え、逝去

学園が必要である。「社会福祉はまず自分がこの世の重荷を背負うところから始めなければならない」。

長沢道子(みちこ)は巌の妻。社会福祉法人牧ノ原やまばと学園理事長として、30を超えるサービス拠点の運営に気を使う。国際基督教大学卒業。東レや恵泉女学園英語科勤務の後に縁あって1977(昭和52)年に結婚。早々に夫婦で障害者と共同生活を送る。6年後に長沢が重度の障害をもってから逝去するまで、24年間長沢の介護にあたる。

道子は長沢の青年期について語る。「大きな出来事を3つあげれば、敗戦により価値感が一変し虚無を味わったこと。メイ・マクラクランという卓越した宣教師と出会うことにより、人を癒し、人間関係を和解させる『愛の神』の存在を知ったこと。また、余命3日と言われながら、祈りにより奇跡的に癒されたので、神への献身の思いが人一倍強かったのでは」。

同時に長沢の「自分が障害をもって生まれても不思議ではない」という考え方は、「与えられた命に感謝し、どんな命も輝くよう、互いに助け合い、共に生きようという姿勢につながる」。道子の思い出に残る長沢は、「祈る人」「人の話に耳を傾ける人」「どんな困難があってもやり抜く意志強固な人」「誕生カードを教会員と職員一人ひとりに送るなど、人との出会いを大切にした人」「日記や小遣い帳を毎日、きちんとつけるなど、几帳面」。

セイントの異名をとった長沢の晩年は長く病床に。道子は改めて「長沢は、私たちに、次のような単純な真理を伝えるために重度障害者となったのかもわからない」と言う。

「人間は本来弱い存在であって、弱さは、恥でも不幸でもない。無力ななかでもお互いの存在を喜び合い、支え合って生きれば、誰もが幸福になれる」

《参考文献》
①長沢道子『シリーズ福祉に生きる58長沢巌』大空社、2010年
②長沢巌『ともに生きる─健やかなときも、病めるときも』牧ノ原やまばと学園、2010年

坂江靖弘

母子世帯にとって経済的援助のみでは自立は容易ではなく、きめ細かい精神的援助が必要であり、母子寮機能はそれを持合わせた唯一の施設ではないかと自負している

大阪の社会福祉の世界では多くの人々が時代の制限を突破しようと駆けめぐるが、なかでも第二次世界大戦前に隣保館設置の取り組みに専念したのが中村三徳※1である。一介の警察官であった中村は、西成地区の労働者街の地域改善に取り組み、大阪自彊館を設置し、晩年には大毎記念中村塾を開いて後継者養成に腐心する。後に大毎記念中村塾は八尾隣保館に発展・改称し、第二次世界大戦後に中村の意志を引き継いで八尾隣保館を拠点に母子世帯への支援策に取り組むのが坂江靖弘である。坂江は、離婚の増加、サラ金問題や夫の暴力など母子世帯をめぐる状況の変化にきめ細かく対応するとともに、母子福祉関係者の組織化を行い、全国の母子福祉の底上げを図るために奔走する。

坂江靖弘は、社会福祉関係者から「八尾の朝吉」といわれた男である。「八尾の朝吉」とは、今東光の小説『悪名』の主人公で、大阪・河内生まれの暴れん坊。人一倍正義感が強く、腕っ節の強い朝吉は権威に立ち向かう。

坂江も朝吉に負けることなく、社会福祉の世界に飛び込む。第二次世界大戦で夫と死別した母子世帯への支援を手始めに、関係者の全国組織化を図り、変化する母子福祉のあり方を探りながら、母子福祉の可能性を広げ、民間社会福祉の向上のために粉骨砕身の人生を送る。

戦争未亡人と呼ばれた母子世帯への支援策は、住む場所としての母子寮の整備、働く場の授産施設、子どもを育てるための保育所の整備で取り組まれていくが、昭和30年代後半からは母子寮への需要も減少する。それと引き換えに出現するのが離婚の増加、夫の暴力、サラ金による家庭崩壊などで、母子福祉のフィールドは終戦直後とは異なって複雑化し、大きな変化を遂げていく。個別の状況に応じた相談援助、緊急保護やコミュニティセンター的な機能、就労支援などが新たな課題となってくるのである。

坂江は社会福祉事業の神髄を中村三徳から学び、時代の変化に対応する施設づくり、効率的な経営方策を実践する。特に、奈良社会福祉院の上田政治※2、福岡・嘉穂郡社会福祉協会の渡辺義男※3らと全国母子寮協議会の活動を積極的に推進。国に措置費の改善を働きかける。

荒井惠一は、社会福祉法人八尾隣保館理事長。関西大学社会学部で臨床心理を学ぶ。荒井の記憶は30年以上前の卒業

年	年齢	事項
1929年		現在の岡山県津山市一宮に生まれる
1935年	5歳	中村三徳が大阪府中河内郡八尾町(現・八尾市)に大毎記念中村塾を開設(昭和15年に大毎記念中村塾は八尾隣保館に改称)
1948年	18歳	岡山県立津山中等学校卒業。翌年、同校が津山高校に学制変更となり、高等学校3年に編入して昭和24年3月に津山高校を卒業
1950年	20歳	警察予備隊に入隊
1954年	24歳	自衛隊を満期除隊
		社会福祉法人八尾隣保館母子寮少年指導員として勤務
1955年	25歳	大阪社会事業短期大学専科入学
1956年	26歳	大阪社会事業短期大学専科卒業
1964年	34歳	八尾隣保館母子寮長に就任
1968年	39歳	大阪市長より感謝状(社会福祉功労)
1973年	43歳	大阪府社会福祉協議会母子寮部会長に就任
1975年	45歳	近畿母子寮協議会副会長に就任
1977年	47歳	全国母子寮協議会(現・全国母子生活支援施設協議会)予算対策委員に就任
1979年	49歳	八尾隣保館キリン第二保育園園長に就任
1980年	50歳	近畿母子寮協議会会長に就任
		全国母子寮協議会副会長に就任
1981年	51歳	八尾隣保館八尾母子生活施設長に就任
1990年	61歳	厚生大臣表彰(社会福祉功労)を受ける
1993年	63歳	全国母子寮協議会会長に就任
		全国社会福祉協議会評議員に就任
1994年	65歳	藍綬褒章受章
1995年		全国社会福祉協議会理事に就任
1999年	69歳	厚生省中央児童福祉審議会臨時委員(児童福祉施設等評価基準委員会委員)に就任
		毎日社会福祉顕彰受賞
2003年	73歳	大阪府母子家庭及び寡婦等自立促進計画検討委員会委員に就任
2005年	75歳	旭日小綬章受章
2009年	79歳	永眠

式を控えた2月にさかのぼる。

「母子寮の仮設のプレハブ施設です」。坂江は突然、荒井に「君は酒は飲めるか、マージャンはできるか」と切り出してきたという。「今になって考えてみれば、何事にもやる気があるのかを試したのでしょう」。それまで紋切り型の就職面接しか経験していなかった荒井は、坂江の型破りの話しぶりに驚くとともに、これまで会ったことのない「何とも言えぬ不思議な人物」と強い印象を受ける。「当時、母子寮の寮母(母子支援員)は最低基準で女性でなければならないとされていました。が、坂江は国に対して寮母(母子支援員)に男性の採用を認めてほしいと要望していました。子どもを育てるには男性も必要であり、夫の暴力におびえる入所者のことを考えてのことです」

早速、荒井は内定先に断りを入れて、4月から坂江のもとで働くことになる。「坂江に指示されたのは措置費の中身についてよく勉強しろということです。事務費の積算基礎に精通することで、実情にそぐわない単価については改善を要求する根拠になるからです」

坂江が仕えた時には、すでに70歳になっていた中村三徳は、坂江に大阪府社会福祉協議会の会議に代理として出席するようにさせ、「通勤定期券を持って通え」と言っていたという。この時の経験と学びが、やがて坂江が全国組織を取りまとめ、全国社会福祉協議会で予算対策運動の責任者になる時に活かされる。

母子福祉をめぐる情勢は、坂江の時代からさらに激しく流動化している。一時保護の仕事は緊急性を帯びている。貧困の連鎖を断ち切り、精神的なストレスを抱えた利用者が働いて生活する場を確保するのは容易ではない。

坂江の口癖は「うちでもできないようなケースをもってこい」。やはり坂江は「八尾の朝吉」だったのである。

《引用・参考文献》
※1 中村三徳については『月刊福祉』2010年9月号を参照
※2 上田政治については『月刊福祉』2012年8月号を参照
※3 渡辺義男については『月刊福祉』2013年4月号を参照
①『弓は折れず—中村三徳と大阪の社会事業』大阪社会事業史研究会、1985年

■著者

蟻塚　昌克（ありづか　まさかつ）

1952年青森県弘前市生まれ。日本社会事業大学社会福祉学部児童福祉学科卒業。専修大学大学院経済学研究科修士課程修了。厚生省社会福祉専門官。埼玉県立大学保健医療福祉学部教授を経て立正大学社会福祉学部教授。専門は社会福祉原論・現代福祉論。

日本の社会福祉──礎を築いた人びと

発　行	2019年 4月10日　初版第 1 刷	
	2019年10月18日　初版第 2 刷	
著　者	蟻塚　昌克	
発行者	笹尾　勝	
発行所	社会福祉法人 全国社会福祉協議会	
	〒100-8980　東京都千代田区霞が関3-3-2新霞が関ビル	
	Tel.03-3581-9511　Fax.03-3581-4666	
振　替	00160-5-38440	
定　価	本体2,000円（税別）	
印刷所	株式会社 加藤文明社	

禁複製

ISBN 978-4-7935-1316-9 C2036 ¥2000E